Wolfgang Mulke

Nachhaltig Geld anlegen

Ökologisch, sozial und ethisch investieren

Inhaltsverzeichnis

- 4 Was wollen Sie wissen?

- 11 **Gutes tun bringt auch Rendite**
  - 12 Nachhaltig für Sie und die Gesellschaft
  - 24 Vertrauen ist gut, Kontrolle ist besser!
  - 28 Wie sieht die Rendite aus?

- 33 **Nachhaltig anlegen verändert die Welt**
  - 34 Die Wirtschaft wird grüner und sozialer
  - 40 „Wir sind im Mainstream angekommen."
  - 42 Greenwashing bleibt ein Ärgernis

- 47 **Nachhaltige Fonds und ETF**
  - 49 Sind Aktieninvestments nicht zu riskant?
  - 52 So funktionieren Aktienfonds und ETF
  - 57 So testen wir Nachhaltigkeit
  - 63 Ethisch-ökologische Aktienfonds: Das sind die Besten
  - 69 Nachhaltig anlegen mit ETF: die besten Indizes

- 77 **Nachhaltige Zinsanlagen**
  - 78 Sicher und nachhaltig: Tagesgeld und Festgeld
  - 83 Grüne Anleihen: Schulden für den Klimaschutz

- 91 **Nachhaltige Banken**
  - 92 Banken entdecken den Gemeinsinn
  - 96 Banken für das gute Gewissen
  - 99 So finden Sie die richtige Bank

16
Genaue Prüfung: Nachhaltigkeitskriterien verstehen und Greenwashing erkennen

143
Gute Mischung: Portfolio nach Ihren Bedürfnissen optimieren

99
Sichere Anlage: Nachhaltige Banken vergleichen

Stiftung Warentest | Nachhaltig Geld anlegen

34 Optimale Wirkung: Passende Anlagen für die eigenen Nachhaltigkeitsziele finden

63 Saubere Rendite: Die besten und nachhaltigsten Fonds und ETF auswählen

135 Cleveres Investment: Mit der Finanztest-Strategie das Vermögen wachsen lassen

111 Direktinvestments
- 113 Die Verlockung schöner Bilder und Aussichten
- 123 Mein Freund, der Baum

127 Nachhaltige Musterdepots und Strategien
- 128 Das 1 x 1 des nachhaltigen Sparens
- 131 Was muss ich über Geldanlage wissen?
- 135 Einfach und bequem – das Pantoffel-Portfolio
- 143 So könnte Ihre nachhaltige Geldanlage aussehen

159 Nachhaltig für das Alter vorsorgen
- 160 Alt werden kostet ein Vermögen
- 161 Nachhaltige Riester-Verträge sind Mangelware
- 164 Der Puffer-Pantoffel
- 167 Früher aufhören oder mehr Rente bekommen

174 Hilfe
- 174 Nachhaltige Aktienfonds Schwellenländer
- 176 Nachhaltige Aktienfonds Welt
- 180 Nachhaltige Aktienfonds Europa
- 184 Nachhaltige Banken
- 188 Stichwortverzeichnis

Was wollen Sie wissen?

Bekanntlich regiert Geld die Welt. Also kann Geld die Welt auch ändern, wenn es richtig eingesetzt wird. Immer mehr Sparer und Investmentprofis wollen genau dafür sorgen, indem sie ihr Kapital nur noch dort hingeben, wo es nach ethischen und ökologischen Kriterien eingesetzt wird. Die gute Nachricht für Sie: Nachhaltige Geldanlagen können sogar mehr einbringen als konventionelle.

Was bedeutet Nachhaltigkeit in der Geldanlage eigentlich genau und wer prüft das?

Der Klimaschutz fällt den meisten Menschen als erstes ein, wenn das Wort „Nachhaltigkeit" fällt. Doch es geht um mehr. Ökologische und soziale Kriterien fließen in die Bewertung nachhaltiger Anlagen ebenso ein wie die Qualität der Unternehmensführung, etwa hinsichtlich der Arbeitsbedingungen oder des Umgangs mit Lieferketten. Einen einheitlichen Standard für die Bewertung gibt es bisher nicht. Das liegt auch an der Vielfalt der Kriterien, von denen es Hunderte gibt. Spezialisierte Ratingagenturen bewerten die Anlageangebote oder einzelne Unternehmen und setzen dabei eigene Schwerpunkte. Für Fonds und ETF hat Finanztest eine eigene Nachhaltigkeitsbewertung entwickelt. Wie sie entsteht und wie Sie sie für Ihre Anlageentscheidung nutzen können, erfahren Sie im Kapitel „Nachhaltige Fonds und ETF" ab Seite 57.

Stiftung Warentest | Was wollen Sie wissen?

Kann ich mein Geld für gute Zwecke genauso sicher einsetzen wie bei anderen Anlagen?

Für nachhaltige Geldanlagen gelten dieselben Regeln wie für konventionelle Investments. Es gibt viele Zinsangebote von Banken, die das Guthaben ausschließlich für die Finanzierung sauberer Projekte verwenden. Ethisch-ökologische Institute, die wir Ihnen ab Seite 91 vorstellen, unterliegen auch der gesetzlichen Einlagensicherung. Leider bringen diese Zinsanlagen in der aktuellen Niedrigzinsphase kaum etwas ein. Ohne Aktien lässt sich daher momentan kaum ein Vermögen aufbauen oder vermehren. Damit besteht zwar grundsätzlich die Gefahr von Kursverlusten Doch durch eine breite Streuung der Anlage mit Hilfe von Fonds oder ETF sinkt dieses Risiko deutlich. Bei einem sehr langen Anlagehorizont und mit dem Pantoffel-Portfolio von Finanztest sollte nichts schiefgehen. Wie das funktioniert, erfahren Sie ab Seite 127.

Kann ich mit Sparen wirklich etwas für den Klimaschutz oder faire Arbeitsbedingungen bewirken?

Klimaschutz steht bei vielen Angeboten zur Geldanlage auf dem Etikett. Kaum ein nachhaltiger Fonds investiert zum Beispiel noch in Unternehmen, die mit Kohlekraftwerken oder anderen fossilen Energien ihr Geld verdienen. Umgekehrt investieren die Profis unter den Investoren verstärkt in Unternehmen oder Projekte, die beim Klimaschutz besonders positiv agieren, zum Beispiel Vorreiter bei den klimaschonenden Technologien sind. Selbst Staaten geben inzwischen grüne Anleihen heraus. Deutschland hat damit im September 2020 begonnen. Die Einnahmen aus der Anleihe, die auf eine riesige Nachfrage stieß, sollen für die Bewältigung der Folgen des Klimawandels ausgegeben werden. Ob das wirklich stimmt oder womöglich ein Etikettenschwindel vorliegt, erfahren Sie im Kapitel „Nachhaltig anlegen verändert die Welt" ab Seite 33.

Wie verhindere ich, dass mit meinem Geld Waffen hergestellt werden oder Kohle gefördert wird?

Die ethisch-ökologischen Angebote basieren in der Regel auf Kriterien, die teils von den Vereinten Nationen, teils von spezialisierten Ratingagenturen oder den Anbietern selbst festgelegt wurden. Sie können für einzelne Produkte gelten oder für die Geschäftspolitik eines ganzen Unternehmens, also beispielsweise einer Bank oder einer Fondsgesellschaft. Die am häufigsten genannten Kriterien finden Sie ab Seite 16, die Nachhaltigkeitskriterien von Finanztest ab Seite 57. Wie einzelne Banken oder Fonds für saubere Geschäfte sorgen und wie Sie die Angebote finden, die Ihnen besonders am Herzen liegen, zeigen wir in den folgenden Kapiteln. Ganz auf Nummer sicher gehen können Sie bei Direktinvestments wie Solarparks (Seite 111 ff.). Diese Angebote haben leider einen ganz anderen Haken: Sie sind für Privatanleger mit erheblichen Verlustrisiken behaftet.

Kann ich mit ethisch-ökologischen Anlagen auch für das Alter vorsorgen?

Mit dieser Strategie schlagen Sie zwei Fliegen mit einer Klappe. Sie sparen mit unserem Pantoffel-Portfolio ein Vorsorgevermögen an, indem Sie dabei auf saubere Geldanlagen setzen. Wie das funktioniert und welche Strategie für Sie persönlich in Frage kommt, erfahren Sie im Kapitel „Nachhaltige Musterdepots und Strategien" ab Seite 135. Mit derselben Anlagestrategie können Sie im Ruhestand Ihr Vermögen verwalten und sich monatlich eine Zusatzrente auszahlen. Damit dies sicher und ertragreich klappt, gibt es den Pantoffel mit Puffer. Diese Art der Altersvorsorge ist nachhaltig für Sie und für eine lebenswerte Zukunft dieser Welt. Mit freiwilligen Beiträgen können Sie Ihr Geld auch in der gesetzlichen Rentenversicherung mit Pfiff anlegen und damit auch noch Steuern sparen. Mehr dazu verraten wir Ihnen ab Seite 159.

Stiftung Warentest | Was wollen Sie wissen?

Lässt sich mit nachhaltigen Finanzprodukten überhaupt eine gute Rendite erzielen?

Es ist ein weitverbreiteter Irrtum, dass eine sinnvolle Geldanlage automatisch wenig einbringt. Das Gegenteil ist der Fall. Gute nachhaltige Fonds schnitten in der Vergangenheit besser ab als konventionelle Fonds. Auch zeigen sich nachhaltige Unternehmen krisenresistenter als andere. Zum Beispiel, weil sie Risiken eines geschäftsschädigenden Imageverlusts durch eine gute Unternehmensführung von vorneherein begrenzen oder technologisch im Kampf gegen die Erderwärmung vorne mitmischen. Das ist auch einer der Gründe, warum professionelle Investoren wie Versicherungen oder Vermögensverwalter verstärkt in Unternehmen investieren, die sich zu einem nachhaltigen Verhalten verpflichten. Mehr über Ihre Ertragschancen erfahren Sie ab Seite 28. Die von Finanztest empfohlenen Fonds und ETF finden Sie im Anhang ab Seite 174.

Kann ich sicher sein, dass mein Erspartes wirklich nur in nachhaltigen Unternehmen angelegt wird?

Eine hundertprozentige Sicherheit für seriöse Geschäfte gibt es vermutlich auch in dieser Branche nicht. Doch sorgen besonders transparente Banken oder Fondsgesellschaften für ein hohes Maß an Vertrauen darin, dass ihre Angaben der Wahrheit entsprechen. Dazu tragen unter anderem unabhängige Beiräte bei, die bei manchen nachhaltigen Banken deren Investments kontrollieren. Wie die nachhaltigen Banken arbeiten, erfahren Sie ab Seite 91. Blindes Vertrauen ist auch bei ethisch-ökologischen Geldanlagen nicht angeraten. Selbst wenn die Angaben über die Investments stimmen, können Ihre persönlichen Kriterien ganz andere sein als die einer Finanzgesellschaft. Über die mitunter widersprüchlichen Ansprüche an ein gutes Investment informieren wir Sie ab Seite 34.

Was ist von den vielen Direktinvestments in Solarparks oder Holzplantagen zu halten?

Auf Crowdfunding-Plattformen, von Finanzgesellschaften oder auch von manchen Banken werden konkrete Projekte für ein Direktinvestment angeboten. Dabei gibt es eine bunte Vielfalt. Die Palette reicht von der unterstützenden Spende für eine Bahnhofsmission über Darlehen für die Verwirklichung einer pfiffigen Idee für mehr Elektromobilität bis hin zu Anteilen an einer Holzproduktion in fernen Ländern. Schon mit geringen Beträgen können Sie bei diesen Offerten ein ganz konkretes Vorhaben finanzieren. Doch diese Direktinvestments sind riskant. Geht die Kalkulation nicht auf, droht schnell ein Totalverlust Ihres Einsatzes. Wie die Vermittlung der Projekte an Anlagewillige funktioniert und wo Sie dabei aufpassen müssen, erläutern wir ab Seite 113.

Wie finde ich eine Anlage, die wirklich zu dem passt, was mir wichtig ist?

Vielfalt steht auch bei nachhaltigen Geldanlagen hoch im Kurs. Für manche Anlegerinnen und Anleger stehen langfristige Ziele im Vordergrund, für andere ein besonders wirksamer Einfluss auf eine bessere Gesellschaft. Für jedes Bedürfnis gibt es eine ausreichend große Spanne von in Frage kommenden Anlagen. Je nach Ziel und Anspruch können Sie daraus eine individuelle Strategie entwickeln. Wenn Sie sich nicht intensiv mit der Auswahl geeigneter Produkte befassen wollen, ist das auch kein Problem. Wir haben Musterdepots für verschiedene Lebenslagen und Anlegertypen erstellt, an denen Sie sich bei der Auswahl geeigneter Produkte orientieren können. Wie Sie dabei vorgehen, erfahren Sie im Kapitel „Nachhaltige Musterdepots und Strategien" ab Seite 127.

Stiftung Warentest | Was wollen Sie wissen?

Sind ethisch-ökologische Banken eine Alternative zu konventionellen Instituten?

Im Vergleich zu konventionellen Banken, Sparkassen oder Genossenschaftsinstituten sind die nachhaltigen Banken gemessen an ihrer Bilanzsumme zwar kleine Fische. Doch für konsequent nachhaltige Anleger sind sie längst eine echte Alternative. Elf ethisch-ökologische Institute und eine Smartphone-Bank stellen wir Ihnen im Kapitel „Nachhaltige Banken" ab Seite 91 vor. Ihre Bankdienstleistungen umfassen in der Regel das übliche Spektrum. Sie können bei den meisten ein Girokonto führen, ein Depot einrichten oder sich das Eigenheim finanzieren lassen. Gleichzeitig sichern diese Institute zu, dass sie mit Ihren Einlagen nur nachhaltige Projekte finanzieren. Was die Sicherheit betrifft, müssen Sparerinnen und Sparer bei den nachhaltigen Banken keine Abstriche machen: Die Institute unterliegen der gesetzlichen Einlagensicherung.

Wie groß ist das Angebot an nachhaltigen Fonds und ETF?

Nachhaltigkeit ist der Megatrend an den Finanzmärkten. Professionelle Anleger wie Pensionsfonds oder Vermögensverwalter setzen verstärkt darauf und fragen entsprechende Angebote nach. Staaten und Unternehmen, die sich über die Finanzmärkte finanzieren, reagieren mit der Ausgabe grüner Anleihen oder verbessern ihre Nachhaltigkeitsbilanzen. So entsteht einerseits ein wachsendes Angebot an nachhaltigen Geldanlagen. Andererseits werden immer mehr Unternehmen für ein Investment interessant, weil sie beispielsweise beim Klimaschutz besser werden. Für Privatanleger kommt vor allem der Kauf von Fonds in Frage. Hier gilt dasselbe. Die Fondsgesellschaften reagieren auf die Nachfrage nach ethisch-ökologischen Investments und legen immer mehr neue Fonds auf. Eine Auswahl guter Fonds und ETF finden Sie ab Seite 63.

Gutes tun bringt auch Rendite

Ersparnisse mit gutem Gewissen anlegen wollen heute viele. Das haben auch die Anbieter von Finanzprodukten erkannt und passende Geldanlagen für verantwortungsvolle Sparer geschaffen.

Sie wollen Geld anlegen, haben die Nase aber voll von Konzernen, die nur auf ihre eigenen Interessen achten? Sie mögen keine Firmen, die das Klima belasten oder den Boden vergiften? Sie haben etwas gegen zockende Banken, die ihre Verluste dann beim Steuerzahler abladen? Mit Ihrem Unbehagen bei der Geldanlage und der Frage, wo sich Geld so investieren lässt, dass ethische, ökologische und soziale Standards gewahrt bleiben, stehen Sie nicht alleine da. Selbst die Finanzprofis erkennen inzwischen, dass sich das Investment in saubere Geschäfte mehr lohnen kann als das in umstrittene Geschäftsmodelle oder ethisch verwerfliche Praktiken wie Kinderarbeit.

Inzwischen gibt es in allen gängigen Anlageklassen nachhaltige Finanzprodukte für das gute Gewissen, von der sicheren Zinsanlage bis hin zu Aktienfonds und ETF.

Wir zeigen Ihnen in den folgenden Kapiteln Schritt für Schritt, wie Sie mit Ihren Ersparnissen Gutes unterstützen und Ihr Geld trotzdem vermehren können. Sie werden erstaunt sein, wie viele Möglichkeiten sich Ihnen eröffnen!

Nachhaltig für Sie und die Gesellschaft

Die Wirtschaft ist für den Menschen da, nicht umgekehrt. Gute Unternehmen nehmen diese Maxime ernst. Zum Glück wächst ihre Zahl – auch mit der Unterstützung von Anlegerinnen und Anlegern, die auf Nachhaltigkeit Wert legen.

Die tägliche Nachrichtenflut lässt uns oft ratlos zurück. Wie können Hunderte Textilarbeiterinnen in Fernost bei einem Fabrikbrand ums Leben kommen, nur weil dort am Brandschutz gespart wird? Warum verneinen sonst kluge Politiker den vom Menschen ausgelösten Klimawandel? Ist es normal, dass die Finanzwirtschaft zumindest teilweise trotz einer von Gier und Skrupellosigkeit ausgelösten Finanzkrise weitermacht, als wäre nichts geschehen? Diese Probleme sind bei Weitem nicht die einzigen in diesem Zusammenhang. Zusammengenommen führen sie dazu, dass die Wirtschaft und das Finanzsystem von vielen Menschen zunehmend kritisch gesehen werden.

Zum Glück gibt es aber auch Vorbilder für eine menschengerechte Ökonomie. „Alles, was wir tun, baut auf Vertrauen auf", sagt beispielsweise die Unternehmerin Antje von Dewitz, Chefin des baden-württembergischen Outdoor-Ausrüsters Vaude. Die Shirts oder Rucksäcke werden ohne Chemikalien hergestellt, die Beschäftigten besser bezahlt als bei der Konkurrenz. Zulieferer in fernen Ländern müssen sich zertifizieren lassen. Ein anderes Beispiel ist Götz Werner, Gründer der Drogeriemarktkette dm. Der Filialist hat sich einen immer besseren Vierklang aus ökologischer, ökonomischer, sozialer und kultureller Fortentwicklung zum Ziel gesetzt. Werner selbst ist ein Verfechter des durchaus umstrittenen bedingungslosen Grundeinkommens. Nachhaltiger wirtschaften geht also. Und es gibt immer mehr Unternehmen, die einen ähnlichen Weg gehen.

Was bedeutet eigentlich „nachhaltig" bei der Geldanlage?

Klimaschutz und Armutsbekämpfung, Frieden und Freiheit, gute Lebensmittel und eine artgerechte Tierhaltung – das Thema Nachhaltigkeit hat viele Facetten. Und so divers wie die Anliegen sind auch die nachhaltigen Geldanlagen.

Ein möglichst nachhaltiger Lebensstil ist vielen Menschen wichtig. Und der Alltag bietet vielfältige Möglichkeiten, bewusste

Stiftung Warentest | Gutes tun bringt auch Rendite

Klimaschutz fördern	52
Menschenrechte einhalten	48
Umweltschutz fördern	47
Armut und Hunger bekämpfen	41
Erneuerbare Energien fördern	40
Tier- und Pflanzenschutz fördern	37
Hohe Umwelt- und Sozialstandards in der globalen Lieferkette einhalten	29
Korrupte Staaten und Unternehmen ausschließen	26
Arbeitnehmerrechte einhalten	23
Atomkraft ausschließen	21
Rüstungsunternehmen ausschließen	19
Keine Rechtsverstöße bei Wettbewerb, Steuern und Bilanzierung	11
Pornografie ausschließen	8
Transparenz der Vergütungsstruktur der Vorstandsgehälter	7
Glücksspiel ausschließen	7
Sonstiges	2
Weiß nicht	5

Hauptsache Klimaschutz

Fast zwei Drittel der Verbraucher können sich eine nachhaltige Geldanlage vorstellen. Das ergab eine Umfrage der Bundesanstalt für Finanzdienstleistungsaufsicht (Bafin). Bei den Motiven steht der Klimaschutz an erster Stelle.

Quelle: Bafin Journal 6/2019

Entscheidungen zu treffen: Zum Einkaufen kann man einen Biomarkt besuchen oder im konventionellen Supermarkt Bioprodukte wählen. Der persönliche Energieverbrauch lässt sich reduzieren, wenn man beim Kauf von Elektrogeräten auf die Energieklasse achtet. Wer ein neues Auto kauft, kann sich für ein Elektroauto entscheiden oder zumindest für einen Wagen mit niedrigem Spritverbrauch. Beim Reisen denken viele Menschen zunehmend auch über ihren CO_2-Fußabdruck nach. Unternehmen, denen etwa die Ausbeutung von Arbeitskräften nachgewiesen wird, müssen mit Boykottkampagnen rechnen. Und die Mülltrennung gleicht in Deutschland nahezu einem Volkssport.

Ein altes Prinzip

Was viele nicht wissen: Die Wurzeln des Begriffs Nachhaltigkeit reichen weit zurück. Schon in der Bibel wird auf eine Bewahrung der Schöpfung gedrungen. Bäuerlich geprägte Gesellschaften legten seit je her Wert auf den Erhalt ihrer natürlichen Lebensgrundlagen. Jäger und Sammler prägten schließlich im deutschsprachigen Raum die Bezeichnung „Nachhalt" für Vorräte, die sie für mögliche Notlagen zurückhielten.

Die modernere Verwendung des Wortes entspringt der Holzwirtschaft des 18. Jahrhunderts. Der sächsische Oberberghauptmann Hans Carl von Carlowitz forderte in einer 1713 veröffentlichten holzwirtschaftlichen Schrift eine Baumzucht, bei der immer nur so viele Bäume geschlagen werden, wie nachwachsen können. Diese Anweisung hatte übrigens wohl weniger mit dem Schutz der Umwelt zu tun als vielmehr handfeste ökonomische Motive. Der Bergbau war auf eine langfristig verlässliche Versorgung mit Holz für den Bau der Schächte angewiesen.

Mitunter wird auch der Naturforscher Alexander von Humboldt als Begründer der Nachhaltigkeitsbewegung angesehen, weil er auf seiner Südamerikareise ebenfalls auf eine nachhaltige Forstwirtschaft drängte. Doch auch Humboldt hatte dabei vermutlich eher die Interessen der ihn finanzierenden Bergbauunternehmen im Sinn, als dass ihn die Sorge um die Endlichkeit der Ressourcen antrieb.

Was passiert mit meinem Geld?

Ein Aspekt bleibt bei der Diskussion um die persönliche Nachhaltigkeitsbilanz häufig unberücksichtigt: die Geldanlage. Dabei geht es hier um enorme Summen! Im Durchschnitt legen die Deutschen laut Statistischem Bundesamt 219,33 Euro pro Monat auf die Seite, das heißt, sie sparen oder investieren in Geldanlagen. Die gewaltige Gesamtsumme des privat angelegten Vermögens in Deutschland betrug Mitte 2020 6 630 Milliarden Euro.

Investiert ist das Anlagevermögen der Deutschen überwiegend in Sparguthaben oder Lebensversicherungen und Bausparverträgen. Doch etwa jeder fünfte Euro des Ersparten landet direkt oder indirekt am Aktienmarkt, vor allem über Investmentfonds. Und das bedeutet, dass die persönlichen Rücklagen mitunter auch in Aktien von Firmen und Konzernen fließen können, die etwa Atomkraft- oder auch Kohlekraftwerke betreiben, Rüstungsgüter und Waffen herstellen und exportieren oder über Firmengeflechte in fragwürdige Geschäftspraktiken bis hin zu Menschenrechtsverletzungen verstrickt sind. Selbst wer etwa Atomkraft, Waffenhandel oder Kinderarbeit ablehnt und entsprechende Produkte boykottiert, unterstützt also zumindest indirekt oft Unternehmen, deren Profit ganz oder teilweise darauf beruht. Denn Hand aufs Herz: Wer weiß schon exakt, wie sich sein Aktienfonds zusammensetzt? Und wie viele Privatanlegerinnen und -anleger sind genau über die Firmen und Konzerne informiert, deren Aktien Bestandteile ihres ETF sind oder wissen, wo ihre Hausbank das ihr anvertraute Geld reinvestiert?

Anlegen mit gutem Gewissen

Dass es nachhaltige Geldanlagen gibt, war sechs von zehn Befragten einer repräsentative Studie der Bundesanstalt für Finanzdienstleistungsaufsicht (BaFin) 2019 überhaupt nicht bekannt. Das ändert sich allerdings nach und nach, wie das steigende Volumen der Investments in diesem Bereich zeigt. 62 Prozent der potenziellen Anleger konnten sich in der Befragung eine Anlage in grüne oder soziale Investments vorstellen, fast 40 Prozent wollten dies konkret in Angriff nehmen.

Vielleicht wollen Sie nur ganz bequem und ohne großen Aufwand Ihr Vermögen in ethisch-ökologisch verlässliche Hände geben und sich nicht weiter darum kümmern? In diesem Falle bieten sich Konten bei einer der nachhaltigen Banken an, die wir ab Seite 91 vorstellen. Diese Institute vergeben Ihr Geld als Kredite nur für sozial oder ökologisch sinnvolle Vorhaben. Hohe Zinsen für Festgeld dürfen Sie ebenso wie bei herkömmlichen Instituten dort derzeit aber leider nicht erwarten.

Aber auch, wenn Sie Ihr Geld am Aktienmarkt anlegen möchten, kann sich nachhaltiges Investieren in mehrfacher Hinsicht lohnen. Denn Sie können mit Ihrem Geld beides erreichen: Gesellschaftlich positive Entwicklungen fördern und zugleich eine ansehnliche Rendite erzielen. Denn das früher einmal vorherrschende Vorurteil, dass verantwortungsvolle Geldanlagen wenig abwerfen, ist längst widerlegt.

Grundsätzlich gilt: Damit Ihr Erspartes eine ansehnliche Rendite abwirft, sollten Sie es auf verschiedene Anlagen verteilen und dabei auch nachhaltige Aktienfonds oder ETF (Exchange Traded Funds) beimischen. Wie diese Fonds funktionieren und was sie von Ihnen erwarten können, erklären wir Ihnen ab Seite 47. Wir stellen Ihnen in Frage kommende Fonds vor und verhelfen Ihnen ab Seite 127 zu einer für Sie geeigneten Strategie.

HÄTTEN SIE'S GEWUSST?

… Steckten die Sparer in Deutschland 2017 erst 8,5 Milliarden Euro in nachhaltige Fonds, waren es 2019 schon 18,3 Milliarden Euro.

… Vier von fünf nachhaltig angelegten Euro stammen von Profis: Banken, Versicherungen, Pensionsfonds sowie kirchliche Einrichtungen und Wohlfahrtsorganisationen.

… Insgesamt 269,3 Milliarden Euro waren in Deutschland 2019 in nachhaltigen Geldanlagen angelegt.

… Trotz des Booms liegt der Marktanteil nachhaltiger Fonds erst bei fünf Prozent, doch mit steigender Tendenz.

… Die wichtigsten Ausschlusskriterien der Anleger waren 2019 Korruption und Bestechung, Arbeitsrechtsverletzungen, Umweltzerstörung, Menschenrechtsverletzungen und Kohle.

Quelle: FNG, Marktbericht 2020

Wer kann, sorgt zusätzlich zur gesetzlichen Rentenversicherung privat für das Alter vor. Mit der Pantoffel-Rente von Finanztest geht das auch mit ethisch-ökologischen Anlagen. Doch auch die gesetzliche Rentenversicherung bietet über 50-jährigen eine Möglichkeit, durch freiwillige Beiträge ein höheres Alterseinkommen zu erreichen.

Reizvoll mag einigen Anlegern und Anlegerinnen auch ein Direktinvestment erscheinen, zum Beispiel in einen Solarpark oder einen Wald. Der Vorteil scheint auf der Hand zu liegen: Sie können sich sogar vor Ort vergewissern, wofür Ihr Geld eingesetzt wird. Doch Vorsicht ist geboten. Denn das Risiko dieser Investments ist hoch. Am Ende könnte auch ein Totalverlust Ihres Geldes stehen.

Wie findet man Finanzprodukte, in die man mit gutem Gewissen investieren kann? Ein kurzer Blick ins Internet oder auch nur auf die Angebote der eigenen Bank zeigt, dass sich zahllose Investments mit Zusätzen wie „Green", „Sustainable", „Fair" und ähnlichen wohlklingenden Vokabeln schmücken. Doch beim Investieren in Unternehmen, zum Beispiel über einen Aktienfonds, ist es nicht anders als beim Einkauf im Supermarkt. So, wie es verschiedene Abstufungen von „Bio" gibt, warten auch Fonds mit unterschiedlichen Nachhaltigkeitsgraden auf. Von hellgrün bis dunkelgrün ist alles dabei. Manche wenden nur ein paar wenige Ausschlusskriterien an, andere gehen sehr streng zu Werke, geben nur Unternehmen

eine Chance, die sich aktiv an der Veränderung der Gesellschaft zum Beispiel weg von fossilen Energien beteiligen, und lassen die Kandidaten für den Fonds regelmäßig von einem Beirat unabhängiger Experten überprüfen. Und wie überall gibt es auch bei nachhaltigen Finanzprodukten schwarze Schafe.

→ Kriterien genau prüfen

Eine „grüne" Aufmachung heißt nicht in jedem Fall, dass es sich auch wirklich um ein Produkt handelt, das Nachhaltigkeitskriterien erfüllt. Nicht Etikettenschwindel ist das Problem: Gerade bei Fonds ist in der Regel drin, was draufsteht. Allerdings sollten Anleger sich vor dem Kauf gut über die genauen Anlagekriterien informieren, damit sie hinterher nicht enttäuscht sind. Ein gesetzliches Siegel, an das sie sich halten können, gibt es noch nicht. Doch mit der Nachhaltigkeitsbewertung von Finanztest lässt sich leicht herausfinden, welches Produkt passt und welches nicht.

Kriterien für nachhaltiges Anlegen

Wer sich für nachhaltige oder ethisch ökologische Geldanlage interessiert, wird immer wieder den sogenannten ESG-Kriterien begegnen. Die Abkürzung steht für „Environmental, Social and Governance", auf

Stiftung Warentest | Gutes tun bringt auch Rendite

Vielfalt
Zu einer nachhaltigen Welt tragen viele Elemente bei. Aus Umwelt, vernünftigem Wirtschaften und Fairness wird zusammen eine runde Sache.

Deutsch „Umwelt, soziales Verhalten und faire Unternehmensführung" – oder gemeinhin für ethisch-ökologisches Handeln. Diese drei Oberbegriffe haben sich bei professionellen Investoren wie Pensionsfonds oder Vermögensverwaltern als zentrale Kriterien zur Einstufung von Geldanlagen als nachhaltig durchgesetzt.

❶ Environmental: In diesen Bereich fallen zum Beispiel umweltverträgliche Produktion, effizienter Umgang mit Rohstoffen und Abfallvermeidung oder die Reduktion von Emissionen in Luft und Wasser. Auch Unternehmen, die in erneuerbare Energie und Technologien, die bei der Bewältigung des Klimawandels helfen, investieren, fallen in dieses Kategorie.

❷ Social: In diesen Bereich fallen Unternehmen, die hohe Standards beim Schutz der Rechte und der Gesundheit der Arbeitnehmer setzen. Kinder- und Zwangsarbeit sind tabu, ebenso wie die Diskriminierung von Frauen, ethnischen Bevölkerungsgruppen oder Minderheiten. Unternehmen, die dieses Nachhaltigkeitskriterium erfüllen, bieten faire Arbeitsbedingungen und angemessene Löhne. Zudem drängen sie auch ihre Zulieferer zur Einhaltung von Nachhaltigkeitsstandards.

❸ Governance: Eine gute Unternehmensführung lehnt Korruption oder Bestechung grundsätzlich ab und sorgt mit der Transparenz ihrer Entscheidungen dafür, dass dies auch überprüfbar ist. Nachhaltigkeit ist in diesen Firmen Chefsache, also in der Geschäftsführung und den Kontrollorganen verankert. Die verantwortlichen Führungskräfte werden auch entsprechend ihrer Leistung für mehr Nachhaltigkeit vergütet. Whistleblower werden gehört, nicht gefeuert.

Es handelt sich bei ESG also um drei Verantwortungsbereiche, anhand derer die Nachhaltigkeit von Unternehmen bestimmt werden kann. Ein Unternehmen kann dann als nachhaltig gelten, wenn es sich auf einem dieser Themenfelder – oder am besten auf allen dreien – positiv hervortut.

Ein Trio für die gute Wirtschaft

Neben den ESG-Kriterien werden Sie häufig noch zwei weitere Kürzel hören, wenn Sie sich mit einer besseren Wirtschaftsweise beschäftigen:

Socially Responsible Investment (SRI) stellt ethische Kriterien von Investments in das Zentrum der Betrachtung. Dabei gibt es unterschiedliche Vorgehensweisen. Das kann ein ausschließlich auf soziale Aspekte ausgerichtetes Verhalten sein, aber auch weiter gefasst werden und etwa ökologische Kriterien mit berücksichtigen.

Corporate Social Responsibility (CSR) bezeichnet eine Ethik, die von einer gesellschaftlichen Verantwortung bei der Führung eines Unternehmens ausgeht. Das betrifft interne Prozesse ebenso wie den Umgang mit Stakeholdern oder die Vermeidung von negativen Folgen durch die Arbeit der Firma. Dahinter steht die Überzeugung, dass sich verantwortliches Verhalten auch wirtschaftlich langfristig lohnt, etwa durch zufriedene Beschäftigte oder stabile Kundenbeziehungen.

Nun stellen sich natürlich zwei Fragen: Nach welchen Standards wird das ethisch-ökologische Verhalten eines Unternehmens gemessen? Und wer nimmt die Bewertung vor?

Tatsächlich gibt es bisher noch keinen einheitlichen Standard für die Nachhaltigkeit eines bestimmten Unternehmens. Damit bleiben auch die ESG-Kriterien zunächst einmal sehr allgemein. Denn was genau bedeutet „umweltverträgliche Produktion"? Ohne verbindliche Maßstäbe, die einen Vergleich der einzelnen Unternehmen einer Branche ermöglichen, ist eine Einordnung und Bewertung schließlich nicht möglich.

Die EU setzt ESG-Standards

Bald wird es zumindest innerhalb der Europäischen Union eine einheitliche Definition nachhaltiger Investments geben. Darauf hat sich die EU-Kommission verständigt. Und auch das Europäische Parlament hat der Verordnung zugestimmt. Sechs Umweltziele sind damit verbunden: Investments sollen beim Klimaschutz helfen, sie sollen einen Beitrag zur Vermeidung von Treibhausgasen leisten, die nachhaltige Nutzung und den Schutz von Meeresressourcen ermöglichen, den Übergang in eine Kreislaufwirtschaft unterstützen, die Umweltverschmutzung vermindern und die biologische Vielfalt der Ökosysteme schützen und wiederherstellen.

Damit stellt die EU-Kommission Verbrauchern und professionellen Investoren eine Orientierungshilfe für den unübersichtlichen Markt zur Verfügung. Lange stritten die Mitgliedsländer über Details wie die Bewertung von Atomkraft und Gaskraftwerken. Am Ende zäher Verhandlungen steht aber nun die sogenannte EU-Taxonomie, also eine Einteilung der Investments in verschiedene Güteklassen. Drei davon wird es geben.

Unter „Grün" werden jene wirtschaftlichen Tätigkeiten eingeordnet, die für einen geringeren CO_2-Ausstoß sorgen. Dazu zählen etwa die Solarindustrie, die Aufforstung von Wäldern oder grüne emissionsarme Mobilitätsangebote.

Die Klassifizierung „Transition", also Übergang, steht für Aktivitäten, die im Vergleich zum Branchendurchschnitt und zur gesamten Industrie weniger Treibhausgase erzeugen.

Schließlich gibt es die Klasse „Enabling", zu Deutsch: ermöglichen. Darin sind jene Investments enthalten, die es anderen Marktteilnehmern ermöglichen, CO_2 einzusparen.

Die EU-Kommission wird damit nicht zu einer staatlichen Ratingagentur. Vielmehr müssen zunächst große Unternehmen, nach und nach dann auch mittlere und kleine Firmen neue Berichtspflichten erfüllen. Auf gut Deutsch: Die Wirtschaft muss zeigen, was sie für den Klimaschutz tut und wie diese Maßnahmen wirken.

Seit Anfang 2021 gilt der inhaltliche Rahmen für das grüne Ziel. Konkrete Kriterien für die anderen fünf müssen bis Ende 2021 vorgelegt werden. Das alles ist ein Bestandteil des „Green Deal", mit dem Europa bis 2050 klimaneutral werden will, und erfordert riesige Investitionen in neue klimaschützende Technologien, in die Infrastruktur, aber auch in den sozialen Zusammenhalt. In diese Felder fließt nach Ansicht der EU-Kommission zu wenig Kapital von Privatanlegern und Investoren, auch weil ESG-Angebote nicht transparent genug sind.

Nachhaltigkeits-Ratingagenturen

Die Bewertung von Nachhaltigkeit ist schwierig, weil einerseits einheitliche Definitionen fehlen, andererseits sehr verschiedene Wertmaßstäbe zur Geltung kommen. Es gibt mittlerweile eine ganze Reihe von Ratingagenturen, die sich darauf spezialisiert haben, die Nachhaltigkeit von Unternehmen zu bewerten.

Diese Ratingagenturen arbeiten oft im Auftrag von Fondsgesellschaften oder den Herausgebern von Nachhaltigkeitsindizes. Sie helfen den Fondsmanagern, die ja eher Finanzmarktexperten sind, bei der Einschätzung der Unternehmen, deren Aktien für ihren Fonds in Frage kommen. Jede Ratingagentur führt den Nachhaltigkeitscheck anhand eigener Kriterien durch. Dabei kommt leicht ein Katalog mit einer dreistelligen Zahl an überprüften Faktoren zusammen.

Wie viel CO_2 stößt die Produktion eines Industriekonzerns aus? Was ist über dessen Lieferketten bekannt? Wie hoch ist der Frauenanteil in der Führungsebene? Wie geht das Unternehmen mit Gewerkschaften um? Die Liste der untersuchten Aspekte ließe sich mit vielen anderen Beispielen fortführen. Eine Stärke der Ratings ist, dass die Agenturen ihre Informationen nicht nur vom Unternehmen selbst, sondern auch aus anderen, öffentlich zugänglichen Quel-

Abschalten
Konventionelle Kraftwerke oder Atommeiler gehören auf lange Sicht der Vergangenheit an. Anleger und Anlegerinnen wollen erneuerbare Energien.

len beziehen. So werten sie etwa Medienberichte aus oder verfolgen die Berichte von Nichtregierungsorganisationen wie der Internationalen Arbeitsorganisation.

Was für Anleger manchmal nicht so leicht nachvollziehbar ist: Die Ratings für einzelne Unternehmen fallen oft unterschiedlich aus, weil die Agenturen nicht die gleichen Bewertungsansätze verfolgen. Die Differenzen resultieren aus der jeweiligen Gewichtung einzelner Kriterien. So kommt beispielsweise bei der Analyse des gleichen Konzerns bei einer Agentur, die vor allem ökologische Faktoren hoch einschätzt, ein anderes Ergebnis heraus als bei einer Agentur, die soziale und ökologische Kriterien in gleicher Weise gewichtet. Das jeweilige Ergebnis beeinflusst die Investitionsentscheidung von Fonds oder auch die Zusammensetzung von Nachhaltigkeitsindizes. Ein Beispiel dafür ist die Bewertung des Sportartikelherstellers Nike. Der Fonds Steyler Fair Invest hat den Konzern aufgrund seiner Stärken im Klimaschutz und des Managements der Lieferketten in sein Portfolio aufgenommen. Dagegen fand Nike keine Aufnahme in den MSCI-Index, weil dessen Analysten soziale Aspekte der Geschäftspolitik kritisieren.

Auf diese Namen sollten Sie achten

Die Oekom Research AG, die seit 2018 zur Gruppe der Beraterfirma ISS gehört, wurde schon 1993 gegründet und gilt als eine der führenden Ratingagenturen auf ihrem Gebiet. Bewertet werden nicht nur Unternehmen, sondern auch Staaten. In Deutschland war Oekom in den 90er Jahren des vergangenen Jahrhunderts Pionier in Sachen Nachhaltigkeitsbewertungen.

Sustainalytics ist eine global operierende ethisch-ökologische Ratingagentur mit Sitz in Amsterdam. Das Unternehmen ist aus dem Zusammenschluss mehrerer kleiner und größerer Nachhaltigkeits-Ratingagenturen hervorgegangen. In die Unternehmensbewertung fließen bei Sustainalytics mehr als 100 Kriterien ein.

SAM Group Holding aus der Schweiz ist der „Erfinder" eines der wichtigsten Nachhaltigkeitsindizes: Das Unternehmen hat den Dow Jones Sustainability Index entwickelt.

Die Schweizer Inrate AG befasst sich mit der Bewertung von Unternehmen, Ländern oder Immobilien nach ESG-Standards. Ein wesentlicher Geschäftszweig sind Impact-Ratings. Hier untersucht Inrate von der Produktion von Vorprodukten über die Lieferketten, die eigentliche Herstellung der Waren und Güter bis hin zur Entsorgung die Auswirkungen der Tätigkeit des Unternehmens auf Umwelt und Gesellschaft.

Die RepRisk AG mit Sitz in Zürich untersucht Unternehmen im Auftrag zum Beispiel von Fondsgesellschaften hinsichtlich ihrer Nachhaltigkeitsrisiken. Nach eigenen Angaben nutzt die Agentur dafür ausschließlich Quellen außerhalb des betreffenden Unternehmens und überprüft täglich mit Hilfe künstlicher Intelligenz über 80 000 Quellen, darunter Zeitungen und Onlinemedien, soziale Netzwerke oder Blogs. Auch die Webseiten von Organisationen, Aufsichtsbehörden oder Regierungen werden gecheckt. Auf diese Weise gewonnene Informationen zu etwaigen Nachhaltigkeitsrisiken werden anschließend von Analysten des Unternehmens gesichtet. So sollen Risiken einzelner Unternehmen früh identifiziert werden.

Das Institut für Markt-Umwelt-Gesellschaft (Imug) entstand 1992 als Ausgründung der Universität Hannover. Neben einer an Nachhaltigkeit orientierten Marktforschung für Unternehmen erstellt das Imug auch ESG-Ratings von Unternehmen oder Staaten als Beratungsleistung für Investoren.

Die Ratingagentur Vigeo Eiris bietet Nachhaltigkeitsbewertungen für Aktien, Anleihen und Staaten an. In Deutschland kooperiert die französische Agentur mit dem Imug. Für die Recherche zu ESG-Kriterien nutzt Vigeo Eiris die Unternehmensberichterstattung, den direkten Kontakt zum Unternehmen, die Webseiten von Stakeholdern und den Kontakt zu ihnen sowie Pressedatenbanken.

Das ist nur ein kleiner Ausschnitt aus der Szene. Der Boom, den nachhaltige Geldanlagen bei professionellen Anlegern erleben, erhöht deren Bedarf an fundierten Analysen. Auf den Markt drängen auch konventionelle Ratingfirmen, zum Beispiel durch die Übernahme meist kleiner, auf ethisch-ökologische Kriterien spezialisierter Agenturen. Als Problem sehen einige Kritiker auch hier die unterschiedlichen Bewertungsstandards.

Viele Fondsgesellschaften nutzen die Dienste nicht nur einer, sondern mehrerer Ratingagenturen, einige von ihnen erstellen unter Zuhilfenahme von deren Erkenntnissen eigene Ratings. Auch Indexanbieter wie zum Beispiel die US-Firma MSCI erstellen eigene Ratings. Methodisch haben sich dafür mehrere Strategien durchgesetzt.

Um die Nachhaltigkeit eines Unternehmens beurteilen zu können, gibt es verschiedene gängige Ansätze, die einzeln oder in Kombination angewendet werden: Die bekanntesten sind Ausschlusskriterien und der Best-in-Class-Ansatz (Näheres dazu ab Seite 57). Außerdem wird darauf geachtet, ob Fondsmanagerinnen und -manager sich bei den Vorständen von Unternehmen, an denen ihr Fonds Anteile hält, für ein nachhaltigeres Verhalten einsetzen. Dies wird als Engagement bezeichnet.

United Nations Global Compact

Das United Nations Global Compact (UNGC) ist eine Initiative der Vereinten Nationen für die verantwortungsvolle Unternehmensführung im Sinne einer nachhaltigen Wirtschaftsweise zum Nutzen aller Menschen. Rund 13 000 Unternehmen und Organisationen gehören dem Netzwerk nach dessen eigenen Angaben an. Unternehmen, die sich mit dem UNGC-Logo schmücken, folgen freiwillig den zehn Prinzipien des Global Compact:

1. Unternehmen sollen den Schutz der internationalen Menschenrechte unterstützen und achten.
2. Unternehmen sollen sicherstellen, dass sie sich nicht an Menschenrechtsverletzungen mitschuldig machen.
3. Unternehmen sollen die Vereinigungsfreiheit und die wirksame Anerkennung des Rechts auf Kollektivverhandlungen wahren.
4. Unternehmen sollen für die Beseitigung aller Formen von Zwangsarbeit eintreten.
5. Unternehmen sollen für die Abschaffung von Kinderarbeit eintreten.
6. Unternehmen sollen für die Beseitigung von Diskriminierung bei Anstellung und Erwerbstätigkeit eintreten.
7. Unternehmen sollen im Umgang mit Umweltproblemen dem Vorsorgeprinzip folgen.
8. Unternehmen sollen Initiativen ergreifen, um größeres Umweltbewusstsein zu fördern.
9. Unternehmen sollen die Entwicklung und Verbreitung umweltfreundlicher Technologien beschleunigen.
10. Unternehmen sollen gegen alle Arten der Korruption eintreten, einschließlich Erpressung und Bestechung.

Einmal jährlich veröffentlichen die Mitgliedsunternehmen des United Nations Global Compact einen Fortschrittsbericht über die Umsetzung dieser Vorgaben. Die Publikation ist verbindlich, wird jedoch nicht überprüft. Erklärtes Ziel der Initiative ist die ständige Weiterentwicklung der Standards im Unternehmensalltag. Die Prinzipien sind eine freiwillige Selbstverpflichtung. Dafür bietet das Netzwerk in allen Bereichen Informations- und Lehrangebote für die Praxis.

Je nach Intensität der Nutzung und der Unternehmensgröße bezahlen die Mitglieder einen Beitrag. Kleine Firmen können das Angebot kostenlos oder mit einer Spende nutzen.

Auf eigene Faust

Die meisten frei erhältlichen Informationen über die Nachhaltigkeit von Unternehmen stammen von diesen selbst und lassen sich nicht ohne Weiteres überprüfen. Eine eigene Recherche kann dennoch hilfreich sein, wenn Sie beispielsweise in einem von Ihnen favorisierten Fonds Anteile eines Ihnen unbekannten Unternehmens finden.

Ein erster Schritt führt auf die Webseiten der Firmen. Alle großen Unternehmen veröffentlichen Nachhaltigkeitsberichte, oft als Teil des Geschäftsberichts. Dort stellen die Unternehmen ihre Aktivitäten im Hinblick auf ökologische und soziale Ziele dar und erläutern ihre Strategien für weitere Verbesserungen. Weltweit hat sich der GRI-Standard für die Nachhaltigkeitsberichterstattung etabliert. Das Kürzel steht für „Global Reporting Initiative". Die in den Niederlanden ansässige Organisation will Unternehmen bei der Kommunikation mit Aktionären, Staaten, Lobbygruppen, unterstützen. 40 Kriterien erfüllt ein idealer Nachhaltigkeitsbericht nach diesem Standard, die Palette reicht vom Umweltmanagement über den Umgang mit Arbeitnehmern bis hin zum Ressourcenverbrauch.

Suchen Sie außerdem im Internet nach Berichten über das Unternehmen, zum Beispiel mit Hilfe von Stichworten wie „Umwelt", „Bestechung", „Kritik", „Steueroase", „Nachhaltigkeit", „Ausbeutung" „Rüstung" oder „Greenwashing". Sollte das Unternehmen in zweifelhafte Geschäfte verstrickt sein, wurde darüber vermutlich schon einmal irgendwo etwas berichtet. Doch Vorsicht: Achten Sie darauf, dass entsprechende Hinweise aus seriösen Quellen wie angesehenen Medien stammen.

‚Sie können sich schließlich mit konkreten Fragen auch direkt an das Unternehmen wenden. Die Aktiengesellschaften führen auf ihren Webseiten in der Regel unter der Rubrik „Investor Relations" Kontaktdaten für Aktionärsanfragen auf.

Ein altes Ärgernis: Unternehmen schummeln sich sauber

Unabhängig von den Ergebnissen dieser Recherche haben Sie vielleicht aus Erfahrung bereits einen eigenen Eindruck über das Geschäftsverhalten gewonnen, etwa durch den Auftritt des Unternehmens in der Öffentlichkeit, Äußerungen des Vorstandschefs oder auch Medienberichte über Unzulänglichkeiten. Womöglich passen Ihre Erkenntnisse am Ende auch partout nicht zu dem Bild, das vom Unternehmen selbst vermittelt wird. Dann handelt es sich vielleicht um einen Fall von Greenwashing.

Das kommt nicht nur bei Lebensmitteln, Kosmetik oder angeblichen Superdiäten vor. Auch die Anbieter von Geldanlagen werben gerne mit grünen oder sozialen Werten. Denn das Trendthema verspricht gute Geschäfte. Damit steigt auch der Anreiz, zu schummeln, wie der Chef des Forums Nachhaltige Geldanlagen (FNG), Volker Weber, feststellt.

❝ Oft sind es schon Kleinigkeiten, die ein erstes Indiz für die Ernsthaftigkeit zum Thema Nachhaltigkeit dokumentieren. Da werden Produktunterlagen auf Hochglanzpapier und nicht auf umweltfreundlichem Papier aufgelegt. Plastikkugelschreiber als Giveaways überreicht.

Volker Weber, Vorstandsvorsitzender Forum Nachhaltige Geldanlagen (FNG)

Längst nicht alle Akteure an den Finanzmärkten seien plötzlich zu Freunden ethisch-ökologischer Geldanlagen geworden. Es seien vor allem die Wachstumsraten von 40 Prozent im Jahr, die Produkte mit grünem Anstrich für den konservativen Teil der Branche attraktiv hätten werden lassen. Er beobachtet, dass sich konventionelle Anbieter das Know-how zur Beurteilung von Nachhaltigkeitsstrategien hinzukaufen, indem sie Firmen mit entsprechender Expertise übernehmen und danach in der Werbung auf eine langjährige Erfahrung mit der Thematik verweisen.

Mit Hilfe verlässlicher Informationsquellen lässt sich aber die Spreu vom Weizen trennen. Einen schnellen Überblick bekommen Sie mit der Nachhaltigkeitsbewertung von Finanztest. Näheres dazu ab Seite 57.

Vertrauen ist gut, Kontrolle ist besser!

Beinahe täglich kommen neue nachhaltige Geldanlagen auf den Markt – zumindest locken Anbieter mit diesem Anspruch. Ob die Werbung stimmt, sollten Sie überprüfen.

Mogelpackungen gehören leider zu den Alltagsärgernissen für Verbraucher. Oft versprechen schöne Bilder auf der Verpackung und in aufwendigen Werbespots mehr, als tatsächlich drin ist. Das wissen inzwischen viele Konsumentinnen und Konsumenten. Sie haben gelernt, mit einem kritischen Blick auf die Zutatenliste, auf Herkunfts- oder Gewichtsangaben irreführenden Angaben auf die Spur zu kommen.

Bei Finanzprodukten kommt man aber nur mit großem Aufwand zu einer Bewertung der „Zutaten". Leicht lässt sich zwar herausfinden, welche Unternehmen in einem Aktienfonds oder dem Basisindex eines ETF vertreten sind. Die Nachhaltigkeit der Unternehmen und die Anlagekriterien eines Fonds zu überprüfen, bedarf schon eines recht großen zeitlichen Aufwands.

Verlässliche Informationen sind bei Geldanlagen die Basis für gute Entscheidungen. Eine erste Orientierung darüber, ob eine Geldanlage tatsächlich so nachhaltig ist, wie sie verspricht, bieten einige Siegel und Logos. Es handelt sich dabei jedoch nicht um eine von unabhängigen Dritten erstellte qualitative Analyse von Fonds oder Unternehmen. Herausgeber derartiger Kennzeichnungen sind meist Netzwerke von Unternehmen, die sich nachhaltigen Zielen verpflichtet haben. Auf jeden Fall verspricht das Engagement der Mitglieder ein vergleichsweise hohes Maß an Transparenz hinsichtlich ihrer Geschäftspolitik, auch wenn deren Angaben in der Regel freiwillig sind.

Siegel und Logos können bei der Auswahl helfen

Seriöse nachhaltig wirtschaftende Unternehmen oder Fonds sorgen für ein großes Maß an Transparenz und stellen von sich aus umfangreiche Beschreibungen ihrer Nachhaltigkeitsstrategie zur Verfügung. Darüber hinaus haben sich Finanzfirmen oder Unternehmen anderer Branchen zu Netzwerken im Sinne der ESG-Kriterien der Vereinten Nationen zusammengeschlossen. Diese verpflichten auf freiwilliger Basis zu einem nachhaltigen Wirtschaften. Auch das Gütesiegel des Forums Nachhaltige Geldanlage (FNG) kann Ihnen die Qual der Wahl erleichtern.

Die Mitglieder der Netzwerke sind Vorreiter für das nachhaltige Wirtschaften. Die Aussagekraft der entsprechenden Logos bezieht sich vor allem auf die Glaubwürdigkeit der Selbstverpflichtungen. Die Maximen selbst sind vergleichsweise schwammig formuliert. Die konkrete Ausgestaltung obliegt den einzelnen Mitgliedern.

Das FNG-Siegel

Mit dem Siegel des Forums Nachhaltige Geldanlage (FNG-Siegel) werden seit 2015 nachhaltige Fonds ausgezeichnet. Es soll private und professionelle Anleger, die Wert auf nachhaltige Finanzprodukte legen, bei der Auswahl unterstützen. Das FNG wurde 2001 als Fachverband für nachhaltige Geldanlagen gegründet und zählt nach eigenen Angaben über 170 Mitglieder, vor allem Banken und Investmentgesellschaften.

Die Kriterien des Siegels basieren auf den zehn Prinzipien des Global Compact, gehen aber darüber weit hinaus. Anhand von 80 Fragen an die Fondsgesellschaften werden die Fonds auf ihr Maß an Nachhaltigkeit hin überprüft. Ausschlusskritierien sind Investitionen in Atomkraft und Kohlebergbau,

Principles for Responsible Investment (PRI)

Eine Initiative der UN für verantwortungsbewusstes Wertpapiermanagement. Rund 2 600 institutionelle Investoren – Banken, Fondsgesellschaften oder Pensionsfonds – sind der 2005 ins Leben gerufenen Gruppe inzwischen beigetreten. Sie stehen für über 90 Billionen US-Dollar Anlagekapital. Die Mitglieder verpflichten sich auf sechs Prinzipien verantwortungsvoller Investitionen:

- ESG-Themen sollen in die Analyse- und Entscheidungsprozesse im Investmentbereich einbezogen werden.
- ESG-Themen sollen in der Investitionspolitik und -praxis aktiv berücksichtigt werden.
- Unternehmen und Körperschaften, in die investiert wird, sollen zu einer angemessenen Offenlegung in Bezug auf ESG-Themen angehalten werden.
- Die Mitglieder sollen die Akzeptanz und die Umsetzung der Prinzipien in der Investmentbranche vorantreiben.
- Die Mitglieder sollen zusammenarbeiten, um ihre Wirksamkeit bei der Umsetzung der Prinzipien zu steigern.
- Über die Aktivitäten und Fortschritte bei der Umsetzung der Prinzipien soll Bericht erstattet werden.

wenn sie mehr als fünf Prozent des Umsatzes bringen, Kohleverstromung, wenn sie mehr als zehn Prozent dazu beiträgt, außerdem der Einsatz von Fracking, Ölsand, Uranbergbau sowie Waffen und Rüstung. Bei Staatsanleihen sind die Einhaltung der Menschenrechte, der UN-Biodiversitätskonvention sowie die Einhaltung des Atomwaffensperrvertrags und der Kampf gegen Korruption Bedingungen.

Darüber hinaus überprüft die zum FNG gehörende Qualitätssicherungsgesellschaft Nachhaltiger Geldanlagen (QNG) auch das Engagement der Fonds und deren Anlagestrategie. Je nachhaltiger ein Fonds ist, desto mehr Sterne erhält er. Bis zu drei Sterne vergibt das FNG-Siegel. Für die Bewerbung müssen die Fondsgesellschaften eine Gebühr entrichten, in der Regel 3 100 Euro. Es gab in der Vergangenheit auch Kritik am FNG-Siegel, weil Anbieter, deren Fonds das Siegel nicht bekamen, nicht genannt wurden und weil Fonds angeblich in umstrittenen Geschäften engagiert waren. Dies wies das FNG zurück. Die Auditberichte werden jedoch nicht veröffentlicht, um – so das Forum – Geschäftsgeheimnisse der betreffenden Anbieter zu wahren.

Die Finanztest-Nachhaltigkeits-bewertung

Sie können sich auf eigene Faust kundig machen oder einen ganz einfachen Weg zu guten Anlageentscheidungen wählen. Dafür hat Finanztest eine Nachhaltigkeitsbewertung entwickelt.

Der Anlageerfolg von Fonds wurde lange nur nach deren Wertentwicklung gemessen. Diese Zeiten sind inzwischen vorbei. Die Anleger wollen zunehmend auch auf Nummer sicher gehen, dass sie mit ihrem Investment sinnvolle Geschäfte unterstützen. Das haben viele Fondsanbieter begriffen. Sie geben Auskunft über ihre Anlagestrategie, wenn sie danach gefragt werden. Auf diese Informationen ist auch Finanztest angewiesen. Sie bilden die Grundlage für die noch junge Nachhaltigkeitsbewertung.

Dafür wurden die Anbieter nach ihren Auswahlkriterien für Aktien befragt, den Ausschlusskriterien für Branchen oder Geschäftspraktiken. Auch nach der Relevanz einzelner Nachhaltigkeitsaspekte für die Gesamtbewertung und nach dem Engagement der Gesellschaften als Aktionär im Sinne dieser Ziele wurde gefragt. Es gibt für die Fonds zwei vorrangige Methoden der Auswahl.

▶ Ausschluss: Geschäfte oder Geschäftspraktiken, die man nicht finanzieren will, werden nicht in den Fonds aufgenommen oder bekommen keine Kredite von der Bank. Konkret bedeutet dies, dass ein Fonds, der nach nachhaltigen Prinzipien anlegt, beispielsweise nicht in Firmen investiert, die Kohle fördern oder verstromen, Waffen produzieren oder von Kinderarbeit in Schwellen- und Entwicklungsländern profitieren.

▶ Best in Class: Nachhaltigkeit kann nicht nur über Ausschlüsse erzielt werden, sondern auch auf dem umgekehrten Weg: Beim Best-in-Class-Prinzip nehmen Fonds oder Nachhaltigkeitsindizes nur diejenigen Unternehmen auf, die innerhalb ihrer Branche bei bestimmten Nachhaltigkeitsaspekten führend sind. So kann durchaus auch ein Energiekonzern infrage kommen, der Kohlekraftwerke betreibt oder Öl fördert, sich aber zugleich stark in erneuerbaren Energien engagiert.

> ❝❝ **Ökologische, soziale und Governance-Faktoren (ESG) liefern unter Umständen wichtige Hinweise auf die Effektivität des Managements und somit auf die langfristigen Aussichten eines Unternehmens.**
>
> Larry Fink, CEO des größten Vermögensverwalters der Welt, Blackrock

Wie die Nachhaltigkeitsbewertung genau funktioniert, erfahren Sie ab Seite 57.

Wie sieht die Rendite aus?

Für die meisten Sparerinnen und Sparer ist das wichtigste Merkmal einer Anlage die Höhe des Ertrags. Nachhaltige Sparformen müssen sich in dieser Hinsicht nicht verstecken.

Es ist nicht nur Wunschdenken, mit sauberen Geldanlagen das eigene Vermögen zu mehren. Es gibt viele Belege dafür, dass das tatsächlich gut funktioniert. Da ist zum Beispiel eine wissenschaftliche Untersuchung der Universität Hamburg aus dem Jahr 2016. Die Forscher haben dafür über 2 000 weltweite Studien zur Rentabilität nachhaltiger Geldanlagen ausgewertet. Das Ergebnis spricht für sich. „Bei über 90 Prozent der Studien gab es zwischen nachhaltigen Anlagen und finanziellem Gewinn einen positiven oder neutralen Zusammenhang", sagt Studienleiter Professor Alexander Bassen, der Experte für Kapitalmärkte und Unternehmensführung ist und auch dem Nachhaltigkeitsrat der Bundesregierung angehört.

> ❝ **Wer grün und sozialverträglich anlegt, muss nicht mit finanziellen Einbußen rechnen.**
>
> Prof. Alexander Bassen, Universität Hamburg

Vorurteil Ökospinner

Vielleicht liegt es an der Entstehungsgeschichte der Ökobewegung, dass ihren Anhängern wirtschaftlich noch immer nicht viel zugetraut wird. Dabei gibt es eine ganze Reihe von Faktoren, die für das Gegenteil sprechen. So sind Unternehmen, die sich mit Umwelttechnologien oder Erneuerbaren Energien befassen, tendenziell technologische Vorreiter. Auf lange Sicht erwächst daraus in der Regel auch ein Wettbewerbsvorteil gegenüber den „langsameren" Konkurrenten. Und sie sind auf Wachstumsmärkten unterwegs, denn weltweit steigen in Privathaushalten, in der Wirtschaft und bei den Staaten die Ausgaben zur Bewältigung der Folgen des Klimawandels.

Diese ökonomischen Chancen betreffen nicht nur die Betreiber von Windparks oder Solarfabriken. Es gibt nicht nur im Bereich der Umwelttechnologien viele Probleme, die Spezialisten herausfordern: Die Welternährung muss gesichert und die Biodiversität muss erhalten werden. Es braucht Technologien, um die Lebensmittelverschwendung einzudämmen, die Mobilität menschen- und umweltverträglich zu gestalten oder Arbeitsprozesse CO_2-neutral zu organi-

Stiftung Warentest | Gutes tun bringt auch Rendite

Musterschüler

Ein Vergleich zwischen der Kursentwicklung der Aktien konventioneller und nachhaltiger Unternehmen im Weltaktienindex MSCI zeigt: Saubere Geschäfte schlagen sich auch in einer besseren Kursentwicklung nieder. Das hat gute Gründe. Die nachhaltigen Unternehmen setzen auf Zukunftstechnologien und sind in Krisen widerstandsfähiger aufgestellt.

sieren. Das Deutsche Institut für Wirtschaftsforschung schätzt allein die Anpassungskosten an den Klimawandel in Deutschland auf rund 170 Milliarden Euro bis zur Mitte des Jahrhunderts.

Wenn sich Unternehmen auf die Lösung dieser Probleme konzentrieren und dabei erfolgreich sind, profitieren auch die Anleger und Anlegerinnen davon, die auf solche Unternehmen setzen, etwa wenn sie in einem Fonds gelistet sind. Das bedeutet nicht zwangsläufig, dass ethisch-ökologische Investments gegenüber herkömmlichen immer die Nase vorn haben. Die Performance eines Fonds wird von vielen Faktoren beeinflusst. Auch gibt es Unternehmen, die trotz guter Marktchancen schlecht wirtschaften, was auf einen Fonds abfärben kann. Doch die Grunderkenntnis der Metastudie ist klar: Anleger fahren mit sauberen Investments nicht per se schlechter, vielfach sogar besser.

Kaum Unterschiede bei Zinsanlagen

Bei Zinsanlagen wie dem Festgeld liegen die Renditen tatsächlich nur auf gleicher Höhe wie bei konventionellen Anlagen, mitunter sogar etwas geringer. Vielleicht war das ein Grund für den erst jetzt beginnenden Boom der nachhaltigen Geldanlagen: Der leichte Renditevorteil mag dazu beigetragen haben, dass Sparer herkömmlichen Produkten lange den Vorzug gaben.

Besser als Mischfonds

Deutlich zu sehen: In den letzten 15 Jahren hat das ausgewogene Pantoffel-Portfolio mit 4,7 Prozent p. a. besser abgeschnitten als der Durchschnitt vergleichbarer Mischfonds mit 2,5 Prozent Rendite p.a.

Quelle: Refinitiv, FWW; zur Berechnung: test.de/ft-strategie   Zeitraum: 30.06.2005 bis 30.06.2020

Auch mit grünen Staatsanleihen lässt sich derzeit keine nennenswerte Rendite erzielen. Das Gegenteil ist der Fall, zumindest bei den sicheren deutschen Bundesanleihen, die Negativzinsen einbringen, also einen Verlust für Sparer und Sparerinnen, der sogar etwas höher ist als bei den üblichen Staatsanleihen.

Nachhaltige Fonds und ETF laufen besser

Bei den Fonds und ETF sieht es ganz anders aus. Das hat die letzte Finanztest-Untersuchung von Weltaktienfonds noch einmal belegt. Der Anteil der Top-Fonds unter den nachhaltigen Angeboten ist höher als bei den herkömmlichen Fonds. Auch im Verlauf der Corona-Krise, die zu Beginn einen Börsencrash nach sich zog, schnitten die nachhaltigen Weltfonds besser ab als konventionelle Fonds. Unter den nachhaltigen Fonds gibt es aber genauso Investments, die sich nur mittelmäßig entwickeln – da unterscheiden sich konventionelle und ethisch-ökologische Fonds nicht. Bei ETF hat sich die Krisenfestigkeit im Crash deutlich gezeigt. Der weltweite Nachhaltigkeitsindex MSCI Sustainable hat den großen Bruder, den MSCI World, übertrumpft.

Stiftung Warentest | Gutes tun bringt auch Rendite

Gute Mischung – gute Rendite

Eines ist klar: Um Aktieninvestments kommen Sie als Anleger derzeit nicht herum, wenn Sie mehr aus Ihrem Geld machen wollen. Sichere Zinsanlagen werfen nichts mehr oder nur sehr wenig ab. Damit unter dem Strich eine anständige Rendite bei einem geringen Risiko herausspringt, empfiehlt sich eine Mischung aus sicheren nachhaltigen Zinsanlagen und guten ethisch-ökologischen Aktienfonds oder ETF. Wie das von Finanztest entwickelte Pantoffel-Portfolio funktioniert, erfahren Sie im Kapitel „Nachhaltige Musterdepots und Strategien" ab Seite 135.

Der Erfolg dieser Strategie im Vergleich zu herkömmlichen Geldanlagen ist messbar, wie die Grafik auf der linken Seite zeigt. Finanztest hat über einen längeren Zeitraum die Entwicklung eines ausgewogenen Pantoffel-Portfolios mit je hälftigem Anteil an sicheren Zinsanlagen – dem Sicherheitsbaustein – und ertragsträchtigeren Aktienfonds beziehungsweise ETF – dem Renditebaustein – mit dem Durchschnitt vergleichbarer Mischfonds verglichen. Das Ergebnis fällt verblüffend eindeutig aus. Das Pantoffel-Portfolio entwickelte sich im Verlauf der Zeit immer besser als diese Fonds.

Aus den Erfahrungswerten der Vergangenheit lässt sich natürlich keine Garantie für zukünftige Erträge ableiten. Doch es spricht viel dafür, dass sich die Überlegenheit eher verfestigt, als dass es zu einer Trendumkehr kommt.

→ Der „Erfinder"

Das Wort nachhaltig mag Alfred Platow nicht mehr in den Mund nehmen. Es sei zu beliebig geworden und werde politisch instrumentalisiert, sagt der Vorstandschef der Ökoworld AG. Der „Erfinder" des ersten grünen Aktienfonds Ökovision mag es lieber konkret. „Wir sind eine ethisch-ökologische Kapitalanlagegesellschaft", betont er. Die Idee laute, „in eine lebensfreundliche Zukunft für unsere Kinder zu investieren." Das macht der gebürtige Düsseldorfer seit 1996, dem Startjahr von Ökovision.

Zuvor war Platow in der Umwelt- und Friedensbewegung aktiv, der „Öko-spinnerecke". Der Protest gegen bestehende Verhältnisse reichte ihm nicht. Er wollte die Welt über die Finanzwirtschaft verbessern. Schließlich entstand der Wunsch, einen eigenen Aktienfonds aufzulegen. Ökovision sollte er heißen, was die Aufsichtsbehörden aufgrund der als unzulässig erachteten Vorsilbe Öko ablehnten. In Luxemburg kannten die Behörden diesen Vorbehalt nicht. So konnte Ökovision dort 1996 an den Start gehen. Mehr als eine Milliarde Euro hat der Klassiker unter den grünen Fonds seither bei Anlegern sammeln können.

Nachhaltig anlegen verändert die Welt

Die Idee ist prima: Finanzströme werden weltweit so umgeleitet, dass nachhaltiges Wirtschaften gefördert und schädliches geächtet wird. Diese Rechnung geht tatsächlich auf.

Der Klimawandel ist die wohl wichtigste Herausforderung der Menschheit in diesem Jahrhundert. Das ist längst nicht mehr nur ein Thema von Umweltschützern oder Wissenschaftlerinnen. Auch wenn es manche noch nicht wahrhaben wollen, betreffen die Veränderungen alle. Für viele Menschen werden sie sogar existenziell. Manch angestammter Lebensraum verschwindet im Meer, etwa flache Inseln im Südpazifik. Regionen verkarsten, weil der Regen ausbleibt. Die Einsicht in notwendige Veränderungen wächst, und der Wirtschaft kommt dabei eine zentrale Rolle zu. Denn hier müssen die Technologien entwickelt werden, die eine CO_2-freie Produktion ermöglichen. In der Wirtschaft entstehen auch die Konzepte für eine saubere Mobilität oder einen energieeffizienten Städtebau.

Die sozialen Herausforderungen sind ebenfalls gewaltig. Die Ungleichheit nimmt weltweit zu. Zugleich wollen viele Menschen in den Industrienationen nicht mehr hinnehmen, dass ihr Konsum anderswo zu Lasten der arbeitenden Menschen und der Umwelt geht. Ihre Ansprüche an die Ethik der Konzerne steigt. Es wird zu einem unternehmerischen Risiko, den diesbezüglichen Wertewandel zu ignorieren.

Beide Entwicklungen deuten schon an, dass es handfeste Gründe für eine nachhaltigere Wirtschaft gibt. Doch leider stoßen sie nicht überall auf offene Ohren. Genau hier kommt die Finanzwelt ins Spiel, im Großen wie im Kleinen. Großinvestoren wie Pensionsfonds, Versicherungen oder Fondsgesellschaften können mit ihren Anlagen Kapital dorthin steuern , wo Nachhaltigkeit praktiziert wird. Auch der Staat spielt hier eine Rolle. Kleinanleger wiederum haben mit der Auswahl ihrer Anlagen die Möglichkeit, auf die Verwendung Einfluss zu nehmen, indem sie auf ethisch-ökologische Angebote setzen. Damit stoßen beide einen Prozess an, der auf vielen Ebenen Veränderungen bewirkt. Es ist keine Revolution, vielmehr eine aus Vernunft resultierende Fortentwicklung.

Die Wirtschaft wird grüner und sozialer

Ihre Geldanlage bewegt etwas. Mal ist die Wirkung direkt zu sehen, meist entsteht sie indirekt. Das hängt auch von der Art Ihrer Geldanlage ab.

Für die Wirkung nachhaltiger Geldanlagen hat sich ein englischer Fachbegriff durchgesetzt. Die Rede ist vom „Impact" der Geldanlage. Vielleicht ist Ihnen schon aufgefallen, dass es Dutzende Aktienfonds gibt, die den Begriff im Namen tragen. Der Impact kann ökologischer oder gesellschaftlicher Natur sein. Das hängt von den Kriterien ab, die Fonds oder auch Ökobanken anlegen. Daraus resultiert schon die erste Möglichkeit für Sie, die Verwendung Ihres Geldes zu steuern. Sie haben ja die Wahl zwischen vielen verschiedenen Angeboten und können dort investieren, wo Ihre Ziele groß geschrieben werden.

Vermutlich haben Sie sich schon eine Weile mit der Frage beschäftigt, welche Wirkung Ihre Geldanlage erzeugen soll. Was ist ihnen besonders wichtig? Falls Sie es noch nicht genau wissen, können Sie sich auf der folgenden Seite Ihre eigene Prioritätenliste erstellen.

Stiftung Warentest | Nachhaltig anlegen verändert die Welt

> **Checkliste**

Sie haben die Wahl!

Angesichts der vielen unterschiedlichen Kriterien können Sie hier Ihre eigene Prioritätenliste erstellen. Nummerieren Sie Ihre Anlageziele in der Reihenfolge ihrer Wichtigkeit durch. Die Liste wird Ihnen später bei der Auswahl geeigneter Angebote helfen.

Ausschlusskriterien

- [ ] Waffenproduktion
- [ ] Kontroverse Waffen
- [ ] Fossile Energien
- [ ] Atomkraft
- [ ] Grüne Gentechnik
- [ ] Industrielle Landwirtschaft
- [ ] Massentierhaltung
- [ ] Verstöße gegen Menschenrechte
- [ ] Kinderarbeit
- [ ] Korruption
- [ ] Geldwäsche
- [ ] Steuervermeidung
- [ ] Landgrabbing
- [ ] Alkoholherstellung
- [ ] Tabakherstellung
- [ ] Pornografie
- [ ] Glücksspielbetrieb
- [ ] Abtreibung und Verhütungsmittel

Förderung

- [ ] Erneuerbare Energien
- [ ] Klimafreundliche Technologien
- [ ] Saubere Lieferketten
- [ ] Faire Bezahlung der Beschäftigten
- [ ] Faire Arbeitsbedingungen
- [ ] Biolandwirtschaft
- [ ] Naturschutz
- [ ] Verkehrswende
- [ ] Entwicklung armer Länder oder Regionen

Bevorzugte Geldanlage

- [ ] Konkrete Umweltprojekte
- [ ] Konkrete Sozialprojekte
- [ ] Bequeme sichere Zinsanlagen
- [ ] Möglichst hohe Rendite

Das Zauberwort heißt Transformation

Die Wirtschaft muss sich umstellen. Spätestens Mitte des Jahrhunderts soll die Energieversorgung zum Beispiel in vielen Ländern aus erneuerbaren Energiequellen gesichert werden. Das eröffnet auf der einen Seite jenen Firmen, die mit Technologien oder Dienstleistungen den Wandel ermöglichen, große Chancen. Auf der anderen Seite brauchen diese Firmen Kunden, die ihre Produkte und Dienste kaufen und Investoren, die das Kapital für die Entwicklung und alles Weitere bereitstellen.

Es geht bei der Transformation der Wirtschaft bei Weitem nicht nur darum, Kohle und Öl durch Sonne und Wind zu ersetzen. Betroffen sind viele Branchen, große und kleine, global operierende und regional aktive Unternehmen. Die Landwirtschaft braucht Lösungen, die eine ebenso umweltverträgliche wie effiziente Erzeugung von Nahrungsmitteln ermöglichen. Architektinnen und Bauherren benötigen Technologien für energieeffiziente Gebäude, Mobilitätsdienstleister Konzepte und Fahrzeuge für den sauberen Transport von Menschen und Material. Die Aufzählung ließe sich nahezu unbegrenzt fortsetzen. Für Sie als Anlegerin oder Anleger ist entscheidend, dass mit all diesen positiven Fortentwicklungen auch Geld verdient wird, das Ihr Investment lohnend werden lässt. Chancen für eine gute Verbindung von Impact und Rendite gibt es also reichlich.

Fonds: Große Investoren machen Druck

Tatsächlich sind die Wege, die der Impact nimmt, etwas verschlungener. Wenn Sie in Aktienfonds investieren oder ETF erwerben, wechseln die Anteile zunächst einmal nur den Besitzer. Der Fonds kauft dafür Aktien, deren Vorbesitzer nun das Geld erhalten. Den Unternehmen selbst fließt kein Geld zu. Indirekt entsteht jedoch ein Effekt. Ein nachhaltiger Fonds schließt unerwünschte Geschäftsfelder oder -praktiken aus. Mit dem Kauf von Aktien steigt tendenziell deren Kurs. Das ist eine wichtige Erfolgskennziffer für die Unternehmen. Sie strengen sich daher verstärkt an, die Anforderungen der Fonds zu erfüllen, um weitere Investoren anzulocken. Auch erleichtert ein hoher Unternehmenswert die Finanzierung weiterer Investitionen in nachhaltige Projekte. Das wiederum verbessert die weiteren Wachstumsaussichten. Es ist also auch im Interesse anderer Aktionäre, den Boom bei nachhaltigen Geldanlagen zu nutzen.

Es gibt aber auch direkte Effekte: Die Fonds oder Vermögensverwaltungen sammeln von Anlegern sehr viel Geld ein. Die Allianz kam 2019 allein auf ein Anlagevermögen von 2,3 Billionen Euro. Der größte Vermögensverwalter der Welt, Blackrock aus den USA, kam im selben Jahr sogar auf eine Summe von 7,4 Billionen US-Dollar. Dieses gewaltige Kapital verschafft den Investoren auch einen beträchtlichen Einfluss auf die Vorstände der Unternehmen. Große Aktio-

Stufenplan
Engagierte Aktionäre treiben Unternehmen Schritt für Schritt zu grünem Wachstum an.

näre haben meist einen direkten Draht zum Vorstand und verfügen über einen erheblichen Stimmenanteil auf den Hauptversammlungen. Kleinere und mittlere Investoren schließen sich zusammen, um wirkungsvoll Engagement – das Fachwort für Unternehmensdialog und Stimmrechtsausübung – betreiben zu können.

Immer häufiger nutzen die Investoren diese Macht auch, um ganze Konzerne auf einen ethisch-ökologischen oder sozialen Kurs zu bringen. So mahnte etwa die Vertreterin der Fondsgesellschaft Deka, die den Sparkassen gehört, den Vorstand des Sportartikel-Herstellers Adidas auf der Hauptversammlung 2020, sich endlich dem Thema Rassismus im Unternehmen zu stellen. Der Vorstand lenkte prompt ein und versprach, für mehr Chancengleichheit zu sorgen. Dieser Druck der Aktionäre ist nicht zu unterschätzen. Schließlich können sie ihr Kapital schnell wieder aus einer Aktiengesellschaft abziehen. Dann kehrt sich der Mechanismus um. Die Aktie verliert tendenziell an Wert, wenn viele davon verkauft werden.

Detailliert führt auch die GLS-Bank ihr Engagement in den Unternehmen auf, in die sie investiert. „Die Erfahrung zeigt, dass der Austausch mit Unternehmen eines langen Atems bedarf", stellt die Bank fest. Doch meist reagierten sie positiv und sagten Veränderungen zu. Konkret weist der Investitionsbericht der Bank zum Beispiel sechs Unternehmen aus, mit denen sie über Menschen- und Arbeitsrechte im Gespräch ist, bei zwei weiteren geht es um die Produktsicherheit und bei einigen Finanzdienstleistern um Verbindungen zur Rüstungs- oder Atomindustrie. Letztere blieben offenkundig erfolglos, denn die GLS-Bank trennte sich von diesem Investment.

Derlei Gespräche finden hinter verschlossenen Türen statt und nicht etwa auf der Hauptversammlung eines Unternehmens vor den versammelten Aktionärinnen und Aktionären. Die Öffentlichkeit bekommt davon selten etwas mit. Die Triodos-Bank berichtet zum Beispiel von einem Engagementerfolg mit der niederländischen Pensionskasse, die ihre Anlagestrategien nachhaltiger gestaltet hat. Die Este Asset Management setzte sich in Österreich gegen die Fracking-Pläne des Versorgers OMV ein. Die Fondsgesellschaft Union Investment begleitete wiederum die finnische Ölfirma Neste Oyi bei der Stärkung der Sparte Erneuerbare Energien. Engagement kann auch vorausschauend betrieben werden. Der österreichische Fondsanbieter Raiffeisen zum Beispiel war im Gespräch mit verschiedenen Wasserversorgern zur Frage, wie sie sich auf das Zukunftsproblem Wasserknappheit einstellen wollen.

Ein gutes Beispiel für eine transparente Darstellung des Engagements liefert die Fondsgesellschaft Deka mit ihren Engagementberichten. In diesen führt Deka neben Analysen zu ethisch-ökologischen Herausforderungen für die Unternehmen auch detailliert Angaben zu ihren Gesprächen mit Unternehmen auf und nennt auch deren Namen. Die Themenpalette der Gespräche reicht vom Frauenanteil in Führungspositionen bis hin zum Umgang mit der Ressource Wasser.

Allerdings mischen sich einige Fondsmanager und -managerinnen gar nicht gerne in die Geschäftspolitik ein und reden sich mit unterschiedlichen Argumenten aus der Verantwortung heraus. Einige Manager wählen nach eigenen Angaben nur Werte für ihr Portfolio aus, die kein weiteres Engagement erfordern. Andere verteidigen die Beteiligung an weniger nachhaltigen Geschäftsmodellen. So könnten sie die betreffenden Unternehmen bei ihrem Transformationsprozess begleiten. Beide Aussagen können zutreffen, etwa bei einem sehr strengen Nachhaltigkeitsfonds, der nur die besten Titel auswählt. Aber es können auch Ausreden für ein nur geringes Interesse an einer Verbreitung nachhaltiger Wirtschaftsweisen sein.

ESG: Unternehmen geraten unter Zugzwang

Gerade für Großanleger spielt die Einhaltung von ESG-Kriterien eine wichtige Rolle. Diese Gruppe stellt auch den weitaus größten Anteil an nachhaltigen Investments. Dahinter stehen rationale Analysen. Nachhaltige Unternehmen sind in Krisen widerstandsfähiger, die Geschäftsmodelle zukunftsträchtiger. Auch große Konzerne sind wiederum auf die Gunst des Kapitalmarktes angewiesen. Sie stehen unter Zugzwang, wenn sie Investoren gewinnen wollen. Nicht zu unterschätzen ist auch der immaterielle Wert eines nachhaltigen Images in der Öffentlichkeit. Die Verwicklung in Skandale, etwa durch Umweltschäden oder Kinderarbeit, führt schnell zu erheblichen wirtschaftlichen Einbrüchen, weil sich Kundinnen und Kunden abwenden und der Unternehmenswert sinken kann. Man denke an die Ölplattform Brent Spar, die Shell 1995 im Meer versenken wollte. Greenpeace startete eine Kampagne, die unter anderem zu einem Boykott von Kraftstoff des Konzerns führte.

Anleihen: Die Transformation unterstützen

Staaten und Unternehmen geben inzwischen grüne Anleihen heraus. Die Einnahmen aus den Emissionen fließen in Investitionen in den Klimaschutz oder die Bewältigung des Klimawandels. Mit dem Kauf von nachhaltigen Rentenfonds können Sie so zum Beispiel die Transformation unterstützen.

Anreize: Vorstände haben auch Kinder

In Gesprächen räumt der eine oder andere sonst knallharte Manager schon mal ein, dass er zu Hause bei der Familie unter einem gewissen Rechtfertigungsdruck stehe. Die Kinder drängen auf eine vegetarische Ernährung und haben Angst vor den Folgen der Erderwärmung. In der jüngeren Managergeneration stößt das heimische Plädoyer für den Erhalt einer lebenswerten Welt nicht zuletzt deshalb zunehmend auf offene Ohren.

Dennoch regieren in der Wirtschaft weiterhin die Zahlen, also der Profit. Daher haben sich viele Unternehmen etwas einfallen lassen. Die Vergütung der Vorstände wird zunehmend nicht mehr nur an den kurzfristigen Erfolg, sondern an langfristige Perspektiven gekoppelt. Die Vergütung richtet sich dann beispielsweise auch nach einer wachsenden Energieeffizienz oder einer hohen Zufriedenheit der Beschäftigten, nicht nur der Kunden. So setzen die Unternehmen ihren Vorständen finanzielle Anreize für mehr Nachhaltigkeit. In manchen Unternehmen hängen die Boni davon ab, ob der Titel in einen Aktienindex aufgenommen wird.

Banken: Anleger können mitbestimmen

Ethisch-ökologische Banken knüpfen die Vergabe von Darlehen an Nachhaltigkeitskriterien. So stellen sie sicher, dass etwa mit dem Geld auf einem Girokonto Umwelt- oder Sozialprojekte finanziert werden. Bei einigen Banken ist es sogar möglich, ganz konkrete Branchen für die Verwendung der Giro- oder Spareinlage vorzugeben.

Crowdfunding: Wie die Umwelt profitiert

Im Internet werben viele einzelne soziale oder ökologische Projekte um Investoren, zum Beispiel auf Plattformen für das Crowdinvestment. Hier können Sie mit Ihrer Anlage direkt einzelne Vorhaben mitfinanzieren, vom Solarpark über energieeffiziente Immobilien bis hin zur Elektromobilität oder einer biologischen Landwirtschaft. Manche Vorhaben sind vielleicht sogar in Ihrer Heimatregion angesiedelt. Der Impact wird dann auch vor Ort sichtbar. Leider sind die Rechtskonstruktionen dieser Investments in der Regel für Privatanleger und -anlegerinnen nachteilig gestaltet, sodass das Verlustrisiko bei einer Anlage beträchtlich ist.

„Wir sind im Mainstream angekommen."

Der Wirtschaftsforscher Professor Timo Busch befasst sich mit Nachhaltigkeit im Finanzsektor. Der Betriebswirt lehrt am wirtschafts- und sozialwissenschaftlichen Institut der Universität Hamburg und ist Senior Fellow am Center for Sustainable Finance and Private Wealth der Universität Zürich. Auf der Rio +20 Conference on Sustainable Development war er Delegierter der UN. Buschs Studien belegen, dass die nachhaltige Geldanlage auch etwas bewirkt und rentabel ist.

Sind Veränderungen der Finanzströme hin zu nachhaltigen Investments bereits auf breiter Front spürbar?
Wir sind mit nachhaltigen Geldanlagen im Mainstream angekommen. Sie können es als Phase 3.0 bezeichnen. In den Anfängen waren es einzelne, meist institutionelle Investoren, die bestimmte Geschäfte aus ihren Anlagen ausschlossen. Das war zu Zeiten des Vietnamkriegs und der Apartheid in Südafrika. In den späten 80er Jahren begann die Phase 2.0. Die Investoren gingen über reine Ausschlusskriterien hinaus und entwickelten neue Ansätze wie das Best-in-Class-Prinzip oder die Integration von ESG-Kriterien in unternehmerisches Handeln. Es gab auch erste Themenfonds. Gleichzeitig wurden Ratings für nachhaltige Unternehmen entwickelt und der Dow Jones Sustainability Index als nachhaltiger Aktienindex zusammengestellt. Heute kennen wir uns gut genug mit Nachhaltigkeitsanalysen aus. Entsprechende Finanzprodukte sind normal geworden und verzeichnen enorme Wachstumsraten. Ich habe für die letzten Jahre den Marktbericht für die Schweiz mit erstellt. Der Markt ist dort zuletzt um über 60 Prozent gewachsen. Das ist ein deutlich höheres Wachstum als bei konventionellen Geldanlagen.

Sie haben in einer Auswertung von über 2 000 Studien herausgefunden, dass sich nachhaltiges Wirtschaften für Unternehmen bei einer großen Mehrheit der Firmen lohnt. Warum ist das so, und warum setzt sich diese Erkenntnis so langsam durch?
Ausgangspunkt der Metastudie war die Frage, ob Unternehmen, die in puncto Nachhaltigkeit besser sind als der Durchschnitt, sich auch wirtschaftlich gut entwickeln. Über 50 Prozent der Studien kamen zu dem Ergebnis, dass Nachhaltigkeit einen positi-

ven Einfluss auf die Rendite und die Performance hat.

Mit Blick auf die Herausgeber von Green Bonds drängt sich der Verdacht auf, dass Unternehmen oder Staaten den Klimaschutz als Feigenblatt vor sich her tragen. Wie ernst meint es die Wirtschaft damit?
Wie überall gibt es auch hier Trittbrettfahrer. Die wachsende Nachfrage nach grünen Geldanlagen ist ein Anreiz zum Greenwashing. Es gibt auf der anderen Seite inzwischen genügend Informationen über die einzelnen Anbieter, um die Spreu vom Weizen zu trennen. So hat beispielsweise der Chef des größten Vermögensverwalters der Welt die Unternehmen zu nachhaltigem Handeln aufgefordert. Bei Analysen über das Engagement als Aktionär landet seine Firma aber auf einem der hinteren Ränge. Da ist schon eine große Divergenz zwischen dem, was angekündigt wird, und dem, was umgesetzt wird.

Wie ernst können Anleger zum Beispiel Green Bonds von Autofirmen nehmen, die mit Verbrennungsmotoren ihr Geld verdienen?
Da gibt es für Sie als Anleger zwei Möglichkeiten. Wenn Sie nur hundertprozentig grüne Projekte unterstützen wollen, bleibt Ihnen nur eine geringe Auswahl an Anlagen. Wenn Sie vor allem den Transformationsprozess hin zu einer klimaneutralen Wirtschaft unterstützen wollen, können Sie auch in ein Autounternehmen investieren. Voraussetzung ist, dass Ihr Geld dort in neue Antriebstechnologien oder eine saubere Fertigung investiert wird. Wenn Sie die notwendige Transformation mitfinanzieren, ist es eine sinnvolle und nachhaltige Geldanlage.

Die meisten Kleinanleger investieren in Fonds oder ETF. Treiben die Fondsverwalter die Unternehmen, in die sie investieren, zu Verbesserungen an?
Es gibt sehr gute Fonds, die auch unter Impact-Gesichtspunkten sehr gut aufgestellt sind. Die Manager schauen sich an, inwiefern die einzelnen Unternehmen in ihrem Portfolio sich Zielen verpflichten, etwa beim Klimaschutz oder im Sozialen. Die andere Seite ist, dass auch der Fonds gegenüber seinen Kunden dokumentieren muss, inwiefern er besser ist als andere. Das kann beispielsweise eine mit jedem investierten Euro bessere CO_2-Bilanz sein. Es gibt Fonds, die sehr engagiert sind. Wir fragen für die Forschung bei Unternehmen nach, wie relevant ESG für sie ist. Die Unternehmen berichten übereinstimmend, dass das Thema in den letzten Jahren massiv an Gewicht gewonnen hat. Mitunter dreht sich jede zweite Anfrage bei ihnen um dieses Thema. Da bewegt sich einiges.

Wie problematisch ist es, dass es keine einheitlichen Standards für Nachhaltigkeit gibt?

Es scheint problematisch, dass viele Akteure verschiedene Bewertungsansätze verfolgen. Tatsächlich wird es nie diesen einen einheitlichen Standard geben. Das liegt in der Natur der Sache. Nachhaltigkeit hat viele unterschiedlich Facetten. Der eine setzt auf Energieeffizienz, der andere will Kinderarbeit verhindern. Wie will man das über einen Kamm scheren? Die Anleger müssen deshalb aber nicht den Kopf in den Sand stecken. Es gibt ja gute Hilfestellungen. Beispielsweise gibt es Labels, die genaue Mindestkriterien für Ausschlüsse definiert haben und darüber hinaus unterschiedliche Aspekte der Anlagestrategie bewerten und berücksichtigen. So wird die Komplexität einer nachhaltigen Anlage auch für Kleinanleger händelbar.

Greenwashing bleibt ein Ärgernis

Es gibt auch bei nachhaltigen Geldanlagen Trendsetter und Trittbrettfahrer. Beides lässt sich mitunter nicht eindeutig voneinander trennen.

Der Fachbegriff für Marketingaussagen, die einen schönen nachhaltigen Schein erzeugen sollen, lautet Greenwashing, auf Deutsch wörtlich „sich grün waschen" – das bedeutet so viel wie „sich einen grünen Anstrich geben". Bisweilen reicht dafür schon ein Spiel mit Farben und Bildern. So fand die Hamburger Verbraucherzentrale bei einer Stichprobe von Naturkosmetik 2019 auffallend häufig grün gefärbte Flaschen oder aufgedruckte Naturbilder. Das ist nicht verboten, auch wenn der Blick auf die Liste mit Inhaltsstoffen einen umstrittenen chemischen Cocktail offenbarte. Es ließe sich eine lange Liste ähnlicher Beispiele erstellen. Als Verbraucherin können Sie sich mit Hilfe von Siegeln oder einem Blick auf die Zutaten aber vergewissern, ob ein Produkt hält, was der Anschein verspricht. Bei Investments ist das schon schwieriger.

Stiftung Warentest | Nachhaltig anlegen verändert die Welt

Beliebte Farbe
Nachhaltigkeit ist auch ein Marketingfaktor – und nicht alles, was als „grün" verkauft wird, hält bei genauerer Prüfung ethisch-ökologischen Ansprüchen stand.

Der grüne Anstrich ist manchmal nur Marketing
Denn auch hier zählt das Image eines Unternehmens enorm viel. Das verleitet zu Übertreibungen in der Selbstdarstellung. Auch Regierungen legen Wert auf ein sauberes Image und und gehen schon einmal sehr großzügig mit der Bezeichnung Green Bond um. Diese Kritik musste sich zum Beispiel die Bundesregierung bei der Emission ihrer ersten grünen Anleihe im Herbst 2020 gefallen lassen. Denn die Einnahmen daraus sind nicht für zusätzliche Klimainvestitionen gedacht, sondern nur für ohnehin bereits getätigte Ausgaben. Von einem Zusatznutzen kann also nicht die Rede sein. Bei künftigen Emissionen soll sich dies jedoch ändern.

Selbst als umweltfreundlich bekannte Unternehmen fallen mit Greenwashing auf, wie etwa das Beispiel der Deutschen Bahn zeigt. „Das klimafreundlichste Verkehrsmittel" oder „100 Prozent Ökostrom" – so wirbt die Bahn für die Reise auf dem Schienenweg. Dadurch entsteht der Eindruck, der Verkehrskonzern sei ein rein grünes Unternehmen. Das ist gut für das Image. Doch Vorsicht ist bei geboten, denn es gibt Einschränkungen, die die plakative Selbstdarstellung in der Werbung relativieren: So wird nur das Flaggschiff ICE komplett mit erneuerbaren Energien angetrieben. Für den viel stärker frequentierten Nahverkehr gilt dies nicht. Über langfristige Lieferverträge ist die Bahn an der Verstromung von Kohle beteiligt. Außerdem ist bei Weitem nicht das gesamte Schienennetz elektrifiziert. Es sind daher auch noch viele Diesellokos im Einsatz. Schließlich hielt der Konzern die Gleisbetten auch noch lange Zeit mit dem umstrittenen Pflanzengift Glyphosat „sauber". Auf der anderen Seite ist die Bahn unbestritten das umweltfreundlichste Verkehrsmittel auf längeren Strecken und trägt damit zum Klimaschutz bei.

Positive und weniger positive Aktivitäten liegen immer wieder einmal dicht beieinander. In diesen Fällen müssen Sie also selbst abwägen, welche Argumente für und welche gegen ein Investment sprechen würden. Mit dieser Aufgabe werden Sie bei der Auswahl Ihrer Geldanlagen häufig zu tun haben, sofern Sie sich intensiv damit beschäftigen wollen.

Manchmal widersprechen sich die Ziele
Insbesondere große Konzerne sind in der Regel in verschiedenen Sparten geschäftlich aktiv. So kann ein Energieunternehmen sowohl Atomkraftwerke als auch Solarparks betreiben. Wenn Sie auf Ihrer persönlichen

Prioritätenliste die Kernenergie als Investment ausschließen, müssen Sie also die Auswahlkriterien der infrage kommenden nachhaltigen Fonds genau unter die Lupe nehmen. Ein Fonds, der nach der Best-in-Class-Strategie entscheidet, könnte Aktien dieses Unternehmens theoretisch durchaus ins Portfolio aufnehmen. Denn bei der Bewertung von Atomkraft gehen die Meinungen auseinander. Auf der einen Seite kritisieren die Gegner das Problem mit der strahlenden Hinterlassenschaft der Meiler. Auf der anderen Seite weisen die Befürworter auf die damit mögliche CO_2-freie Stromproduktion hin. Wenn Sie ausschließen wollen, dass der von Ihnen ins Auge gefasste Fonds in Kernenergie investiert, müsste dies als zusätzliches Ausschlusskriterium also explizit benannt sein.

Finanztest hat bei der Untersuchung nachhaltiger Fonds im Juli 2020 gleich mehrere Beispiele für solche Zielkonflikte gefunden. So fanden sich zum Beispiel Aktien des Sportartikel-Herstellers Nike im Fonds der nachhaltigen Steyler-Bank. Zur Begründung führte das Management die Klimaschutzstrategie des Unternehmens und das Umweltmanagement in seiner Lieferkette an. Dagegen kritisierte der Nachhaltigkeitsindex MSCI die Arbeitsbedingungen in den Lieferketten. Auch der Kaffeefilialist Starbucks wird unterschiedlich bewertet. So spart Starbucks Wasser und Energie. Verkauft wird fair gehandelter Kaffee. Auf der anderen Seite stören sich Fondsmanager an der Steuervermeidungsstrategie des Konzerns und verzichten deshalb auf einen Aktienkauf.

Sie merken schon: Den Stein der Weisen hat hier noch niemand gefunden. Das „perfekt nachhaltige" (Finanz-)Produkt gibt es (noch) nicht. Wer nachhaltig investieren möchte, muss wissen, was er oder sie will oder nicht will und sich über die Auswahl- und Ausschlusskriterien der Fonds genau informieren.

Können „Böse" auch mal „Gutes" tun?

Ein anderer Widerspruch entsteht, wenn beispielsweise ein guter nachhaltiger Fonds von einem weniger nachhaltigen Anbieter auf den Markt gebracht wird. Das kommt gar nicht so selten vor. Konventionelle Fondsgesellschaften oder Vermögensverwalter mischen auch bei nachhaltigen Angeboten mit. Zugleich verdienen sie ihr Geld mit ethisch oder ökologisch fragwürdigen Aktivitäten. Es obliegt am Ende auch in diesem Fall Ihrer persönlichen Einschätzung, welche Abstriche an Ihrem Ideal sie hinnehmen können.

So hat die Deutsche Bank 2020 bei Investoren eine halbe Milliarde Euro mit der Ausgabe einer grünen Anleihe eingesammelt. Dieses Kapital soll in den Ausbau erneuerbarer Energien fließen. Der „gute" Zweck der Anleihe steht kaum in Zweifel. Doch die Deutsche Bank selbst hat sich in der Vergangenheit so viele Verfehlungen geleistet, dass

Stiftung Warentest | Nachhaltig anlegen verändert die Welt

von einem nachhaltig agierenden Institut nicht geredet werden kann. Es stellt sich für Anlegerinnen schnell die Frage, ob sie mit dem Kauf der Anleihe nicht auch indirekt ein zumindest in der Vergangenheit umstrittenes Geschäftsgebaren unterstützen.

Ein anderes Beispiel liefert der weltgrößte Vermögensverwalter Blackrock. Kritikern gilt die US-Gesellschaft als Inbegriff eines eiskalten Kapitalismus, dem die Gewinnmaximierung über alles gehe, oft zu Lasten der Beschäftigten in den Unternehmen, an denen sich Blackrock beteiligt. Auch wird dem Management vorgeworfen, sich nicht nachdrücklich genug für mehr Nachhaltigkeit in diesen Unternehmen zu engagieren.

Auf der anderen Seite hat Blackrock-Chef Larry Fink in seinem alljährlichen Brief an deren Vorstandsvorsitzende den Klimawandel zu einer wesentlichen Triebfeder für Veränderungen in der Wirtschaft und der Finanzbranche erklärt. Damit verbunden waren die klare Aufgabe an die Vorstände, Nachhaltigkeit stärker zu beachten, und die Drohung, sich von Anteilen von mit Nachhaltigkeitsrisiken verbundenen Firmen zu trennen.

Nun legt Blackrock aber auch selbst nachhaltige Fonds auf, etwa einen ETF auf den Nachhaltigkeitsindex der Indexfamilie MSCI, den auch Finanztest empfiehlt. Das kann zu einem Widerspruch für jene werden, die den Emittenten Blackrock eher zu den „Bösen" zählen, die „gute" Anlage aber schätzen.

Immerhin werden neue EU-Standards eine Beurteilung der Angebote bald erleichtern. Das Greenwashing wird damit nicht verschwinden. Vor allem in der Werbung erwecken die Anbieter von Finanzprodukten ebenso wie die Hersteller von Konsumgütern oder Lebensmitteln weiterhin mit schönen Bildern aus der Natur einen nachhaltigen Eindruck, obwohl dies mit ihren Produkten gar nichts oder nicht viel zu tun hat. In der Werbung für schwere Automobile oder für einzelne Biermarken lassen sich dafür viele anschauliche Beispiele finden. Kritisch wird es, wenn Börsenschwergewichte oder ganze Branchen sich ein grünes Image verpassen. Die betreffenden Unternehmen sind in vielen Fonds vertreten. Bei Anlegern kann so schnell der Eindruck entstehen, dass sie eine gute Sache unterstützen – in der Praxis sieht es mitunter ganz anders aus. Der Ölkonzern Shell etwa bietet beim Tanken gegen einen kleinen Aufpreis einen CO_2-Ausgleich an und bewirbt dies natürlich in schönen Grüntönen. Gleichzeitig macht der Konzern weiter Milliardengewinne mit der Förderung und Verarbeitung des fossilen Brennstoffs und verschärft damit das Klimaproblem.

Rechtlich ist Greenwashing eine Grauzone. Solange nicht richtig gelogen wird, sind die Werbeaussagen erlaubt, auch wenn sie einen falschen Eindruck erwecken können. Das beste Motto lautet: Augen auf und hinterfragen, ob ein Investment tatsächlich den eigenen Ansprüchen genügt.

Nachhaltige Fonds und ETF

Ohne Aktien lässt sich das Ersparte aktuell nicht mehr vermehren. Das Risiko stark schwankender Kurse einzelner Aktien wollen viele Sparer jedoch nicht eingehen. Mit Aktienfonds und ETF gibt es eine gute Alternative dazu.

Geduld und ein langer Atem sind beim Vermögensaufbau gefragte Tugenden. Dazu kommt noch die Klugheit, nicht alles auf eine Karte zu setzen. Besser ist es auf lange Sicht, Chancen und Risiken gut zu verteilen. Das ist auch das Erfolgsgeheimnis von Aktienfonds und Exchange Traded Funds (ETF). Die aktiv gemanagten Aktienfonds investieren das Geld der Anleger in verschiedene Einzelaktien. Aktiv gemanagt bedeutet, dass die Fachleute der Fondsgesellschaften die Zusammensetzung nach ihrer Einschätzung der Erfolgsaussichten der einzelnen Unternehmen vornehmen. So wollen sie mit ihrem Fonds besser abschneiden als der Gesamtmarkt.

ETF wiederum bilden einen Index nach, zum Beispiel das Nachhaltigkeitssegment des Weltaktienindex MSCI. Der Kurs der ETF entwickelt sich dann ähnlich wie dieser Gesamtmarkt, nicht viel besser, aber auch nicht viel schlechter. Bei aktiv gemanagten Fonds kann es mit dem Kurs dagegen schneller aufwärts, aber auch schneller abwärts gehen. ETF haben gegenüber diesen Fonds einen gewichtigen Vorteil. Die Kosten

Viele Schätze
Fonds investieren in viele Einzelwerte und reduzieren damit das Kursrisiko. So fällt eine faule Frucht im Korb nicht weiter ins Gewicht.

sind sehr viel geringer als die von Fonds, für die regelmäßige Gebühren und mitunter auch eine Erfolgsbeteiligung anfallen. Fonds und ETF haben eines gemeinsam: Sie vermeiden das vergleichsweise hohe Kursschwankungsrisiko von Einzelaktien. Deshalb raten wir dazu.

Die Sparerinnen und Sparer in Deutschland halten auch nicht viel vom Kauf einzelner Aktien. Nach Angaben des Deutschen Aktieninstituts (DAI) haben nur 4,2 Millionen Anleger diese Anteilsscheine im Depot. Aktienfonds überzeugen schon mehr: Mehr als sieben Millionen Menschen besitzen Fondsanteile. Dabei gibt noch es immer einen deutlichen Unterschied zwischen den Geschlechtern. Jeder fünfte Mann, aber nur jede achte Frau investiert Geld an der Börse.

Ein noch junger Trend sorgt jedoch für einen großen Zulauf an den Aktienmarkt. Junge Leute eröffnen zu Tausenden Depots bei Onlinebanken oder Brokern, also Aktienhandelshäusern. Sie entfliehen so dem Zinstief und sorgen verstärkt für das Alter vor.

Mit dem Kauf von Aktien beteiligen Sie sich direkt an einem Unternehmen Ihrer Wahl. Das bedeutet, dass Sie sowohl an den Chancen als auch an den Risiken der Geschäftsentwicklung teilhaben. Als Aktionär oder Aktionärin profitieren Sie auf zweierlei Weise. Die Unternehmen schütten in der Regel einmal im Jahr einen Teil ihres Gewinns aus. In den USA geschieht dies sogar alle drei Monate. Die Gewinnbeteiligung heißt Dividende. Weitaus wichtiger ist für die meisten Aktionären jedoch die Kursentwicklung ihrer Anteile. Die Kurssteigerungen bescheren ihnen bei guten Firmen eine hohe Rendite. Es kann natürlich auch umgekehrt laufen. Ohne Gewinne fällt die Dividende aus. Der Kurs ist dann meist auch schon gesunken.

Sind Aktieninvestments nicht zu riskant?

Es besteht kurzfristig immer das Risiko eines Wertverlusts. Doch die Erfahrung lehrt, dass Anleger mit langem Atem selbst die schlimmsten Krisen aussitzen können.

Der Aktienkurs wird an der Börse laufend neu festgestellt. Das Prinzip kennt jeder. Steigt die Nachfrage nach einer Aktie, verteuert sie sich so lange, bis sich kein Käufer mehr findet. Umgekehrt sinkt der Kurs, wenn das Kaufinteresse gering ist. Das Auf und Ab kann sich in einem rasend schnellen Tempo vollziehen. Schlechte Nachrichten oder Zinserhöhungen drücken die Kurse unmittelbar. So stürzten die Aktien einiger Solarfirmen nach und nach in die Tiefe, als hoch subventionierte chinesische Firmen mit Billigangeboten den Weltmarkt überschwemmten und hiesige Hersteller da nicht mithalten konnten.

Es kann auch andersherum kommen. Die Hoffnung auf einen Impfstoff trieb zum Beispiel den Aktienkurs des Pharmaunternehmens Biontech um mehrere hundert Prozent in die Höhe. Für Laien ist der Kauf einzelner Aktien trotz solcher Chancen nicht empfehlenswert. Denn auch das Verlustrisiko ist im Einzelfall vergleichsweise hoch. Und es gibt viele kursbeeinflussende Faktoren, die Aktionäre ständig im Blick haben sollten.

Jede Krise geht einmal vorbei

Auf lange Sicht zeigt die Wertentwicklung von Aktien bisher stets weiter nach oben. Rückschläge gehörten ebenso verlässlich dazu. Insbesondere während oder nach schweren Wirtschaftskrisen ging es in der Vergangenheit mit den Kursen zeitweilig massiv nach unten. Drei große Rückschläge gab es in diesem Jahrhundert schon. Der erste beendete gleich am Anfang des neuen Jahrhunderts die sogenannte Dotcom-Blase, als viele junge Technologiefirmen am damals noch existenten „Neuen Markt" wirtschaftlich Schiffbruch erlitten. Auch viele Aktionäre der im Vorfeld des Crashs mit vielen Hoffnungsversprechen an die Börse gebrachten Deutschen Telekom haben damals ihren ersten Aktienkauf mit herben Verlusten bezahlen müssen. Dieses hohe Verlustrisiko bei Einzelaktien haben Sie bei Fonds und ETF in der Regel nicht, weil sich Ihr Portfolio auf viele Werte verteilt und kaum alle Unternehmen gleichzeitig die Erwartungen verfehlen.

Der Deutsche Aktienindex (Dax) notierte im März 2000 bei knapp 8 000 Punkten,

Trotz übler Crashs ging es langfristig steil nach oben

Die internationalen Aktienmärkte kennen langfristig nur eine Richtung: aufwärts. Doch alle paar Jahre bremst ein Crash den Aufschwung. Nach der Jahrtausendwende gab es abrupte Wechsel zwischen rasanten Aktienrallyes und extremen Kurseinbrüchen.

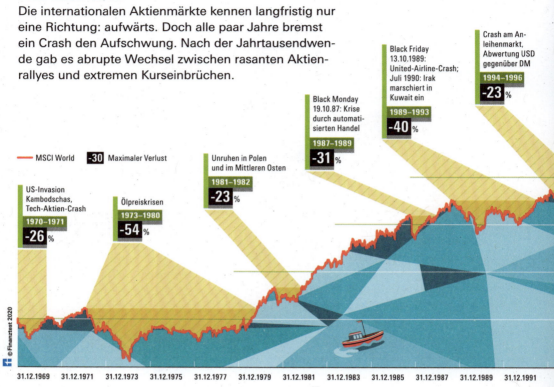

fiel dann innerhalb von drei Jahren auf nur noch rund 2200 Punkte. Es dauerte aber gerade einmal gut fünf Jahre, bis das Börsenbarometer die Marke von 8000 Punkten Ende 2007 wieder übertraf. Wenige Monate später platzte mit einem lauten Knall die Blase an den amerikanischen Hypothekenmärkten und zog nach der Pleite der Investmentbank Lehman Brothers die Weltwirtschaft in den Abgrund. Der Dax verfiel erneut, diesmal bis zum Tiefpunkt von 3600 Punkten im Jahr 2009. Von da an ging es wieder steil aufwärts – bis das Coronavirus kam. Bevor die Pandemie ausbrach, wies der Index mit fast 13500 Punkten ein Rekordniveau aus. In der Pandemie ging es sehr schnell um 40 Prozent nach unten und genauso schnell wieder in etwa auf das Ausgangsniveau nach oben. Sie merken schon: Anleger, die auf Aktien setzen, müssen über ein starkes Nervenkostüm verfügen, um dieses Auf und Ab zu ertragen. Und doch: Jede Krise geht irgendwann auch wieder vorbei.

Stiftung Warentest | Nachhaltige Fonds und ETF

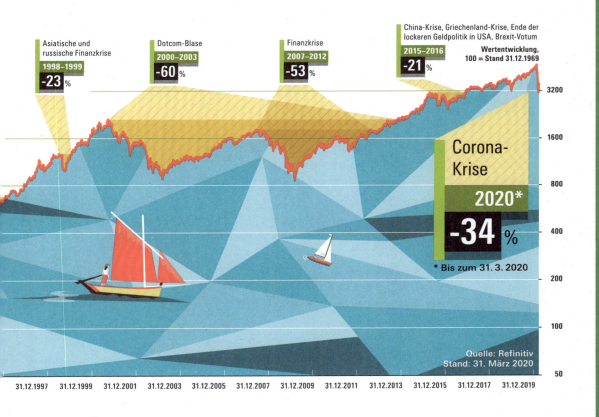

Langfristig sicher

Aus diesem Rückblick auf die jüngsten Börsenturbulenzen lässt sich auch eine positive Erkenntnis für Ihre künftige Anlagestrategie ziehen. Wenn Sie einen längeren Zeithorizont für den Aufbau Ihres Vermögens mitbringen, steht am Ende stets ein Gewinn. Das belegt die historische Betrachtung über lange Zeiträume. Selbst die größten Verluste des Gesamtmarkts wurden meist spätestens nach einem Jahrzehnt wieder wettgemacht. Und auf lange Sicht sind Aktien anderen Anlagen deutlich überlegen. Das Deutsche Aktieninstitut ermittelte für eine 20 Jahre lange Anlage im Dax unabhängig vom Startpunkt eine durchschnittliche jährliche Rendite von fast sieben Prozent. In der schlechtesten Konstellation mussten sich Aktionäre mit durchschnittlich 3,3 Prozent pro Jahr begnügen, im besten 20-Jahreszeitraum konnten sie sich über ein jährliches Plus von 15,2 Prozent freuen. Selbst der ungünstigste Wert liegt deutlich über den heutigen Renditen von Zinsanlagen.

So funktionieren Aktienfonds und ETF

Besser als Einzelaktien sind Fonds, die in viele Titel aus verschiedenen Branchen investieren, oft über Ländergrenzen hinweg. Das heißt: weniger Schwankungen, weniger Verlustrisiko.

Aktienfonds oder ETF sind die bessere Alternative für langfristig orientierte Anleger. Warum dies so ist, lässt sich stark vereinfacht an den beiden Extremen im Jahr 2020 erläutern. Wenn ein Anleger oder eine Anlegerin für je 1000 Euro Aktien von der später insolventen Firma Wirecard und des Impfstoffherstellers Biontech gekauft hätte, wäre Folgendes geschehen. Beim Verkauf hätte es für die Wirecard-Aktien kein Geld mehr gegeben, für die Anteile von Biontech hingegen 4000 Euro. Unter dem Strich hätte sich der Einsatz also verdoppelt, obwohl ein Unternehmen pleite gegangen ist. Das Verlustrisiko sinkt mit der Verteilung des Investments auf mehrere Einzelwerte. Das ist die Geschäftsidee von Fonds. Nur dass diese nicht nur auf zwei Unternehmen setzen, sondern auf eine große Anzahl. Ein faules Ei im Korb schmälert den Erfolg nur wenig.

Fondsmanager und -managerinnen leiten die Fonds, analysieren, kaufen und verkaufen die Aktien. Fondsgesellschaften wie beispielsweise Union Investment, DWS, Deka oder Fidelity sammeln bei vielen Anlegern Geld ein und kaufen dafür die Aktien vieler verschiedener Unternehmen.

Aktiv gemanagte Aktienfonds

Diese Fonds werden von Managern verwaltet, die eigene Strategien bei der Auswahl der einzelnen Investments verfolgen. Basis ihrer Entscheidungen sind harte Fakten wie Bilanzkennzahlen oder auch Nachhaltigkeitsratings von darauf spezialisierten Agenturen. Die Manager kaufen und verkaufen die Aktien des Fondsvermögens und versuchen dabei, besser abzuschneiden als der Durchschnitt im jeweiligen Segment, also zum Beispiel besser als ein Nachhaltigkeitsindex.

Aktienfonds bilden eine eigene vielfältige Anlageklasse. Alleine in der Fondsdatenbank von Finanztest finden Sie rund 20000 verschiedene Fonds. Die Anbieter stellen für beinahe jedes Interesse entsprechende Fonds zusammen. Solarfonds haben nur Aktien von Photovoltaik-Unternehmen im Portfolio, Schwellenländerfonds investieren nur in Unternehmen aus den aufstrebenden Volkswirtschaften. Manche Fonds hal-

Stiftung Warentest | Nachhaltige Fonds und ETF

ten Aktien aus aller Welt, andere nur aus einem Land oder einem Wirtschaftsraum wie der EU.

Vielfältig ist auch das Angebot an nachhaltigen Fonds. Sie können mit nachhaltigen Weltfonds Ihr Geld in nachhaltige Unternehmen aus vielen Ländern investieren, aber über Themenfonds auch in einzelne Branchen wie erneuerbare Energien. Die Auswahl an nachhaltigen Fonds nimmt immer weiter zu.

Vergleichsweise einfach fällt die Einschätzung, ob ein Fonds nachhaltig ist, bei Fonds oder Direktinvestments, die sich auf ein bestimmtes Thema fokussieren. Setzt ein Fonds zum Beispiel ausschließlich auf erneuerbare Energien oder auf Umwelttechnologien, dürfte er zumindest in ökologischer Hinsicht nachhaltig sein. Themenfonds eignen sich als Beimischung eines Portfolios, da Sie ihre Investments nicht breit über viele Branchen streuen und somit risikoreicher sind als etwa ein weltweiter Indexfonds.

Neben reinen Aktienfonds gibt es auch sogenannte Mischfonds. Die Anbieter kombinieren dabei die Investition in Aktien und in festverzinsliche Wertpapiere wie Staats- oder Unternehmensanleihen. Durch die Verteilung zwischen beiden Teilen können die Fondsmanagerinnen das Risiko steuern, indem sie den Aktienanteil je nach Marktentwicklung erhöhen oder vermindern. Nachhaltige Mischfonds gibt es nur sehr wenige.

Gut zu wissen

Ihre Spareinlagen sind durch die gesetzliche Einlagensicherung begrenzt vor der Pleite einer Bank geschützt. Aktien und damit auch Fonds bilden ein Sondervermögen. Das ist für die Anleger noch besser. Denn vor der Insolvenz einer Depotbank oder einer Fondsgesellschaft sind Sie dadurch voll und ganz abgesichert. Mit dem Kauf von Anteilen an Fonds oder ETF geht das dahinter liegende Vermögen anteilig auf Sie über. Gläubiger der Pleitegesellschaft haben keinen Zugriff auf Ihre Anteile. Der Investmentfonds haftet nicht für die Schulden der Fondsgesellschaft. Auch vor untreuen Fondsmanagern ist Ihr Vermögen übrigens geschützt.

So funktionieren ETF

Exchange Traded Funds (ETF) spielen seit einigen Jahren eine zunehmend wichtige Rolle unter den Aktienanlagen. Es gibt auch ETF, die sich an den verschiedenen Nachhaltigkeitsindizes orientieren.

ETF sind passive Fonds, die einen der vielen Aktienindizes nachbilden. Von den bekanntesten haben Sie sicher schon gehört, etwa dem Dax, der die 30, ab September 2021 die 40 größten Börsenunternehmen

Deutschlands zusammenfasst, oder dem Dow Jones mit den wichtigsten Firmen der USA. Dazu kommen viele kleinere Indizes auf Branchen oder Länder oder eben auch auf nachhaltige Unternehmen. Porträts der wichtigsten Nachhaltigkeitsindizes finden Sie weiter unten in diesem Kapitel.

Der Wert der ETF entwickelt sich ähnlich wie der Gesamtmarkt, der vom jeweiligen Index abgebildet wird. Der entscheidende Vorteil der ETF ist die einfache Konstruktion. ETF benötigen kein Management und keine kostspieligen Analysten. Ihre Zusammensetzung ist ja schon vorprogrammiert. Es bedarf keines eigenen Zutuns mehr. Das drückt sich in den Kosten aus. ETF sind für Sie als Anlegerin weitaus günstiger als aktive Fonds. Die Gebühren betragen oft nur 0,2 Prozent bis 0,5 des Anlagevermögens. Bei aktiven Fonds sind bis zu zwei Prozent keine Seltenheit. Auch da es nur wenigen Fondsmanagern gelingt, mit ihrem Portfolio besser als der Gesamtmarkt abzuschneiden, erfahren ETF wachsenden Zuspruch.

Eine Idee mit Pfiff

Einfache Indexfonds gehen auf die Forschungsarbeit der amerikanischen Ökonomen Harry M. Markowitz, William F. Sharpe und James Tobin zurück. Die Wissenschaftler wiesen nach, dass eine an Indizes gekoppelte Anlagestrategie erfolgreicher ist als andere. Schon zu Beginn der 70er Jahre des 20. Jahrhunderts wurde mit dem Samsonite Pension Fund der erste Fonds aufgelegt, der

dieser Einsicht folgte. 1976 wurde dann der erste für Privatanleger geöffnete Indexfonds an die Börse gebracht, der den Index der 500 größten US-Unternehmen nachbildete, der S&P 500. Bis der erste ETF nach Europa kam, dauerte es noch mehr als zwei Jahrzehnte. Erst im Jahr 2000 wurden die ersten ETF in Europa aufgelegt. Heute sind ETF weitverbreitet. Allein an der Frankfurter Börse werden mehr als 1500 ETF gelistet.

So bewertet Finanztest Aktienfonds und ETF

Rund 20 000 in Deutschland zugelassene Fonds überprüft Finanztest monatlich und bewertet über 8 000 davon. Die Bewertung bezieht sich auf die Kursentwicklung der letzten fünf Jahre. Im Gegensatz zur Nachhaltigkeitsbewertung geht es bei dieser Analyse um die Chancen und Risiken des Fonds und sein Abschneiden im Vergleich zum Gesamtmarkt.

Jeder Fonds wird einer von über 1200 Fondsgruppen zugeordnet. Zunächst wird geprüft, ob der Fonds die Mindeststandards erfüllt. Anschließend wird für die wichtigen Fondsgruppen ein Index als Maßstab für die Bewertung ausgesucht. Handelt es sich um einen weltweiten Aktienfonds, kommt beispielsweise der weltweite Aktienindex MSCI World als Maßstab in Frage. Die Experten von Finanztest suchen dann markttypische ETF zu diesem Index heraus. Diese sind die erste Wahl in der jeweiligen Fondsgruppe. Alle anderen Fonds werden daraufhin mit

Preiswert, unkompliziert und pflegeleicht – ETF boomen

Gemessen an der langen Geschichte der Aktienmärkte sind ETF gerade einmal den Kinderschuhen entwachsen. 1976 legte der Amerikaner John Bogle den ersten passiv an einen Aktienindex gekoppelten Fonds auf. In diesem Jahrhundert erlebten ETF dann den weltweiten Durchbruch. Das in ihnen angelegte Vermögen wächst seit Jahren stark an.

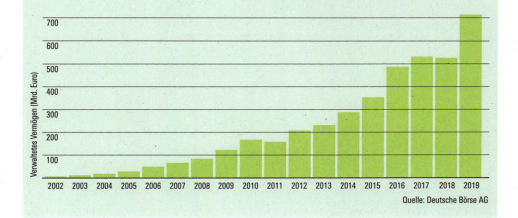

Quelle: Deutsche Börse AG

Punkten bewertet. Die Bestnote sind fünf Punkte.

Die Note resultiert aus dem Verhältnis zwischen Chance und Risiko. Dafür werden die letzten 60 Monate beobachtet. Monate mit „Glücksrenditen", in denen die Rendite über Null und über dem Geldmarktzins lag, werden Monaten mit „Pechrenditen", in denen es schlechter lief, gegenübergestellt. Je mehr dieses Verhältnis von Chance und Risiko zugunsten der Glücksrenditemonate ausfällt, desto besser ist die Bewertung des Fonds.

Nun vergleichen die Tester das Chance-Risiko-Verhältnis mit dem des Referenzindex. In unserem Beispiel wäre es der MSCI World. Steht ein Fonds deutlich besser da, erhält er fünf Punkte. Ist er erheblich schlechter, bekommt er nur einen Punkt. In der Fondsbewertung unter test.de/Fonds finden Sie für jeden der Fonds die Chance-Risiko-Zahl. Beträgt sie 100, ist der entsprechende Fonds genauso gut wie der Index. Ist sie höher, schneidet er besser ab, ist sie tiefer, schneidet der Fonds schlechter ab als der Index. Die goldene Mitte bildet die Maßzahl 100. Sie entspricht einer Bewertung mit vier Punkten.

Es gibt aber noch ein paar Einschränkungen. So kann ein extrem defensiv ausgerichteter Fonds durch eine Abwertung im Bereich „Chance" nur auf maximal vier Punkte kommen. Ein sehr risikoreicher Fonds wiederum kommt über eine Gesamtnote von drei Punkten nicht hinaus. Mit dieser Methode wird verhindert, dass sehr risikoreich oder auch sehr vorsichtig gemanagte Fonds die Bestnote erlangen.

Nachhaltige Fonds sind öfter top

Bei den nachhaltigen Fonds gibt es prozentual mehr Top-Fonds als bei den herkömmlichen, dazu weniger schlechte. Allerdings ist der Anteil an mittelmäßigen Fonds größer. In der Krisenstatistik haben wir auch jüngere, nicht bewertete Fonds erfasst und stellen fest: Im Jahr vor Corona und im Crash haben nachhaltige Fonds in der Mehrzahl ebenfalls besser abgeschnitten.

Finanztest-Bewertung des Chance-Risiko-Verhältnisses (Prozent)
Insgesamt bewertet[1)2)]: 354 herkömmliche Aktienfonds Welt und 53 nachhaltige Aktienfonds Welt.

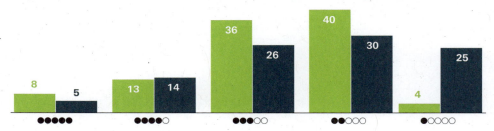

Anteil der Fonds[1)2)], die mindestens so gut waren wie die Benchmark MSCI World (Prozent)
569 Fonds, davon 466 herkömmliche und 103 nachhaltige Aktienfonds Welt.

Kosten auf Seiten des Anlegers für Kauf, Börsenhandel oder Depot werden bei der Bewertung nicht berücksichtigt. Stattdessen werden die laufenden Kosten eines Fonds angegeben, die sich in der gesetzlich vorgeschriebenen Anlegerinformation finden.

Was können Sie mit den einzelnen Bewertungen nun anfangen? Auf den ersten Blick erkennen Sie an der Punktzahl die Qualität des Fonds. Aus den Bewertungen für Chancen und Risiken erkennen Sie die Strategie des Fonds. Verfolgt das Management eine offensive Anlagepolitik, erhält der Fonds eine hohe Punktzahl für die Chancen. Viele Punkte für das Risiko bedeuten dagegen eine defensive Vorgehensweise. Eine weitere Kennzahl ist die Marktorientierung. Bei einem Wert von 100 Prozent bewegt sich der Fonds entlang des Markts. Je weiter er darunter liegt, desto eigenständiger verfolgt das Management eigene Ideen bei der Zusammenstellung des Portfolios.

Stiftung Warentest | Nachhaltige Fonds und ETF

So testen wir Nachhaltigkeit

Die Finanztest-Nachhaltigkeitsbewertung ist ein noch junges Instrument für alle, die auf der Suche nach geeigneten ethisch-ökologischen Fonds oder ETF sind.

Die Anzahl der für alle zugänglichen Aktienfonds und ETF mit ethisch-ökologischem Selbstverständnis wächst stetig an. Im Gegensatz zu konventionellen Fonds suchen sie gezielt nach nachhaltigen Unternehmen für ihr Portfolio. Dafür wenden sie unterschiedliche Strategien und Methoden an. Bei dem, was unter „ethisch" und „ökologisch" im Detail zu verstehen ist, gibt es zwischen den Fonds und Indizes für ETF beträchtliche Unterschiede. Mit einem Blick können Anlagewillige auch nicht erkennen, wie genau es Fondsgesellschaften mit ihrem Nachhaltigkeitsanspruch nehmen. Doch keine Sorge: Es gibt mit der Finanztest-Nachhaltigkeitsbewertung eine gute Hilfestellung bei Ihrer Suche nach einem passenden Fonds oder ETF.

Wie wählen Fonds oder Indizes ihre Aktien eigentlich aus? Welche Maßstäbe und Kriterien legen sie an, und welche Methoden verwenden sie dabei? Das sind einige der Fragen, die Finanztest den Anbietern stellt. Und natürlich fließt auch in die Bewertung ein, wie streng deren Anforderungen sind.

Eine gängige Strategie der Fondsgesellschaften ist der Ausschluss von nachteiligen Geschäften und Geschäftspraktiken. Je nach Nachhaltigkeitsverständnis kommen dabei sehr viele und sehr unterschiedliche Ausschlusskriterien zum Tragen: Einige kirchliche Banken etwa schließen Engagements in Hersteller von empfängnisverhütenden Mitteln aus, manche ethisch orientierten Institute kaufen keine Staatsanleihen von Ländern, in denen die Todesstrafe praktiziert wird.

Häufig werden die Ausschlusskriterien nicht in aller Konsequenz verfolgt: In vielen Fällen kommen Schwellenwerte zum Einsatz. Das bedeutet, dass ein Unternehmen beispielsweise bis zu fünf Prozent seines Umsatzes mit fossilen Energien erwirtschaften darf, ohne dass es damit ausgelistet wird. Für diese Nachsicht gibt es gute Gründe. Große Konzerne verfügen oft über ein weitverzweigtes Netz an Beteiligungen, die in den verschiedensten Geschäftszweigen tätig sind. Darunter kann es auch weniger nachhaltige Aktivitäten geben. Es geht aber vor allem um die Kerngeschäfte der Konzerne, die sauber sein sollen.

Ausschlusskriterien wie eine umweltschädigende Produktion oder Verstöße gegen Menschen- und Arbeitsrechte sind wiederum interpretationsbedürftig. Reicht ein bekannt gewordener Fall von Diskriminierung am Arbeitsplatz aus, um ein großes Unternehmen aus der Auswahl geeigneter Investments zu streichen? Das hieße wohl, über das Ziel hinaus zu schießen. So finden sich im Kriterienkatalog häufig Formulierung wie „mehrfache Verstöße" oder „wiederholte Umweltschädigung". Wo konkret die Grenze zwischen Akzeptanz und Ablehnung verläuft, obliegt dem jeweiligen Investor.

Das wollen wir nicht sehen

In die Note der Finanztest-Nachhaltigkeitsbewertung fließen diese Ausschlusskriterien zu 50 Prozent ein. Insgesamt 29 Einzelkriterien werden dabei berücksichtigt und bewertet:

- ▶ **Fossile Energie:** Dabei geht es um die verschiedenen Geschäftsaktivitäten rund um Kohle und Öl. Die Förderung ist ebenso verpönt wie die Verstromung. Spezielle Methoden wie das Fracking, bei dem Öl aus Gesteinsformationen gesprengt wird, oder die Verwertung von Ölsand sind ebenfalls unerwünscht.
- ▶ **Atomkraft:** Hier geht es nicht nur um den Betrieb von Atomkraftwerken, sondern auch um die Produktion der Kernkomponenten oder den Uranbergbau.
- ▶ **Umweltzerstörung:** Wo der Mensch wirtschaftet, wird die Umwelt in der Regel beeinträchtigt. Eine Zerstörung liegt

erst vor, wenn die Schäden für die Natur ernst sind oder wiederholt in Kauf genommen werden. Auch der Einsatz gentechnisch veränderter Organismen in der Landwirtschaft, die grüne Gentechnik, zählt zu den unerwünschten Aktivitäten.

- ▶ **Kontroverse Waffen:** Zu diesen besonders grausamen Waffen zählen etwa Antipersonenminen, Streumunition, Uranmunition oder auch Massenvernichtungswaffen.
- ▶ **Konventionelle Waffen:** In diese Kategorie fallen Geschäfte mit Kriegswaffen, Militärgütern oder auch Handfeuerwaffen.
- ▶ **Korruption:** Dieser Oberbegriff umfasst neben der Bestechung und Bestechlichkeit auch unethische Verhaltensweisen. Dazu zählt etwa, dass Steuern vermieden werden oder Geldwäsche betrieben wird.
- ▶ **Missachtung von Menschen- und Arbeitsrechten:** Werden gewerkschaftliche Rechte nicht gewährt, müssen Kinder arbeiten oder wird Zwangsarbeit in Kauf genommen, greift dieses Ausschlusskriterium. Auch ernste und wiederholte Menschenrechtsverstöße sind unerwünscht.

Darüber hinaus fragt Finanztest weitere Ausschlusskriterien ab. Dazu gehören die Produktion von Alkohol oder Pornografie, Tabak sowie der Betrieb von Glücksspielen.

Stiftung Warentest | Nachhaltige Fonds und ETF

Auch die Herstellung langlebiger organischer Schadstoffe, die Palmölproduktion, Massentierhaltung und Tierversuche stehen auf der Liste der nicht tolerierten Aktivitäten.

Perfekt ist niemand, auch kein Fonds oder Unternehmen. Deshalb handelt sich sich in der Regel nicht um einen absoluten Ausschluss bestimmter Geschäftszweige. Für die volle Punktzahl der Finanztest-Nachhaltigkeitsbewertung dürfen Fonds nur in Firmen investieren, die maximal fünf Prozent ihres Umsatzes mit unerwünschten Geschäften machen. Bis zu einem Anteil von zehn Prozent gibt es nur noch die halbe Punktzahl. Nur bei geächteten Waffen, Pornografie, Ölsänden, Fracking und Tabak setzt Finanztest ganz strenge Grenzwerte zwischen null und fünf Prozent. Nicht ganz eindeutig ist die Grenze zwischen einer „normalen" Umweltbelastung und einer Umweltzerstörung. Hier kommt es bei der Bewertung darauf an, ob es zu ernsten und wiederholten Verstößen durch ein Unternehmen kommt.

Aus der Bewertung der Ausschlüsse ergibt sich die erste Hälfte der Gesamtnote für einen Fonds oder ETF. Es gibt jedoch noch weitere Auswahlstrategien, die Fonds bei ihrer Geldanlage verfolgen. Statt das „Böse" zu ächten, lässt sich auch das „Gute" unterstützen. Und Fonds können auf Unternehmen mit ihrem Einfluss als große Aktionäre auch positiv einwirken.

Die Klassenbesten sind gern gesehen

Die zweite Hälfte der Gesamtnote der Nachhaltigkeitsbewertung von Finanztest entsteht aus einem Blick auf die weiteren Auswahlkriterien, die ein Fonds anlegt. Positiv wirken sich dabei zum Beispiel strenge Anforderungen an die einzelnen Unternehmen im Portfolio aus. Je weniger Aktien infrage kommen, desto besser schneidet der Fonds ab. Bewertet wird auch die fachliche Aufstellung des Fonds. Hier spielt die Frage eine Rolle, ob ein Beirat aus unabhängigen Experten und Expertinnen die Fondsgesellschaft berät oder beim Kauf von Aktien sogar mitreden darf.

Sehr wichtig sind darüber hinaus die Strategien, die Fonds bei der Auswahl ihrer Investments verfolgen. Vier Ansätze werden dabei vornehmlich verfolgt. Sie nennen sich Best-in-Class, Best-of-all-Classes, absolute Selektion und Themenauswahl.

Auswahlverfahren

▶ Beim **Best in Class-Prinzip** nehmen Fonds oder Nachhaltigkeitsindizes nur diejenigen Unternehmen auf, die innerhalb ihrer Branche diesbezüglich führend sind. Das heißt, dass durchaus auch das Investment in einen Energiekonzern in Frage kommen kann, der Kohlekraftwerke betreibt oder Öl fördert, sich aber zugleich stark in erneuerbaren Energien engagiert. Um keine Beliebigkeit in der Gewichtung entstehen

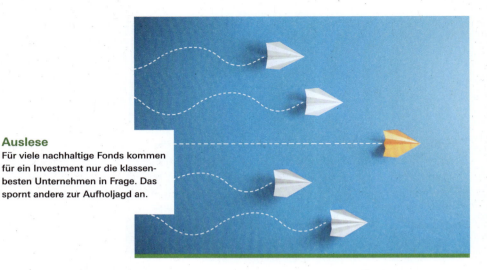

Auslese
Für viele nachhaltige Fonds kommen für ein Investment nur die klassenbesten Unternehmen in Frage. Das spornt andere zur Aufholjagd an.

zu lassen, wird meist mit prozentualen Grenzen gearbeitet. Dann darf ein Unternehmen, um als nachhaltig im Sinne dieses Ansatzes zu gelten, zum Beispiel nicht mehr als zehn Prozent seines Umsatzes mit nicht nachhaltigen Geschäften erwirtschaften und muss in seinem Kerngeschäft besonders nachhaltig agieren. Die Finanztest-Untersuchung vom Juli 2020 bietet anschauliche Beispiele für diesen Ansatz. So findet sich der Softwarekonzern Microsoft in vielen Fonds gut vertreten. Als Begründung führt etwa die Fondsgesellschaft Deka den starken Datenschutz sowie die beruflichen Entwicklungschancen der Mitarbeiter an. Der GLS-Aktienfonds wiederum setzt auf die Deutsche Post. Deren Paketdienst DHL arbeitet mit einer alternativen Fahrzeugflotte vom Elektro-Transporter bis zum E-Lastenfahrrad.

▶ Vom **Best-of-all-Classes-Ansatz** spricht man, wenn der der Best-in-Class-Ansatz weiter gefasst wird, indem Fondsgesellschaften die branchenübergreifend nachhaltigsten Unternehmen auswählen. Die Auswahl ist dann strenger, insbesondere, wenn diese Strategie noch mit Ausschlusskriterien kombiniert wird.

▶ Die etwas sperrige Bezeichnung **absolute Selektion** steht für ein Verfahren, bei dem nur jene Unternehmen von Fonds berücksichtigt werden, die festgelegte Mindeststandards im Hinblick auf Nachhaltigkeit einhalten. Gemessen wird dies in der Regel anhand von Ratings oder Scorewerten. Je strenger diese Standards gesetzt werden, desto nachhaltiger ist der Fonds. Oft werden die Auswahlmethoden auch miteinander kombiniert.

▶ Schließlich kommt bei einigen Fonds auch die sogenannte **Themenauswahl** zum Tragen. Dabei legen die Fonds Problemfelder oder Branchen fest, zum Beispiel die Herausforderungen des Klimawandels oder Erneuerbare Energien, und suchen sich dazu passende Unter-

Stiftung Warentest | Nachhaltige Fonds und ETF

nehmen heraus. Auch hier wird in der Regel nicht ein Ansatz allein verfolgt, sondern ein Mix verschiedener Strategien eingesetzt.

Engagement und Transparenz für gute Noten

Neben der Einschätzung der Auswahlverfahren, die die Fonds anwenden, wird im Rahmen der Finanztest-Nachhaltigkeitsbewertung auch geprüft, ob Fonds sich bei den Unternehmen, in die sie investieren, für mehr Nachhaltigkeit engagieren. Möglichkeiten dazu gibt es einige, sogar verbriefte Rechte. Als Aktionär verfügt ein Fonds auf der Hauptversammlung des Unternehmens über Stimmrechte. Gegen den Willen der Mehrheit kann zwar auch ein Großaktionär wenig durchsetzen. Doch der indirekte Einfluss ist beträchtlich, denn kein Vorstand hat ein Interesse daran, dass sich seine Anteilseigner von ihren Anteilen trennen. Zudem hat das Fondsmanagement häufig auch einen direkten Zugang zum Vorstand und kann im direkten Gespräch für seine Position werben. Obwohl verschiedene Einflussmöglichkeiten gegeben sind, nehmen die Fondsgesellschaften sie doch in einem sehr unterschiedlichen Maß wahr. Finanztest sagt: Je mehr Engagement, desto besser für die Note eines Fonds.

So wie Fonds von Unternehmen verlässliche Informationen über ihre Bestrebungen zu mehr Nachhaltigkeit erwarten, so dürfen Anlegerinnen oder die Öffentlichkeit auch Offenheit der Fondsgesellschaft selbst erwarten. Finanztest bewertet daher auch, wie häufig der Fonds sein Portfolio veröffentlicht und welche Nachhaltigkeitsansätze er verfolgt. Auch die Gründe für den Verkauf von Aktien sind interessante Informationen, die Rückschlüsse auf die Nachhaltigkeit der betreffenden Unternehmen zulassen. Transparenz bringt Pluspunkte.

Die Basis sind Weltfonds

Wie bei einer konventionellen Strategie zum Vermögensaufbau bilden auch bei der ethisch-ökologischen Geldanlage weltweit investierende Fonds oder ETF die Basis. Sie verteilen ihre Investments auf viele Länder und Branchen und verringern so das Risiko. Im Sommer 2020 hat Finanztest 128 Aktienfonds Welt nach ihren Nachhaltigkeitsstrategien gefragt. 72 dieser Fonds haben geantwortet und daraufhin eine Finanztest-Nachhaltigkeitsbewertung erhalten. Dazu kamen noch 14 ETF oder Indexfonds.

Zwei Aktienfonds und ein Indexfonds haben das beste Ergebnis und damit die höchstmöglichen fünf Punkte in der Nachhaltigkeitsbewertung erreicht. Das waren der GLS Bank Aktienfonds, der Superior 6 Global Challenges sowie der Global Challenges Index von Warburg. Generell haben die Aktienfonds besser abgeschnitten als die an Indizes orientierten Angebote. Bei den Fonds erreichten immerhin fünf noch vier Punkte und weitere 13 passable drei Punkte in der Bewertung. Das heißt, es gibt unter den Weltfonds für Sie genügend Auswahl für Ihr Basisinvestment.

Auf dem eigenen Kontinent bleiben

In Hinblick auf den Kampf gegen die Folgen des Klimawandels muss sich Europa nicht verstecken. Die EU will beispielsweise Finanzströme in grüne Anlagen lenken und entwickelt auch einen Standard dafür. Die europäischen Staaten haben ausnahmslos das Pariser Klimaschutzabkommen unterzeichnet. Viele Unternehmen und Großinvestoren wollen aus klimaschädlichen Produktionsweisen aussteigen, sie nicht mehr finanzieren oder darin investieren. Es ist also eine Überlegung wert, auch einen nachhaltigen Fonds in Ihr Portfolio aufzunehmen, der sich auf Unternehmen des alten Kontinents konzentriert.

Im Februar 2021 hat Finanztest entsprechende Angebote getestet. Angefragt wurden die Anbieter von 54 aktiv gemanagten Fonds sowie von 23 ETF und Indexfonds. Für jeden zweiten Fonds und immerhin 19 ETF und Indexfonds konnte eine Nachhaltigkeitsbewertung erstellt werden. Es ist – ebensowenig wie beim Test der Weltfonds – nicht ungewöhnlich, dass Anbieter nicht antworten wollen.

Die gute Nachricht für alle Anlagewilligen ist, dass es mittlerweile ein großes Angebot an nachhaltigen Aktienfonds Europa gibt. Noch verbesserungswürdig war zum Untersuchungszeitpunkt der Grad ihrer Nachhaltigkeit. Die strengsten acht aktiven Fonds mit Finanztestbewertung und die strengsten drei ETF und Indexfonds erreichten drei Punkte, eine mittlere Bewertung. Vom Maximum waren sie also noch ein Stück weit entfernt. Nur ein Fonds ohne Finanztest-Bewertung, der Fondita Sustainable Europe (FI 400 002 449 2), erreichte in der Nachhaltigkeits-Bewertung vier Punkte.

Auch hier bestätigte sich der Eindruck, das ETF unter dem Strich schlechter abschneiden. Elf der Angebote kamen nur auf einen Punkt. Zwei Fonds machten einen besonders guten Eindruck, der LBBW Nachhaltigkeit Aktien und der NN European Sustainable Equity. Sie haben neben den drei Nachhaltigkeits-Punkten bei der Fondsqualität den Höchstwert erreicht.

Nur keine Schwellenangst

Wenn Sie Ihr Depot breiter aufstellen möchten, ist ein Blick über den Rand der Industrienationen hinaus empfehlenswert. Auch in Schwellenländern gibt es schon viele Unternehmen, die nachhaltig arbeiten wollen. Finanztest hat sich daher 2020 auch einmal die nachhaltigen Schwellenländerfonds genau angeschaut. An einem ausreichenden Angebot mangelte es nicht. Doch sonderlich auskunftsfreudig zeigten sich bei dieser Untersuchung viele Anbieter nicht. Nicht einmal jeder zweite der 34 angefragten Fonds hat uns geantwortet. Abgesagt haben auch durchaus namhafte Gesellschaften wie Allianz Global Investors, Morgan Stanley, UBS

Stiftung Warentest | Nachhaltige Fonds und ETF

oder Vontobel oder die Fondsgesellschaft Ökoworld.

Einige Fonds erhielten keine Bewertung, weil sie noch nicht lange genug am Markt sind. Trotz all dieser Einschränkungen sind zwei Schwellenländerfonds mit je drei Nachhaltigkeitspunkten empfehlenswert, der Swisscanto Sustainable Emerging Markets und der Nordea Emerging Stars Equity.

Fazit: Es gibt in allen drei Fondskategorien ein gutes Angebot an empfehlenswerten Fonds und, mit Einschränkungen, ETF. Es ist daher möglich, auch ein breit gestreutes Depot ausschließlich auf Basis nachhaltiger Investments aufzubauen. Und die Rendite kommt auch nicht zu kurz. Bei der Finanztest-Bewertung der Qualität können einige mit der Bestnote glänzen.

Ethisch-ökologische Aktien-fonds: Das sind die Besten

Wie sieht die Praxis der nachhaltigen Geldanlage in Fonds und ETF aus? Wir haben die wichtigsten Angebote für Anleger mehrfach getestet. Die Ergebnisse können sich sehen lassen.

In der Regel raten wir Sparern eher zum Kauf von ETF anstelle von Aktienfonds. Das ist in diesem Falle anders. ETF sind zwar auch hier kostengünstiger als Fonds. Doch im Hinblick auf Nachhaltigkeit schneiden aktiv gemanagte Fonds meist besser ab als ETF. Das hat mehrere Gründe. So haben zum Beispiel einige Anbieter einen aus unabhängigen Nachhaltigkeitsexperten besetzten Beirat eingesetzt, der die Investitionsentscheidungen begleitet. Oder sie setzen strengere Maßstäbe an als die Indexanbieter, an denen sich ETF orientieren.

Allein 2020 und 2021 hat Finanztest drei Tests von nachhaltigen Angeboten durchgeführt. Nach den Weltaktienfonds wurden auch Europa- und Schwellenländerfonds untersucht. Porträts der Testsieger sowie ausgesucht guter Fonds und Indizes haben wir in diesem Kapitel zusammengestellt. Die Tabellen mit den einzelnen Testergebnissen finden Sie im Serviceteil dieses Ratgebers ab Seite 174.

Die folgenden Daten beziehen sich auf den Stand am 28. Februar 2021.

GSL Aktienfonds Welt

Der Fonds der nachhaltigen GLS-Bank hat es im Test vom Juli 2020 auf den ersten Rang geschafft. Die Auswahlkriterien in der Anlagepolitik kombinieren das Best-in-Class-Prinzip, also im Vergleich zur Branche die Bestenauslese, mit strengen Ausschlusskriterien. Besonders hervorzuheben ist der Anlageausschuss der Bank, in dem unabhängige Experten und Expertinnen die Anlageprofis beraten und letztlich über Käufe oder Verkäufe entscheiden. Neben Fachleuten aus der Wissenschaft sitzt darin unter anderem auch der Umweltverband BUND. Vor einer Investitionsentscheidung durchlaufen Firmen ein mehrstufiges Prüfverfahren sowohl zu ihrer Nachhaltigkeit als auch hinsichtlich ihrer Geschäftstüchtigkeit.

Angestrebt wird nach eigenen Angaben eine langfristige und weltweite Beteiligung an sozialen und ökologischen Unternehmen. Ausgeschlossen werden unter anderem Devisenspekulationen, Unternehmen mit Sitz in Steueroasen, Investitionen in Rohstoffe und Nahrungsmittel. Der Fonds beteiligt sich nur an Unternehmen mit einem besonders nachhaltigen Kerngeschäft.

Isin	DE 000 A1W 2CK 8
Risikoklasse	7
Finanztest-Nachhaltigkeitsbewertung	●●●●●
Finanztest-Bewertung	●●●●
Rendite 1 Jahr	22,4 %
Rendite 5 Jahre	10,5 %
Kosten	1,48 % p. a.

Superior 6 Global Challenges

Der Fonds der österreichischen Fondsgesellschaft Security orientiert sich an dem von der Ratingagentur ISS ESG gemeinsam mit der Börse Hamburg-Hannover entwickelten Global Challenges Index aus 50 internationalen Titeln. Der Fonds wird allerdings aktiv gemanagt. Es handelt sich also nicht um ein Eins-zu-eins-Abbild des Index. Vielmehr gewichtet das Fondsmanagement den Anteil der einzelnen Werte nach seinen Ertragseinschätzungen. Im Portfolio befinden sich jedoch nur Unternehmen, die in diesen Nachhaltigkeitsindex aufgenommen wurden.

Mehr als die Hälfte des Fondskapitals binden die zehn größten Werte im Portfolio. Durch die starke Industrie- und Technologielastigkeit ist der Fonds schwankungsanfälliger als zum Beispiel auf viele Branchen verteilte Fondsanlagen anderer Gesellschaften. Darauf weist das Management explizit hin. Das zeigt sich übrigens auch in der Risikoeinstufung von Finanztest. Der Fonds zeichnet sich durch eine strenge Auslegung der Ausschlusskriterien aus. Außerdem existiert ein Nachhaltigkeitsbeirat, der die Auswahl der Investments prüft.

Isin	AT 000 0A0 AA7 8
Risikoklasse	9
Finanztest-Nachhaltigkeitsbewertung	●●●●●
Finanztest-Bewertung	●●
Rendite 1 Jahr	16,2 %
Rendite 5 Jahre	11,8 %
Kosten	1,72 % p. a.

Stiftung Warentest | Nachhaltige Fonds und ETF

Steyler Fair Invest

Die ethisch-ökologische Steyler-Bank praktiziert ein mehrstufiges Auswahlverfahren bei den Fondsbeteiligungen. Zunächst werden anhand von positiven und negativen Kriterien potenzielle Kaufkandidaten ausgewählt. Diese Vorauswahl stützt sich auf die Analyse der Ratingagentur ISS ESG, die rund 200 Kriterien berücksichtigt. Unterstützt wird der Prozess durch einen unabhängigen Ethik-Anlagerat. Im Rat sitzen neben Ordensangehörigen auch Expertinnen und Experten aus Finanzwelt und Wissenschaft. Bei Bedarf recherchieren Mitglieder des Steyler-Netzwerks auch weltweit vor Ort, ob bei den Fondsfirmen alles zufriedenstellend läuft. Aus all diesen Informationen und Einschätzungen wählt Steyler Unternehmen aus, die in ihr Portfolio passen können. Die endgültige Entscheidung, welche dieser Werte in den Fonds aufgenommen wird, treffen die Experten der Investmentgesellschaft Warburg, die den Fonds für Steyler verwalten. Der große Schwachpunkt des Fonds ist der im Vergleich zu anderen nachhaltigen Fonds geringere wirtschaftliche Erfolg.

Isin	DE 000 A1J UVL 8
Risikoklasse	8
Finanztest Nachhaltigkeitsbewertung	●●●●
Finanztest-Bewertung	●
Rendite 1 Jahr	11,5 %
Rendite 5 Jahre	7,9 %
Kosten	1,92 % p. a.

Triodos Global Equities Impact

Als Aktionär auf die Unternehmensführung einwirken – das hat sich die ethisch-ökologische Bank Triodos bei diesem Fonds als Ziel gesetzt. Das geschieht einerseits durch den Dialog mit der Geschäftsleitung, andererseits über die Wahrnehmung der Aktionärsrechte auf der Hauptversammlung. Es werden nur Unternehmen ins Portfolio aufgenommen, die Lösungen für sieben wichtige Probleme der Menschheit anbieten. Dazu zählen Ernährung und Landwirtschaft, Kreislaufwirtschaft, nachhaltige Mobilität und Infrastruktur, soziale Inklusion, Innovationen für Nachhaltigkeit, Gesundheit und erneuerbare Ressourcen.

Konkret setzt Triodos auf ein Portfolio aus Aktien von großen Unternehmen. Neben deren positivem Nachhaltigkeits-Impact müssen sie auch wettbewerbsfähige Renditen erwirtschaften. Die Unternehmen müssen zudem die generell hohen Ansprüche der Triodos-Bank erfüllen. Sie schneiden beim CO_2-Ausstoß, dem Wasserverbrauch und dem Abfallaufkommen im Vergleich zum Durchschnitt des MSCI-World Index deutlich besser ab.

Isin	LU 027 827 241 3
Risikoklasse	7
Finanztest Nachhaltigkeitsbewertung	●●●●
Finanztest Bewertung	●●
Rendite 1 Jahr	13,2 %
Rendite 5 Jahre	7,9 %
Kosten	1,57 % p. a.

Gut zu wissen

**Darauf sollten Sie bei der Fonds-
auswahl achten:**

1. Werfen Sie einen Blick auf die
Nachhaltigkeitskriterien des
Fonds. Sie finden Sie in den Tabellen im Anhang (siehe Seite
174). Passen die Kriterien zu Ihren persönlichen Nachhaltigkeitszielen? Zum Vergleich können
Sie zum Beispiel die Checkliste
auf Seite 35 nutzen.

2. Einige Fondsgesellschaften wie
die GLS Bank haben unabhängige Beiräte, die über die Einhaltung der Anlagestrategie wa-
chen. Bei diesen Anbietern können Sie auf eine wirksame Kontrolle der ethisch-ökologischen
Standards vertrauen.

3. Aktiv gemanagte Aktienfonds
haben die Möglichkeit, direkt auf
die Vorstände der Unternehmen
Einfluss zu nehmen, in denen sie
investiert sind. Das Management
kann so die Unternehmen beein-
flussen, eine nachhaltigere Wirtschaftsweise zu verfolgen. Achten Sie auf die Wahrnehmung
der Aktionärsrechte durch die
Fondsgesellschaft.

IFM Acatis Fair Value Aktien Global CHF P

Der Fonds arbeitet klar renditeorientiert. Bei
der Auswahl der Investments orientiert sich
die Liechtensteiner Gesellschaft nach eigenen Angaben an ethischen Standards. Allerdings bleibt der Fonds hinsichtlich der Auswahlkriterien und -verfahren recht schmal-
lippig.

Isin	LI0123466802
Risikoklasse	8
Finanztest-Nachhaltigkeitsbewertung	●●●●
Finanztest-Bewertung	— —
Rendite 1 Jahr	19,7 %
Rendite 5 Jahre	8,4 %
Kosten	2,26 % p. a.

Ampere TerrAssisi Aktien I AMI

Das Hauptaugenmerk dieses Fonds liegt auf
der Wertentwicklung. Bei der Auswahl der
Aktien werden nur Werte berücksichtigt, die
dem Wertekanon des Franziskanerordens
entsprechen. Investiert wird nach dem Best-
in-class-Ansatz in Unternehmen, die auch
unter rein wirtschaftlichen Gesichtspunk-
ten in das Portfolio passen würden.

Isin	DE0009847343
Risikoklasse	8
Finanztest-Nachhaltigkeitsbewertung	●●●●
Finanztest-Bewertung	●●
Rendite 1 Jahr	14,4 %
Rendite 5 Jahre	10,0 %
Kosten	1,44 % p. a.

Global oder regional
Sie können Ihr Vermögen weltweit streuen oder sich bei Ihrer Anlage auf einen Kontinent oder auf einzelne Länder und Ländergruppen konzentrieren.

Ökovision Classic

Dass nicht alle Anbieter bei einem Test mitmachen, kommt häufig vor. Dass aber ein Ökofonds-Urgestein wie der Ökovision Classic von Ökoworld bei einem Test nachhaltiger Fonds nicht mitmacht, ist schade.

Auch ohne Bewertung können wir aber sagen: Der Ökoworld Classic zählt nach wie vor zu den strengeren Nachhaltigkeitsfonds. Die Finanztest-Bewertung für das wirtschaftliche Abschneiden beträgt aktuell vier Punkte (Stand Februar 2021). Das ist gut, zumal der Fonds sehr teuer ist. Leser, die den Fonds gekauft haben, können ihn behalten. Neukäufer können sich entscheiden, ob sie lieber einen Fonds kaufen möchten, der den Vergleich mit anderen nicht scheut.

Isin	LU 055 147 680 6
Risikoklasse	7
Finanztest Nachhaltigkeitsbewertung	— —
Finanztest-Bewertung	●●●●
1 Jahr	20,4 %
5 Jahre	11,2 %
Kosten	2,32 % p. a.

Europa: LBBW Nachhaltigkeit Aktien

Der Fonds hat zwar keinen Beirat, der ihn in Fragen der Nachhaltigkeit unterstützt, zeichnet sich jedoch durch eine strenge Auswahl der Titel im Portfolio aus. Auswahlkriterien sind der Best-in-Class-Ansatz und die absolute Selektion. Das Engagement erreicht einen Mittelwert. Ausgesucht werden Aktien, die innerhalb ihrer Branche das beste ökologische und soziale Ranking vorweisen. Dabei werden über 200 Kriterien berücksichtigt. Harte Ausschlusskriterien sind Atomkraft, kontroverse Waffen, Korruption, die Verletzung von Menschen- und Arbeitsrechten sowie konventionelle Waffen und Umweltzerstörung. Fossile Energien sind nur eingeschränkt ausgeschlossen.

Isin	DE000A0NAUP7
Risikoklasse	8
Finanztest-Nachhaltigkeitsbewertung	●●●
Finanztest-Bewertung	●●●●●
Rendite 1 Jahr	23,9 %
Rendite 5 Jahre	8,9 %
Kosten	1,63 % p. a.

Europa: NN European Sustainable Equity

Auch bei diesem Fonds suchen Anlagewillige einen Nachhaltigkeitsbeirat vergeblich. Dafür ist das Engagement des Fondsmanagements hoch. Gleichwohl könnte die Strenge der Auswahl höher sein. Bei dieser orientiert sich der Fonds an der absoluten Selektion sowie dem Best-of-all-Classes-Ansatz. Fossile Energien zählen nicht zu den Ausschlusskriterien, kontroverse Waffen nur eingeschränkt. Dagegen investiert der Fonds nicht in Firmen, die mit Atomkraft, Umweltzerstörung, konventionellen Waffen, Korruption sowie der Verletzung von Arbeits- und Menschenrechten in Zusammenhang gebracht werden..

Isin	LU0991964320
Risikoklasse	8
Finanztest-Nachhaltigkeitsbewertung	●●●
Finanztest-Bewertung	●●●●●
Rendite 1 Jahr	20,2 %
Rendite 5 Jahre	9,9 %
Kosten	1,8 % p. a.

Schwellenländer: Swisscanto Equity Sustainable Emerging Markets

Ein Pluspunkt bei Swisscanto ist der Nachhaltigkeitsbeirat des Fonds. Allerdings dürfen dessen Mitglieder bei der Auswahl einzelner Titel nicht mitbestimmen. Beim Engagement und der Strenge der Auswahl schneidet der Fonds mittel ab. Harte Ausschlusskriterien sind fossile Energie, Atomkraft, kontroverse sowie konventionelle Waffen. Umweltzerstörung und die Verletzung von Menschen- und Arbeitsrechten werden eingeschränkt geächtet. Korruption führt nicht zu einem Ausschluss von Unternehmen.

Isin	LU0338548034
Risikoklasse	8
Finanztest-Nachhaltigkeitsbewertung	●●●
Finanztest-Bewertung	●●●
Rendite 1 Jahr	25,2 %
Rendite 5 Jahre	10,0 %
Kosten	2,05 % p. a.

Schwellenländer: Nordea Emerging Stars Equity

Der Fonds investiert in Unternehmen, die sich aus Schwellenländern heraus zu Global Players entwickeln können. Nach den strengen Nachhaltigkeitskriterien von Nordea werden Atomkraft, Waffen aller Art sowie Korruption ausgeschlossen. Eingeschränkt gilt dies für fossile Energien, Umweltzerstörung sowie die Verletzung von Arbeits- und Menschenrechten. Auch engagiert sich Nordea in hohem Maße und zeichnet sich zudem durch eine große Transparenz aus.

Isin	LU0994703998
Risikoklasse	7
Finanztest-Nachhaltigkeitsbewertung	●●●
Finanztest-Bewertung	●●●●●
Rendite 1 Jahr	36,1 %
Rendite 5 Jahre	17,5 %
Kosten	1,82 % p. a.

Stiftung Warentest | Nachhaltige Fonds und ETF

Nachhaltig anlegen mit ETF: die besten Indizes

ETF sind wie alle anderen Geldanlagen nur so sauber wie ihr Inhalt. Da sich dieser Inhalt nach einem der Nachhaltigkeitsindizes richtet, lohnt sich ein Blick auf die Kriterien eines Index.

Im Vergleich zum gesamten verfügbaren Angebot an ETF sind die Fonds für eine nachhaltige Geldanlage erst bei der Aufholjagd. Doch in dieser stark wachsenden Nische finden sich für Anlagewillige interessante Optionen. Neben dem Weltaktienindex, der MSCI-Familie, gibt es Dutzende weitere Indizes, die die Kursentwicklung nachhaltiger Unternehmen abbilden. Sie können bei der Zusammenstellung Ihres persönlichen ETF-Portfolios sowohl auf einzelne Branchen als auch auf ethische oder ökologische Schwerpunkte und auf Länder oder Kontinente setzen.

Doch auch in diesem Teil der Finanzwelt sind die fehlenden einheitlichen Standards für ethisch-ökologische Produkte noch ein Schwachpunkt. So legen die Herausgeber der Indizes ebenso wie die nachhaltigen Banken, die Fondsgesellschaften oder Ratingagenturen ihre jeweils eigenen Maßstäbe für saubere Geschäfte an. Bei der Zusammenstellung der Indizes kommen also wieder sowohl Ausschlusskriterien als auch positive Merkmale zum Einsatz. Die Indizes bieten eine breite Streuung nachhaltiger Unternehmen.

MSCI World Sustainability Index (SRI)

Der wohl wichtigste weltweite Börsenindikator wird vom US-Dienst Morgan Stanley Capital International (MSCI) herausgegeben. Er umfasst über 1600 Unternehmen aus 23 Ländern und dient vielen Fonds als Benchmark für ihren Anlageerfolg. Der MSCI World ist der wichtigste Index des Dienstes. Daneben hat er eine Familie von Sub-Indizes eingeführt, die unter anderem nachhaltige Unternehmen nach Themen zusammenfassen.

Mit über 200 Analystinnen und Analysten verfügt MSCI über eine breite Expertise bei der Bewertung von Unternehmen. Für die Auswahl nachhaltiger Titel spielen das Best-in-Class-Verfahren und das ESG-Rating die wichtigste Rolle. Die Ergebnisse der Analysen bilden die Grundlage für spezielle Nachhaltigkeitsindizes.

Der **MSCI World Sustainable Index** ist eine Schwester des MSCI World, die die Entwicklung der global größten Aktiengesellschaften wiedergibt. Der Index vereint fast 400 große und mittlere Unternehmen unter ethisch-ökologischen Aspekten. Das Kür-

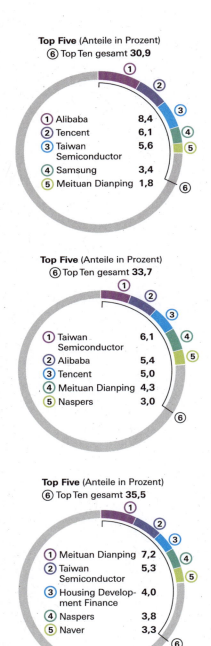

zel SRI steht für Socially Responsible Investment. Die Kriterien für SRI übertreffen den ESG-Standard. Die Auswahl erfolgt in einer Mischung von Ausschluss und Best-in-Class-Kriterien und erfolgt durch die Analysten des MSCI. Ausschlusskriterien sind unter anderem Alkohol, Kernkraft, Pornografie, Kohleverstromung, Gentechnik, Waffen, private Schusswaffen und Tabak.

Die zehn größten Positionen im MSCI World SRI

1. Microsoft
2. Tesla
3. Procter & Gamble.
4. Disney
5. Nvidia
6. Home Depot
7. ASML
8. Roche
9. Pepsico
10. Salesforce

Stand: April 2021, Quelle: MSCI

Der Index **MSCI SRI Select Reduced Fossil Fuels** achtet bei der Auswahl neben der Einhaltung strenger ESG-Kriterien besonders auf die Klimaverträglichkeit von Unternehmen und schließt Öl- und Kohleproduzenten weitgehend aus.

Mit dem **MSCI Emerging Markets SRI Select Reduced Fossil Fuels** konzentriert sich ein weiterer Index auf Unternehmen in

Stiftung Warentest | Nachhaltige Fonds und ETF

Schwellenländern, die eine gute Klimaperformance vorweisen und in großem Stil weder Öl noch Kohle produzieren. Der Index umfasst 170 Unternehmen. Den größten Anteil stellt mit 17,5 Prozent China, gefolgt von Taiwan mit 14,6 Prozent.

Der **MSCI Emerging Markets SRI 5 % Issuer Capped** ist die kleine nachhaltige Variante des großen Weltindex der Schwellenländer. Er umfasst 188 Unternehmen, der große Bruder fast 1400. Die Formulierung „5 % Issuer Capped" bedeutet, dass keine einzelne Position mehr als fünf Prozent des Fondsvermögens ausmachen darf.

Fast doppelt so viele Unternehmen finden sich im **MSCI Emerging Markets Low Carbon SRI Leaders.** Für die Auswahl kombiniert der Dienst ESG-Kriterien mit Ausschlusskriterien. Ziel ist eine möglichst gute CO_2-Bilanz. Auch hier dominieren chinesische Unternehmen. Größte Positionen sind der Onlinehändler Alibaba und der Halbleiterproduzent Semiconductor aus Taiwan.

Nach ESG-Kriterien führende Unternehmen aus Schwellenländern vereint der **MSCI Emerging Markets ESG Leaders.** Auch hier ist der Onlinehändler Alibaba das größte Einzelinvestment vor dem chinesischen Internetkonzern Tencent. Der Index umfasst 477 Firmen, darunter mehr als 40 Prozent aus China. Der **MSCI Emerging Markets ESG Leaders 5 % Issuer Capped** ist die Schwester des Index. Der Unterschied besteht in der prozentualen Be-schränkung des Anteils am Index auf fünf Prozent.-

Dow Jones Sustainability World Index

Nur die besten zehn Prozent der größten Aktiengesellschaften der Welt schaffen es in den Dow Jones Sustainability World Index (DJSI World). Der herkömmliche New Yorker Aktienindex Dow Jones ist auch Laien ein Begriff aus den täglichen Nachrichten. Weniger bekannt ist die um diesen herum gruppierte Indexfamilie, etwa die verschiedenen Nachhaltigkeitsindizes. In diese Indizes nehmen die Herausgeber nur Unternehmen auf, die im Sinne ihrer ESG-Kritierien als nachhaltig eingestuft werden. Die Bandbreite ist fast genauso groß wie die der herkömmlichen Indizes. Es gibt sie für die ganze Welt, für Europa und andere Kontinente. Wir raten bei einer langfristigen Anlage generell zu einer möglichst breiten Streuung des Risikos und konzentrieren uns hier daher auf die weltweite Variante des DJSI, der die Entwicklung von 317 Unternehmen widerspiegelt.

Entwickelt wurde der 1997 eingeführte älteste Nachhaltigkeitsindex von der Schweizer Ratingagentur SAM. Das Auswahlverfahren basiert auf dem Best-In-Class-Ansatz. Von den größten Unternehmen der Welt filtert SAM die jeweils Klassenbesten heraus. Das bedeutet automatisch, dass auch das Engagement in umstrittenen Geschäftsfeldern keinen generellen

Ausschluss aus der Liste bedeutet. Negativkriterien finden sich lediglich bei einzelnen Unterindizes des DJSI. Dieses Verfahren ruft immer wieder Kritiker auf den Plan. Sie stellen zum Beispiel in Frage, ob das unter Nachhaltigkeitsaspekten beste Rüstungsunternehmen nicht eben doch per Geschäftszweck als „schlechtes" Unternehmen eingestuft werden müsste.

Die zehn größten Positionen im DJSI World

1. Microsoft
2. Taiwan Semiconductor
3. Unitedhealth
4. Nestlé
5. ASML
6. Roche
7. Adobe
8. Cisco
9. Abbott Laboratories
10. Novartis

Stand: April 2021, Quelle: S & P

Naturaktienindex (NAI)

Die Geschichte des Naturaktienindex (NAI) geht bis ins Jahr 1997 zurück. Redakteure der Zeitschrift „Natur" wollten herausfinden, ob ökologisch korrekte Geldanlagen sich besser oder schlechter entwickeln als herkömmliche Aktien. Das ermittelten sie anhand der Performance von damals 20 internationalen Unternehmen. Heute umfasst der Index 30 Titel und dient als Basis für einen nachhaltigen Aktienfonds, den GreenEffects NAI-Werte Fonds. Der NAI berücksichtigt, geprüft von der Ratingagentur Inrate, bei der Unternehmensauswahl sowohl Ausschlusskriterien als auch positive Merkmale.

Die Liste der Ausschlusskriterien ist umfangreich und reicht von Tierversuchen über grüne Gentechnik, Diskriminierung, Rüstung bis hin zu umweltschädlichen Produkten. Das reicht den Herausgebern des NAI jedoch noch nicht. Zugleich müssen die Unternehmen zwei von vier Positivkriterien erfüllen. Die Produkte und Dienstleistungen sollen einen wesentlichen Beitrag zur ökologischen und sozialen Bewältigung zentraler Menschheitsprobleme leisten. Hinsichtlich der Produktgestaltung müssen die Unternehmen Vorreiter in ihrer Branche sein. Gleiches gilt für Produktions- und Absatzprozesse sowie soziale Bedingungen.

Die zehn größten Positionen im NAI

1. Vestas
2. Svenska Cellulosa
3. Shimano
4. Kingfisher
5. Steelcase
6. East Japan Railways
7. Acciona

Stiftung Warentest | Nachhaltige Fonds und ETF

⑧ Aegion

⑨ Molina Healthcare

⑩ Tomra

Stand: April 2021, Quelle: Greeneffects

GreenEffects NAI-Werte Fonds	
Isin	IE 000 589 565 5
Risikoklasse	7
Finanztest-Nachhaltigkeitsbewertung	●●●●
Finanztest-Bewertung	●●●●●
Mindestanlage Einmalzahlung	5 000 Euro
Spätere Zuzahlungen jeweils ab	2 000 Euro
Kosten	1,34 % p. a.
Rendite 1 Jahr	45,7 %
Rendite 5 Jahre	14,7 %

Stichtag: 28. Februar 2021

DAX 50 ESG

Im März 2020 hat die Deutsche Börse einen neuen vom Dax abgeleiteten Index eingeführt, den Dax 50 ESG. Dabei handelt es sich um die Auswahl von 50 Unternehmen, die im Dax für die größten deutschen Konzerne, dem MDax mit mittleren Unternehmen und dem TecDax der Technologieschmieden gelistet sind. Die Auswahl folgt den Prinzipien der Vereinten Nationen. Zudem werden unter anderem Waffen, Tabak, Kohle und Kernkraft ausgeschlossen. Von den Aktiengesellschaften, die nach der Selektion übrig bleiben, schaffen es diejenigen 50 in den Index, die nach ESG-Bewertung, Börsen-

umsatz und Börsenwert vorne liegen. Sehr streng sind die Kriterien nicht, wie die Beispiele Bayer und Daimler zeigen. Bayer produziert das umstrittene Pflanzengift Glyphosat, Daimler schwere Limousinen mit Verbrennungsmotoren.

Die neun größten Positionen im Dax 50 ESG

① Linde

② SAP

③ Siemens

④ Allianz

⑤ BASF

⑥ Daimler

⑦ Deutsche Telekom

⑧ Adidas

⑨ Infineon

Stand: April 2021, Quelle: Deutsche Börse

Global Challenges Index

Die kleine Börse in Hannover hat mit diesem Index Großes vor: die Welt verbessern. Der 2007 gegründete Index umfasst 50 nachhaltige internationale Unternehmen. Die Auswahl basiert auf Ratings der Agentur ISS ESG. Aus der Bewertung der Agentur werden die besten Unternehmen ihrer Klasse herausgefischt. Sie müssen den höchsten Standard „Prime" erreichen und einer Reihe von Ausschlusskriterien genügen. Dazu zählen vor allem die Atomenergie, die grüne

Gentechnik, Pestizide, Chlorkohlenwasser-stoffe, fossile Brennstoffe, Rüstung, kontro-verse Geschäftspraktiken, kontroverses Um-weltverhalten sowie Arbeits- und Men-schenrechtsverletzungen.

In einem zweiten Schritt sucht ISS ESG die Firmen heraus, die substanzielle Beiträ-ge zur Bewältigung globaler Herausforde-rungen leisten, etwa einen Beitrag zum schonenden Umgang mit natürlichen Res-sourcen leisten oder mit Innovationen die Erzeugung erneuerbarer Energien voran-bringen. Ein unabhängiger Beirat berät die Börse bei der Auswahl der Titel.

Die elf größten Positionen im Global Challenges Index

1. Advanced Micro Devises
2. Union Pacific Corp
3. Atlas Copco AB
4. Canadian Nationale Railways
   Autodesk Inc.
5. Intel Corp
6. Orsted A/S)
7. Autodesk Inc.
8. CSX Corp.
9. Dassault Systemes SE
10. ATLAS COPCO
11. Coloplast

Stand: April 2021, Quelle Börsen Hannover-Hamburg

Themenfonds: Hightech für eine saubere Welt

Neue intelligente Technologien helfen der Menschheit bei der Bewältigung des Klima-wandels. Es liegt nahe, dass Unternehmen, die sich erfolgreich auf die Entwicklung, Produktion oder Anwendung dieser Techno-logien konzentrieren, gute Geschäftsaus-sichten vorweisen können. Mit Themen-fonds, die sich auf diese Unternehmen kon-zentrieren, können Sie Ihr Depot aufpeppen und zum Beispiel in Ökoenergie, in Elektro-mobilität oder auch eine saubere Wasser-versorgung investieren.

Themenfonds sind tendenziell schwan-kungsanfälliger, weil sie nur auf eine Bran-che ausgerichtet sind. Auch genügen sie nicht zwangsläufig auch hohen Nachhaltig-keitsanforderungen. So bleiben soziale As-pekte bei den Ausschlusskriterien schon einmal außen vor. Auch wenden sie sich oft nicht konsequent von Atomkraft oder Kohle ab. Dennoch gibt es einige interessante ETF, mit denen Sie an der Transformation der Wirtschaft teilhaben können.

Für eine Investition in saubere Energien bietet sich der ETF **iShares Global Clean Energy** an (Isin: IE00B1XNHC34). Er orien-tiert sich am Index S&P Global Clean Ener-gy, der 30 Unternehmen rund um die Erzeu-gung alternativer Energien enthält. Darauf spezialisiert ist auch der **Lyxor New Ener-gy** (Isin: FR0010524777). Diesem ETF liegt der Index SGI World Alternative Energy der Société Générale zugrunde. Der Index ent-

Stiftung Warentest | Nachhaltige Fonds und ETF

Lebenselixier
Eine gerechte und lebenswerte Welt braucht mehr als eine Energiewende. Auch ein nachhaltiger Umgang mit Wasser ist für eine sichere Lebensgrundlage unverzichtbar.

hält die an der Börse wertvollsten 40 Unternehmen der Branche.

Noch treiben Verbrennungsmotoren die meisten Autos, Lkw oder Flugzeuge an. Doch die Verkehrswende ist weltweit längst in vollem Gange. Vor allem von der Elektromobilität erhoffen sich Fachleute den globalen Durchbruch als führendem Antrieb. Der Automobilhersteller Tesla macht gerade vor, wie eine ganze Branche durch den Technologieumbruch verändert werden kann. Hinter der Produktion von E-Mobilen steht eine lange Wertschöpfungskette – von der Rohstoffgewinnung über die Batterieproduktion bis hin zum Fahrzeug selbst.

Auf diese Branche setzt der **Lyxor MSCI Future Mobility ESG Filtered** (Isin: LU2023679090). Der Index von MSCI umfasst 56 Firmen, die sich mit modernen Transportsystemen befassen. Auch Rohstofflieferanten sind dabei.

Konkret die intelligente Mobilität in den Städten plus intelligente Energiesysteme und Gebäude hat der Index MSCI Smart Cities ESG Filtered im Blick. Hier bietet sich der **Lyxor MSCI Smart Cities ESG Filtered** an (Isin: LU2023679256).

Ohne Wasser gibt es kein Leben, ohne sauberes Wasser keine gesunde Ernährung. Doch Wasser ist in vielen Teilen der Welt ein knappes Gut. Geld verdient wird mit Lizenzen, es zu fördern und zu vermarkten. Manche Unternehmen nutzen diese Möglichkeiten skrupellos aus, andere wirtschaften damit nachhaltig. Diese Firmen finden sich in den Portfolios ethisch orientierter Themenfonds rund um das Wasser.

Auf das Geschäft rund um das Wasser konzentrieren sich mehrere Dutzend Fonds und auch einige ETF, etwa der **iShares Global Water** (Isin: IE00B1TXK627). Er bildet einen Wasserindex von S&P ab, der die 50 wichtigsten Firmen der Branche weltweit zusammenfasst. Weniger Unternehmen, 30 an der Zahl, enthält der Index SGI World Water. Die hier enthaltenen Konzerne verdienen ihr Geld mit Gütern und Diensten rund um die Wasserversorgung. Als Investment kommt hier der **Lyxor World Water** (Isin: 0010527275) infrage.

Nachhaltige Zinsanlagen

Attraktive Zinsen für das Bankguthaben sucht man derzeit meist vergeblich. Als Sicherheitsbaustein einer guten Anlagestrategie sind Zinsanlagen dennoch unverzichtbar.

Zinsanlagen sind gewissermaßen die Basisangebote von Banken und Sparkassen. Sie sind einfach, sicher und bequem: Kunden und Kundinnen geben dem Institut ihr Geld, bekommen dafür Zinsen und erhalten es später wieder zurück. Die Bank verleiht die Einlagen und verlangt dafür wiederum Zinsen vom Schuldner. Letztere sind höher als die für die Geldgeber. Die Differenz bildet den Gewinn der Institute.

Für Anlegerinnen und Anleger, die auf Nachhaltigkeit Wert legen, kommt es darauf an, wofür die Spareinlage verliehen wird. Einige Beispiele, die von nachhaltigen Banken gefördert werden könnten: Ein Bauernhof benötigt ein Darlehen, um von konventioneller Landwirtschaft auf Bioproduktion umzustellen. Eine gemeinnützige Organisation braucht einen Kredit für den Bau einer Kindertagesstätte. Und ein Entwicklungsprojekt in einem Entwicklungsland will einen Betrieb mit sicheren Arbeitsplätzen für die örtliche Bevölkerung aufbauen und ist auf eine Anschubfinanzierung angewiesen. Leicht haben es alle drei nicht. Denn die Kreditvergabe „normaler" Banken ist oft nicht auf solche Projekte ausgerichtet, sofern sie nicht einiges an Eigenkapital mitbringen.

Auf die nachhaltige Verwendung ihres Geldes können Sparer nur bei manchen Banken Einfluss nehmen. Genau solche Zielgruppen haben sich einige ethisch-ökologische Banken in ihre Satzungen geschrieben. Mitunter können Sie dort sogar entscheiden, in welcher Branche Ihr Geld als Kredit vergeben werden soll. Herkömmliche Banken bieten mittlerweile zwar ebenfalls ethisch-ökologische Sparprodukte an. Doch einen direkten Verwendungsnachweis scheuen sie oft. Das hat auch rechtliche Gründe. Welche Firma möchte schon in der Öffentlichkeit im Zusammenhang mit einem akuten Finanzbedarf ihren Namen lesen? Sparerinnen müssen darauf vertrauen, dass ihr Geld tatsächlich für ein grünes oder soziales Vorhaben verwendet wird.

Der Boom bei nachhaltigen Geldanlagen erfasst mehr und mehr auch die herkömmlichen Zinsanlagen. Auf der einen Seite treibt die wachsende Nachfrage Banken an, entsprechende Produkte anzubieten. Auf der anderen Seite investieren Unternehmen und Staaten immer mehr in den Klimaschutz mit all seinen Facetten. Es steigt also auch der Bedarf an nachhaltigen Finanzierungen über Kredite oder Anleihen.

Sicher und nachhaltig: Tagesgeld und Festgeld

Auch wenn der Anteil nachhaltiger Geldanlagen am gesamten Sparaufkommen weltweit noch gering ist, bietet der Markt dafür doch inzwischen eine Vielfalt an Möglichkeiten.

Die Namen mancher Sparangebote zeigen schon an, worum es dabei geht. „Das grüne Festgeld" oder der „Umwelt-Festzins", das „Bürgersparen" oder der „ethisch-ökologische Sparbrief" sind Beispiele dafür, wie Banken und Sparkassen ihre nachhaltigen Offerten nennen. Allen ist der Vorteil der einfachsten Geldanlage gemein: Sie ist sicher. Die Anlagedauer oder die Verfügbarkeit des Guthabens ist das wesentliche Unterscheidungsmerkmal der Basiszinsanlagen.

Allerdings haben die meisten Angebote einen für Sie wichtigen Schönheitsfehler. Es gibt gar keine oder nur wenige Zinsen für ganz sichere Geldanlagen. Immer mehr In-

Stiftung Warentest | Nachhaltige Zinsanlagen

stitute erheben für größere Summen sogar Negativzinsen, das heißt, Sie müssen für die Aufbewahrung Ihres Geldes dort etwas bezahlen.

→ Negativzinsen vermeiden

Eine wachsende Zahl von Kreditinstituten geben die Negativzinsen der Europäischen Zentralbank an ihre Kundinnen und Kunden weiter. Meist gilt dies jedoch erst ab vergleichsweise hohen Guthaben von 50 000 Euro oder 100 000 Euro. Sollte dies bei Ihrer Hausbank schon der Fall sein und Sie verfügen über höhere Einlagen, können Sie das Guthaben auf mehrere Banken verteilen und dem Strafzins damit entgehen.

Zum Glück gibt es jedoch auch bei nachhaltigen Zinsanlagen immer wieder passable Angebote, mit denen Sie einen Wertverlust Ihres Vermögens verhindern können. Selbst ein geringer Zinssatz von weniger als einem Prozent hilft gegen einen dauerhaften Verlust der Kaufkraft Ihres Geldes. Liegt der Zins einer Anlage über der Teuerungsrate, steigt der Wert des angelegten Guthabens, weil Sie dafür in Zukunft mehr kaufen können. Ein niedrigerer Zins bewirkt das Gegenteil: einen Wertverlust. Bei Inflationsraten nahe der Nulllinie lohnt sich die Suche nach guten Offerten daher schon bei einer minimalen Rendite. Die besten Angebote finden Sie unter test.de/thema/festgelder.

Das Tagesgeldkonto

Die alte Waschmaschine gibt plötzlich ihren Geist auf oder Sie müssen nach einem nicht versicherten Wasserschaden Ihre Wohnung renovieren: Für derlei Unwägbarkeiten ist ein Notgroschen als finanzielle Absicherung wichtig. Drei Nettogehälter sollten reichen, um sich für größere und kleinere Katastrophen zu wappnen. Aus diesem Zweck lässt sich die Anforderung an die Sparform ableiten. Die Rücklage muss sicher und ständig verfügbar sein. Dafür bietet sich ein Tagesgeldkonto an. Sie eröffnen es zusätzlich zu Ihrem Girokonto und sparen darauf das angestrebte Guthaben an. Tagesgeld wirft tendenziell etwas höhere Zinsen ab als das Sparbuch. Doch sind die Unterschiede in der momentanen Niedrigzinsphase weitgehend entfallen.

Das Guthaben ist bis zu einer durch die gesetzliche Einlagensicherung geschützten Summe von 100 000 Euro selbst bei einer Insolvenz der Bank zu 100 Prozent sicher angelegt. Diese Regelung gilt in der gesamten EU. Die einzelnen Sicherungssysteme der Geschäftsbanken, Sparkassen und Genossenschaftsbanken sehen noch höhere Garantiesummen vor.

Das Tagesgeldkonto kennt keine festgelegte Laufzeit, aber auch keinen festgelegten Zins. Letzteren passen Banken und Sparkassen jeweils der aktuellen Marktsituation an. In der Niedrigzinsphase ist die Rendite von Tagesgeld entsprechend niedrig. Das ist der Preis der Sicherheit und Verfügbarkeit. Mit

Die Zinsflaute ist eine Spätfolge der Finanzkrise, die mit der Pleite der US-Bank Lehman Brothers im September 2008 ihren Höhepunkt erreichte. Sie zog eine Weltwirtschaftskrise nach sich. Banken hielten ihr Kapital zusammen und vergaben kaum noch Kredite. Die Notenbanken, in Europa ist das die Europäische Zentralbank (EZB), reagierten auf dieses Krisensymptom mit Zinssenkungen. Die Notenbanken geben sozusagen die Kurse für die Finanzbranche vor. Damit betreffen ihre Entscheidungen auch alle Banken, egal ob sie zu den „klassischen" oder den ethisch-ökologischen Instituten gehören.

vergleichsweise attraktiven Zinsen und werbenden Stichworten wie „Direkt" oder „Geldmarkt" ködern vor allem Direktbanken neue Kunden.

Gut zu wissen: Mit Tagesgeld können Sie auch Gutes tun. Es gibt nachhaltige Angebote, bei denen Sie sicher sein können, dass Ihr Vermögen verantwortungsvoll eingesetzt wird. Was die Zinsen angeht, können nachhaltige Banken mit den Angeboten der meisten Filialbanken durchaus mithalten. Hier wie dort gibt es derzeit nicht viel. Mit den Schnäppchen für Neukunden und den Topangeboten im Internet können die nachhaltigen Institute allerdings nicht konkurrieren. Von sieben ethischen Banken, die Tagesgeld anbieten, zahlen die meisten gar keine Zinsen. Nur die UmweltBank weist mit dem UmweltFlexkonto eine Rendite von 0,25 Prozent im Jahr aus. Ab einem Betrag von 5 000 Euro entfällt der Zins allerdings. Die ProCredit Bank bietet eher symbolische 0,01 Prozent an (Stand November 2020). Wenn Sie nicht zugunsten einer ethisch und ökologisch sauberen Anlage auf Rendite verzichten wollen, bleibt Ihnen nur der Weg zur konventionellen Konkurrenz. Welche Institute aktuell die besten Zinsen bieten, erfahren Sie unter test.de/Ethisch-oe kologische-Geldanlage-saubere-Zinsange bote-4590882–0/ oder in einer aktuellen Ausgabe der Zeitschrift Finanztest.

Festgeldanlagen

Wie der Name schon sagt, liegt Ihr Geld bei dieser Zinsanlage zunächst fest. Sie kommen an Ihr Guthaben erst nach dem mit der Bank vereinbarten Zeitraum wieder heran. Das kann ein einziger Monat sein, aber auch ein Zeitraum von zehn Jahren. Als Gegenleistung erhalten sie dafür etwas höhere Zinsen als beim Tagesgeld. Außerdem ist der einmal festgesetzte Zinssatz über die gesamte Laufzeit hinweg konstant. Sinken die Marktzinsen weltweit unterdessen, haben Sie Glück gehabt, dass Sie sich so lange fest-

Stiftung Warentest | Nachhaltige Zinsanlagen

gelegt haben Hier gibt es einen wichtigen Unterschied zu Anleihen, die ja auch eine feste Laufzeit haben. Deren Kurse schwanken in Abhängigkeit vom Zinsniveau. Bei sinkenden Zinsen sind Kursgewinne drin, bei steigenden Zinsen Kursverluste.

Steigen die Zinsen, profitieren Sie als Festgeldsparer davon nicht. Auf jeden Fall wissen Sie jedoch bereits bei der Geldanlage, wie viele Zinsen Sie während der Laufzeit bekommen. Das Festgeld ist auch unter der Bezeichnung Termingeld bekannt geworden. Mittlerweile gehört das Angebot zu den Standardprodukten von Banken. Oft wird eine Mindesteinlage verlangt, zum Beispiel ein Betrag von 2500 Euro oder 5000 Euro. Die Laufzeiten sind unterschiedlich. Die Spanne für Festgeld, Festzinssparen beziehungsweise Sparbriefe reicht von einem Monat bis zu zwölf Jahren.

Generell steigt mit der Laufzeit auch die Verzinsung des Festgelds. Aufpassen ist hier angezeigt. Achten Sie darauf, dass Ihnen die Zinsen jährlich und auf dem Festgeld gutgeschrieben werden und nicht erst am Ende der Laufzeit. In diesem Fall oder wenn die Zinsen ausgezahlt werden, geht Ihnen der Zinseszinseffekt verloren. In der Werbung für die Angebote wird häufig der Nominalzins angegeben, also die Verzinsung pro Jahr. Ein Hinweis auf die Rendite, die auch den Zinseszinseffekt beinhaltet, findet sich in den Angaben eher selten. Eine zweite Falle kann eine automatische Verlängerung werden. Manche Angebote sehen dies vor,

wenn der Vertrag nicht rechtzeitig gekündigt wird.

So wirkt's

Beim Festzinssparen können Sie Ihre Bank nach nachhaltigen Produkten fragen, etwa nach Klimasparbriefen. Das Angebot ist in der Niedrigzinszeit allerdings stark gesunken. Viele Banken haben dazu nichts mehr im Angebot. In diesem Fall hilft nur, zu einer Ökobank zu wechseln, die das Geld der Kunden per se anders verwendet.

→ Nachhaltig sparen bei Zinsportalen?

Zinsportale ködern Sparer mit den besten Zinsangeboten internationaler Banken. Dabei steht bisher ausschließlich eine möglichst hohe Rendite im Vordergrund. Nachhaltige Tages- oder Festgelder sind hier kaum zu finden.

Vorsicht, Abzocke!

Ein Vorteil des Internets ist die Möglichkeit, schnell nach Offerten aller Art suchen zu können. So führen die Suchmaschinen auch bei Zinsangeboten schnell Tausende Ergebnisse auf. Wenn Sie beispielsweise als Sparer explizit nach „hohen Zinsen" suchen, eröffnet sich eine vermeintlich traumhafte Fülle guter Anlagemöglichkeiten. „6,5 Prozent fester Zins" – so oder ähnlich lautet beispielsweise die erste Botschaft, wenn Sie sich dann auf die Webseite des Anbieters klicken. Auch grüne Geldanlagen werden mit hohen Renditeversprechen ausgelobt. Derlei Versprechen sind in Niedrigzinszeiten unrealistisch und meist unseriös. Im besten Falle handelt es sich um irreführende Werbung, im schlechtesten um Betrugsmaschen.

So spielen die Abzocker zum Beispiel gerne mit der Bezeichnung „Festzins" oder „fester Zins". Interessenten können den Begriff schnell mit den „Festgeld"-Angeboten der Banken, die durch die gesetzliche Einlagensicherung geschützt sind, verwechseln. Das ist wohl auch die Absicht. Denn die dahinter stehenden Produkte sind viel riskanter und haben mit Festgeld gar nichts zu tun. Das können Unternehmensanleihen sein, die mit dem Risiko eines Totalverlustes behaftet sind, oder auch die Beteiligung an einem Immobilienprojekt. Auch hier muss die Geschäftsidee aufgehen, wenn der angepriesene Zins nebst Einlage am Ende bei Ihnen landen soll. Nähere Informationen zu den verschiedenen Fallen und auch den seriösen Angeboten auf dem weitgehend ungeregelten Kapitalmarkt finden Sie ab Seite 111.

Wir raten: Finger weg von überhöhten Renditeversprechen! Die besten Zinsangebote für Tages- und Festgeld können Sie leicht selbst auf test.de herausfinden. Auch für ethische und ökologisch saubere Anlagemöglichkeiten finden Sie auf dem Portal der Stiftung Warentest einen regelmäßig aktualisierten Vergleich der Angebote.

Zinsen und Steuern

Wie auf Löhne und Gehälter beansprucht das Finanzamt auch für Zinseinnahmen oder Dividenden seinen Anteil. Allerdings verhindert ein Freibetrag, dass auch Kleinsparer vom Fiskus zur Kasse gebeten werden. Sie dürfen als Single 801 Euro Kapitaleinkünfte im Jahr steuerfrei einstreichen. Bei Ehepaaren verdoppelt sich der Freibetrag auf 1 602 Euro. Angesichts des dürftigen Zinsniveaus werden Sie allein mit Tages- oder Festgeld kaum die Freibetragsgrenze überschreiten.

Grundsätzlich wird die Steuer direkt von Ihrer Bank eingezogen und an das Finanzamt weitergegeben. Mit einem Freistellungsauftrag können sie dies verhindern. Haben Sie diesen erteilt, schreibt die Bank Ihnen Ihre Zinseinnahmen bis zur Höhe des Freibetrags weiterhin gut. Erst bei höheren Kapitaleinkünften zieht das Institut dann die Abgeltungssteuer für den Staat ein. Es besteht auch die Möglichkeit, den Freistellungsauftrag auf mehrere Banken zu verteilen. Die Gesamtobergrenze ändert sich dadurch natürlich nicht. Manche Steuerzahler können sich die Abgeltungssteuer mit einer Steuererklärung beim Finanzamt später zurückholen. Das ist der Fall, wenn ihr gesamtes Jahreseinkommen so niedrig ist, dass keine Steuerpflicht anfällt. Das kann beispielsweise bei Rentnerinnen und Rentnern oder Studierenden der Fall sein.

Stiftung Warentest | Nachhaltige Zinsanlagen

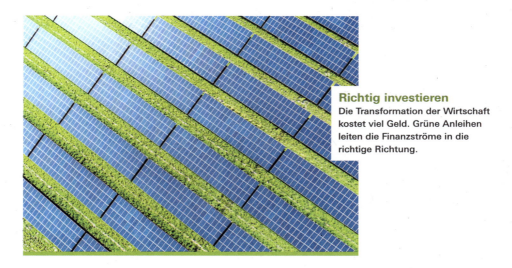

Richtig investieren
Die Transformation der Wirtschaft kostet viel Geld. Grüne Anleihen leiten die Finanzströme in die richtige Richtung.

Grüne Anleihen: Schulden für den Klimaschutz

Staaten und Unternehmen finanzieren Umweltinvestitionen mit grünen Anleihen. Anleger sollten genau prüfen, ob ihr Geld tatsächlich dem Klima oder sozialen Verbesserungen nutzt.

Der Klimawandel wird für unsere Gesellschaft teuer. Die Regierungen werden in den kommenden Jahrzehnten viele Milliarden Euro für die Bewältigung der Folgen des Temperaturanstiegs ausgeben müssen. Die öffentliche Hand investiert mehr in die Infrastruktur, zum Beispiel viele Milliarden Euro in den Ausbau eines modernen Schienennetzes. Auch Unternehmen werden mit staatlichen Mitteln gefördert, etwa, um ihre Produktion auf CO_2-arme Technologien umzustellen. Das beste sichtbare Beispiel ist derzeit die Automobilindustrie. Der Umstieg auf Elektromobilität krempelt deren Prozesse in wesentlichen Teilen um.

Zur Finanzierung nachhaltiger Projekte legen Firmen und in zunehmendem Umfang auch staatliche Institutionen grüne Anleihen, englisch Green Bonds, auf. Der Kampf gegen die Erderwärmung ist nur ein Grund für den Finanzbedarf der Staaten. Das Jahr 2020 wird zum Beispiel in den Geschichtsbüchern viel Platz erhalten. Der Pandemie folgte die Wirtschaftskrise, die mit noch nie dagewesenen staatlichen Rettungspaketen bekämpft wurde. Das Geld für diese Konjunkturhilfen besorgte sich der Staat zunächst nicht bei seinen eigenen Bürgern, sondern am Kapitalmarkt. Die Steuerzahler werden diese Schulden später abtragen müssen. Ein Teil dieses gigantischen Konjunkturprogramms wurde von den europäischen Regierungen an Ausgaben für Innovationen und Klimaschutzinvestitionen gebunden. Allein 225 Milliarden Euro, fast ein Drittel des europäischen Wiederaufbauprogramms, will die EU über Green Bonds finanzieren. Die EU-Kommission wird damit in den nächsten sieben Jahren voraussichtlich der größte Emittent nachhaltiger Anleihen.

Wenn die Staaten, supranationalen Organisationen oder Unternehmen Anleihen ausgeben, müssen sie wie bei einem normalen Kredit dafür in der Regel Zinsen bezahlen. In Deutschland gibt die Bundesfinanzagentur die Bundesanleihen heraus.

66 „Wir wollen Deutschland zu einem führenden Standort für nachhaltige Finanzwirtschaft entwickeln"

Bundesfinanzminister Olaf Scholz und Bundesumweltministerin Svenja Schulze

Ebenso sind Unternehmen immer wieder auf frisches Kapital angewiesen. So werden beispielsweise kostspielige technologische Entwicklungen zunächst auf Pump finanziert. Aus den späteren Gewinnen der Neuentwicklungen bedienen die Unternehmen dann die Forderungen der Anleihenbesitzer. Für die Wirtschaft ist diese Art der Finanzie-

rung kostengünstiger als ein direktes Bankdarlehen, das es in den benötigten Größenordnungen auch nur selten von einer einzelnen Bank gibt. So einfach ihr Prinzip ist, in ihrer Ausgestaltung sind die einzelnen Anleihen sehr unterschiedlich.

„Grün" oder „Green" ist das gängige Schlagwort, mit dem die Finanzbranche für ökologisch-nachhaltige Geldanlagen wirbt. Aber Vorsicht: Ein Problem bei grünen Anleihen sind die noch immer schwammigen Standards für diese Produkte. Der Begriff ist nicht geschützt. Jeder kann ihn verwenden. So nutzen auch Unternehmen, die gemeinhin nicht mit einem grünen Image verbunden werden, diese Form der Finanzierung. Oder die Anleihe dient zwar dem Klimaschutz, doch in anderen Geschäftsbereichen trägt das Unternehmen zur Umweltverschmutzung bei. Die Branche bemüht sich jedoch um einheitliche Mindeststandards für diese Kategorie der nachhaltigen Anlagen. Zwei Initiativen setzen derzeit die Standards.

Die Green Bond Principles

Die vornehmlich von Finanzmarktfirmen getragene Organisation International Capital Market Association (ICMA) hat 2010 den Standard Green Bond Principles (GBP) entwickelt. Die Prinzipien definieren Green Bonds als Anleihen, deren Erlöse ausschließlich zur Finanzierung „geeigneter grüner Projekte" verwendet werden und sich an vier Kernelementen orientieren. Das

Stiftung Warentest | Nachhaltige Zinsanlagen

sind die Verwendung der Emissionserlöse, die Prozesse der Bewertung von Projekten, das Management der Erlöse und die Berichterstattung. Das klingt sehr technisch und das ist es auch. Denn dieGreen Bond Principles sind sozusagen das Handwerkszeug für die Profis. Schließlich geht es vor allem darum, für eine verlässliche und nachvollziehbare Bewertung der einzelnen Bonds zu sorgen. Ohne Kontrolle sind freiwillige Selbstverpflichtungen erfahrungsgemäß von begrenztem Wert. Mit den Kernkomponenten als Handwerkszeug haben zum Beispiel Ratingagenturen ein Schema für die Zertifizierung grüner Anleihen.

Für Anlagewillige ist eher entscheidend, wofür die Emissionserlöse verwendet werden. Dafür bedarf es einer umfangreichen und verlässlichen Berichterstattung. Doch hier zeigt sich ein Schwachpunkt. Völlige Transparenz wird zwar empfohlen, ist aber nicht verpflichtend. Das schmälert zumindest das Vertrauen in Emittenten, die dieser Empfehlung nicht folgen wollen.

Laut der Green Bond Principles darf eine Anleihe als Green Bond gelten, wenn mit den Einnahmen darauf umwelt- oder klimafreundliche Projekte finanziert werden. Die Investitionen sollen in Erneuerbare Energien, energieeffiziente Gebäude oder auch in Anpassungsmaßnahmen an den Klimawandel fließen.

Die Umweltziele sind in verschiedene Kategorien unterteilt:

- Erneuerbare Energien
- Energieeffizienz
- Verschmutzungsprävention und -kontrolle
- Ökologisch nachhaltiges Management von lebenden natürlichen Ressourcen und Landnutzung
- Erhaltung der Artenvielfalt an Land und im Wasser
- Sauberer Transport
- Nachhaltiges (Ab-)Wassermanagement
- Anpassung an den bereits existierenden Klimawandel

Ein Punkt, der zu Kritik an den Green Bond Principles führte, war der fehlende Bezug zu sozialer Nachhaltigkeit. Darauf hat die Initiative mit Richtlinien für Sustainability Bonds reagiert. Darunter versteht sie Anleihen, die sowohl einen Nutzen für die Umwelt als auch im Sozialen vorweisen können. Auch für diese Bonds gelten die Handlungsprinzipien.

Die Climate Bond Initiative

Finanzfirmen haben die gemeinnützige Climate Bond Initiative (CBI) gegründet. Auch deren rund 100 Mitglieder wollen den Anleihenmarkt grüner gestalten. Kernstück ist ein Zertifikat, mit dem die Bonds ausgezeichnet werden können, sofern sie dem Standard der Organisation entsprechen. Die Kriterien werden konkreter formuliert als bei den Green Bond Principles. Die Emittenten müssen nachweisen, dass ihr Vorhaben CO_2 reduziert und die Wirtschaft wider-

Lebenslust
Wenn alle Rädchen ineinander greifen, bekommt das grüne Wachstum Flügel.

standsfähiger gegen den Klimawandel macht. Regenerative Energien, klimafreundliche Transportmöglichkeiten und Projekte zur Anpassung an den Klimawandel sind drei der Bereiche, die für das Label in Frage kommen. Die Climate Bond Initiative zertifiziert die Anleihen. Kritiker verweisen allerdings darauf, dass bei der Vergabe weder soziale Aspekte von Investitionen noch andere, womöglich gar nicht so saubere Geschäftsbereiche der berücksichtigt werden.

Anleihen als Alternative zum Festgeld?

Einzelne Anleihen sind für Sparer keine Alternative zum Sicherheitsbaustein Festgeld. Auf den ersten Blick ist der Unterschied zwar gar nicht so groß: Eine Bank, ein Staat oder ein Unternehmen leiht sich von Ihnen Geld und bietet dafür Zinsen. Ein Blick auf die Kurstafel der Frankfurter Börse, die für Green Bonds ein eigenes Segment eingerichtet hat, zeigt jedoch: So hoch sind auch hier die Erträge nicht. Die meisten Anleihen haben eine Rendite von nicht einmal 0,1 Prozent pro Jahr. Zu beachten ist: Anders als bei Tagesgeld oder Festgeld kann der Wert einer Anleihe während der Laufzeit schwanken.

Der Kauf einzelner Anleihen ist nur für professionelle Investoren interessant. Sie müssen vielfach das Geld ihrer Kunden sicher anlegen. Wenn sie sich dazu noch Nachhaltigkeitskriterien verpflichtet haben, sind die Green Bonds ein willkommenes Angebot für sie. Kleinanlegerinnen und -anleger sind nur indirekt mit dabei, etwa über Anteile an ethisch-ökologischen Rentenfonds oder Riester-Policen.

Der Zinssatz für eine Anleihe richtet sich bei der Ausgabe nach der Restlaufzeit und der Bonität des Schuldners. Als einer der finanziell stabilsten Staaten der Welt findet Deutschland sogar für Staatsanleihen mit negativer Verzinsung problemlos Käufer. Dagegen müssen manche mittelständische Unternehmen schon einmal sieben Prozent Zinsen anbieten, um ihre Anleihen am Markt zu platzieren. Denn das Risiko, dass es mit der Rückzahlung am Ende der Laufzeit nicht klappt, ist bei diesen sehr viel höher. Die Bonität ist entscheidend. Ratingagenturen wie Moody's oder Standard & Poor's bewerten die Emittenten und verteilen dafür Noten.

Der Zinssatz wird meist für die gesamte Laufzeit festgelegt. Während der Laufzeit ändern sich die Renditen der Anleihen. Das passiert zum Beispiel, wenn sich die Bonität des Anleiheemittenten verschlechtert. In diesem Fall sinken die Anleihekurse. Auch wenn die Marktzinsen sich ändern, schwanken die Anleihekurse. Steigt das allgemeine Zinsniveau, sinkt der Anleihenkurs und umgekehrt. Anleger, die eine Anleihe bis zur Fälligkeit halten, erhalten die Rendite, die ihnen beim Kauf ausgewiesen wird. Wer vorzeitig verkauft, kann mehr oder weniger bekommen.

Es gibt also einige Unwägbarkeiten bei diesen Zinsanlagen. Wir raten daher vom Kauf einzelner Anleihen eher ab. Rentenfonds sind die bequemere Alternative.

Nachhaltige Rentenfonds

So wie Aktienfonds die Anteile vieler einzelner Unternehmen zusammenfassen, sammeln Rentenfonds Anleihen verschiedener Emittenten und Laufzeiten von Staaten und Unternehmen ein. Der große Vorteil von Fonds ist das geringere Risiko eines Wertverlusts gegenüber dem Investment in Einzelwerte. Denn das Risiko verteilt sich auf alle im Fonds befindlichen Anlagen und auf verschiedene Laufzeiten.

Der Kauf von Fondsanteilen ist auch für Kleinanlegerinnen und -anleger problemlos möglich. Sie können über Ihre Hausbank einmalig Anteile erwerben oder auch einen Sparplan vereinbaren. Letztere gibt es schon ab einem monatlichen Sparbetrag von 25 Euro. Eine Alternative zur Anlage in einen aktiv gemanagten Rentenfonds sind Renten-ETF, die einen Index nachbilden. Das kann beispielsweise der Index auf Euro-Anleihen oder US-Staatsanleihen sein. Der große Vorteil der ETF besteht in den günstigen Kosten der Produkte.

Die Anbieter von Rentenfonds stehen wie alle Sparer vor dem Problem niedriger Zinsen. Hohe Renditen sind bei einem geringen Risiko praktisch nur in Zeiten möglich, in denen das Zinsniveau sinkt. Da die Fonds nicht nur die Rendite für die Anleger erwirtschaften, sondern auch ihre Kosten decken müssen, sind die Erträge derzeit überschaubar. Momentan sind die Erträge sicherer Anleihen so gering, dass mit entsprechenden Rentenfonds selbst bei konstantem Zinsniveau kaum noch etwas zu holen ist. Finanztest empfiehlt als Sicherheitsbaustein fürs Depot daher derzeit Tagesgeld und Festgeld.

Für alle Anleger und Anlegerinnen, die sich trotz stagnierender oder gar sinkender Erträge und drohenden Verlusten bei einer möglichen Zinswende für Rentenfonds interessieren, stellen wir im Folgenden einige Fonds aus den Gruppen Staatsanleihen Euro, Staats- und Unternehmensanleihen gemischt und Unternehmensanleihen Euro vor.

Fondsgruppe Staatsanleihen Euro

In dieser Gruppe ist die Auswahl nachhaltiger Fonds gering. Folgenden ETF gibt es, allerdings ist er erst seit kurzem am Markt.

Index IQ Factors Sustainable Sovereign Euro Bond

Der passiv verwaltete Fonds hält Euroanleihen sowie Schuldverschreibungen europäischer und sonstiger souveräner Staaten. Die Auswahl erfolgt nach Kriterien des Social Responsible Investment (SRI). Der Fonds ist erst seit 2017 am Markt.

Finanztest-Bewertung	nicht vergeben
Isin	LU1603795292
Risikoklasse	—
Laufende Kosten (2019)	0,20 % p. a.
Rendite 1 Jahr	0,6 %
Rendite 3 Jahre	8,1 %

(Stand 02/2021)

Fondsgruppe Unternehmensanleihen Euro

In dieser Fondsgruppe gibt es 31 nachhaltige Fonds, knapp die Hälfte ist mindestens fünf Jahre alt und erhält daher eine Finanztest-Bewertung.

Axa Euro Sustainable Credit F thes. EUR

Anleihen und Schuldtitel guter und mittlerer Bonität unter Berücksichtigung von Nachhaltigkeitskriterien bilden das Anlagespektrum des Fonds. Strategisch peilt er eine Kombination aus laufenden Erträgen und Kapitalzuwachs an.

Finanztest-Bewertung	●●●●
Isin	LU0361838963
Risikoklasse	04
Laufende Kosten	0,65 % p. a.
Rendite 1 Jahr	1,2 %
Rendite 5 Jahre	2,4 %

(Stand 02/2021)

LO Euro Responsible Corp Fundamental SA

Der Fonds investiert in Euro-Schuldtitel privater Emittenten. Dabei berücksichtigt er die Corporate Governance sowie ethisch-ökologische Kriterien bei der Auswahl der Anlagen.

Finanztest-Bewertung	●●●●●
Isin:	LU0210005152
Risikoklasse	04
Laufende Kosten	0,19 % p. a.
Rendite 1 Jahr	1,6 %
Rendite 5 Jahre	2,9 %

(Stand: 02/2021)

Robeco RobecoSam EURO SDG Credit IH EUR

Unternehmensanleihen guter Bonität bilden den Anlagefokus des Fonds. Ausgewählt werden Emittenten, die dazu beitragen, dass die UN-Ziele für eine nachhaltige Entwicklung erreicht werden. Auch die Integration von ESG-Kriterien wird beim Kauf berücksichtigt.

Finanztest-Bewertung	●●●●
Isin	LU0503372780
Risikoklasse	04
Laufende Kosten	0,48 % p. a.
Rendite 1 Jahr	1,6 %
Rendite 5 Jahre	2,7 %

(Stand: 02/2021)

Fondsgruppe Staats- und Unternehmensanleihen Euro

In dieser Fondsgruppe gibt es 31 nachhaltige Fonds, allerdings sind nur rund die Hälfte von ihnen seit mindestens fünf Jahren auf dem Markt, für die andere Hälfte gibt es noch keine Finanztest-Bewertung.

Franklin European Total Return A (acc) EUR

Der Fonds investiert vornehmlich in höher besicherte Schuldtitel, die von Regierungen und zugehörigen Einrichtungen und Unternehmen innerhalb von Europa ausgegeben werden.

Finanztestbewertung	●●●●
Isin	LU0195952774
Risikoklasse	04
Laufende Kosten	0,55 % p. a.
Rendite 1 Jahr	3,7 %
Rendite 5 Jahre	3,1 %

(Stand: 02/2021)

Gut zu wissen

Wenn Sie Rentenfonds in Niedrigzinszeiten kaufen, müssen Sie damit rechnen, dass irgendwann die Zinsen wieder steigen. Ihr Fonds macht dann zumindest vorübergehend Verluste. Finanztest empfiehlt als Sicherheitsbaustein fürs Depot derzeit daher Tagesgeld oder Festgeld.

JSS Sustainable Bond EUR C EUR acc

Bei diesem Fonds kommen nur erstklassige Euro-Anleihen ins Portfolio. Die herausgebenden Länder zeichnen sich durch einen möglichst schonenden Umgang mit natürlichen Ressourcen aus. Bei Unternehmen zählt ein öko-effizientes Management als Auswahlkriterium.

Finanztestbewertung	●●●●●
Isin	LU0950592104
Risikoklasse	04
Laufende Kosten	0,84 % p. a.
Rendite 1 Jahr	2,1 %
Rendite 5 Jahre	2,6 %

(Stand: 02/2021)

Nachhaltige Banken

Obwohl sich die Banken und Sparkassen in Deutschland gerne das grüne Etikett ans Revers heften, erwirtschaften sie ihre Gewinne nach wie vor auch mit umstrittenen Geschäften. Eine kleine Schar von Instituten grenzt sich davon ab.

Die Finanzkrise 2008/2009 hat die Schwächen der internationalen Finanzwirtschaft offengelegt. Gierig und skrupellos haben weite Teile der Branche die Welt an den Abgrund geführt. Steuermilliarden sind in die Rettung systemrelevanter Institute gepumpt worden. Nicht einmal staatliche Geldhäuser haben sich als durchweg seriös erwiesen. Auch Landesbanken haben im globalen Finanzcasino gezockt. Das Ansehen der Banken ist damit auf einen Tiefpunkt geraten. Kunden wünschen sich einen anderen Umgang mit ihrem Geld.

Doch was bedeutet ein anderer Umgang mit Geld konkret? Vereinfacht gesagt, unterscheidet sich der Geschäftszweck der nachhaltigen Banken von dem der herkömmlichen. Die nachhaltigen Banken fördern ethische-ökologische Unternehmen und Projekte, verweigern umstrittenen oder gefährlichen Engagements zugleich die Finanzierung. Für konventionelle Banken steht das Gewinnstreben im Mittelpunkt. Mit wem sie dabei in Geschäftsbeziehungen treten, war lange Zeit zweitrangig. Auch hier setzt ein Umdenken ein.

Banken entdecken den Gemeinsinn

Ob sie von der Nachfrage ihrer Kunden angetrieben werden oder aus Überzeugung dem Klimawandel begegnen wollen, ist nicht immer klar. Doch Banken werden nachhaltiger.

Mittlerweile entdecken die herkömmlichen Kreditinstitute den Klimaschutz als Wettbewerbsfaktor. Im Juni 2020 haben 16 Unternehmen der Finanzwirtschaft in Deutschland eine Klimaselbstverpflichtung unterzeichnet. Sie sagen darin zu, ihre Kredit- und Investmentportfolios an den Zielen des Pariser Klimaabkommens auszurichten. Es ist ein kleiner Schritt, von dem die Bankkundinnen und -kunden erst einmal nicht durch ein für ihre Bedürfnisse maßgeschneidertes Angebot profitieren. Damit folgt die Branche dem politischen Ziel der Bundesregierung, Deutschland zu einem führenden Standort für nachhaltige Finanzen zu machen, und greift ohnehin geplanten europäischen Regelungen vor. An Ankündigungen herrscht kein Mangel, an Transparenz und Messbarkeit der praktischen Umsetzung dagegen schon.

Initiiert wurde die Selbstverpflichtung von der nachhaltigen Triodos Bank und dem WWF. Neben einigen ethisch-ökologischen Instituten haben sich auch bisher in Umweltfragen eher zurückhaltende Banken angeschlossen. Dazu gehören unter anderem die Deutsche Bank, die Commerzbank, die Landesbank Baden-Württemberg, die ING, die HypoVereinsbank oder die Edeka Bank.

> **Banken spielen eine entscheidende Rolle im Kampf gegen den Klimawandel. Denn es ist an uns, über Finanzierungen und Anlageprodukte die Mittel für die Transformation der globalen Wirtschaft bereitzustellen. Diese Herausforderung nehmen wir an.**

Christian Sewing, Vorstandsvorsitzender der Deutschen Bank

Einen größeren Schritt unternehmen die Anlageberater, wenngleich nicht ganz freiwillig. Seit März 2021 müssen sie eine europäische Richtlinie beherzigen und ihre Kunden über die Nachhaltigkeit ihrer Produkte

Stiftung Warentest | Nachhaltige Banken

informieren. Voraussichtlich im ersten Halbjahr 2022 müssen sie ihre Kunden dazu auch beraten können. Auf diese Weise will die EU das Thema „Green Finance" nun auch Verbrauchern näherbringen. Empfehlen müssen die Berater nachhaltige Anlagen allerdings nicht.

Konventionelle Banken und Nachhaltigkeit

Auch zwischen den konventionellen Instituten gibt es große Unterschiede. Die Sparkassen und die dahinter stehenden öffentlich-rechtlichen Landesbanken sind dem Gemeinwohl verpflichtet. Ihr Augenmerk gilt insbesondere der regionalen Wirtschaft, die sie mit Krediten versorgen. Nachhaltigkeit rangiert auf der Rangliste schon deshalb nicht ganz oben. Der Präsident des Deutschen Sparkassen- und Giroverbands, Helmut Schleweis, verteidigt seine Mitgliedsinstitute. „Ein umfassendes Nachhaltigkeitsverständnis muss aber auch soziale und ökonomische Aspekte beinhalten", erläutert er, „schließlich müssen wir unseren Kindern und Enkelkindern auch ein funktionierendes soziales Gemeinwesen und die notwendigen ökonomischen Ressourcen hinterlassen."

Tatsächlich gehören die Sparkassen zu den wichtigsten Förderern von kulturellen Einrichtungen oder Sportvereinen. Doch der öffentlich-rechtliche Finanzsektor dreht auf höherer Ebene auch an großen Rädern, zum Beispiel über die den Sparkassen ver-

Spitzenreiter

In 15 Themenfeldern vom Klimaschutz über Nahrungsmittel bis hin zur Transparenz misst der Fair Finance Guide die Nachhaltigkeit von Banken. Die ethisch-ökologische Institute liegen klar vorn.

GLS Bank	95 %
Ethik Bank	94 %
Triodos Bank	88 %
KD Bank	81 %
Pax Bank	80 %
ING	55 %
LBBW	53 %
Sparkasse Köln/Bonn	52 %
Deutsche Apotheken und Ärztebank	64 %
DKB	44 %
Commerzbank	39 %
Deutsche Bank	35 %
HypoVereinsbank	31 %
DZ Bank	31 %
Bayern LB	27 %
Stadtsparkasse Düsseldorf	17 %

Stand: April 2021, Quelle: Fair Finance Guide

bundenen Landesbanken, die sich Kritikern zufolge zum Teil auch an umstrittenen Geschäftsmodellen wie Rüstung oder Kohle beteiligen. Auch in der Finanzkrise haben die Landesbanken höchst zweifelhafte Geschäfte offenbaren müssen und Milliarden der Steuerzahler vernichtet. Doch haben sich die Sparkassen selbst andererseits zum Klimaschutz verpflichtet. Erstunterzeichner sind 172 Sparkassen sowie acht Verbundunternehmen – darunter die Dekabank sowie die Landesbank Baden-Württemberg und die Helaba. Sie wollen unter anderem die CO_2-Emissionen bei Krediten und Anlagen senken.

Wie schwierig die Abgrenzung zwischen „gut" und „böse" mitunter ist, zeigt das Beispiel der Deutschen Kreditbank (DKB). Das Institut legt viel Wert auf seine Nachhaltigkeitsstrategie und wirbt mit dem Attribut „Geldverbesserer". Gleichwohl ist die DKB eine Tochter der Bayerischen Landesbank, die in der Vergangenheit durch ihre Beteiligung an einigen zweifelhaften Geschäften auffiel.

Dritte im Bunde sind die Volks- und Raiffeisenbanken. Sie sind genossenschaftlich organisiert, wie auch ein großer Teil der ethisch-ökologischen Banken. Auch ihr Fokus liegt auf der Finanzierung der regionalen Wirtschaft. Bei den Raiffeisenbanken wird das Dilemma einander widersprechender Ziele besonders deutlich. Diese Institute sind aus Zusammenschlüssen von Landwirten hervorgegangen und auch heute noch der Landwirtschaft verpflichtet. Die konven-

tionelle Landwirtschaft ist jedoch für viele Menschen eher die Ursache von Umweltproblemen und Klimawandel als Teil der Lösung. Massentierhaltung, grüne Gentechnik oder intensive Land- und Forstwirtschaft wollen sie auf der Ausschlussliste von Banken sehen, nicht jedoch mitfinanzieren. Was allerdings für die Raiffeisenbanken spricht, ist das Regionalprinzip. Finanziert werden Betriebe vor Ort. Der Kauf regional produzierter Lebensmittel ist ökologisch sinnvoll.

66 Mit unserer regionalen Verwurzelung, unserer Mitglieder- und Kundennähe sowie mit unseren genossenschaftlichen Werten können wir das Thema Nachhaltigkeit glaubwürdig leben.

Marija Kolak, Präsidentin des Bundesverbands der Volks- und Raiffeisenbanken

Genossenschaftsbanken haben sich bisher keine eigenen Klimaziele gesetzt. Die genossenschaftliche Edekabank, drei Kirchenbanken sowie die GLS Bank haben allerdings die Klimaselbstverpflichtung des Finanzsektors unterzeichnet.

Die privaten Geschäftsbanken tun sich in der Breite noch schwer mit konsequent nachhaltigen Geschäften. Zwar haben einige Institute die Relevanz erkannt und integrie-

Stiftung Warentest | Nachhaltige Banken

ren die ESG-Kriterien in ihre Geschäftspolitik. Doch nach wie vor verdienen viele Kreditinstitute ihr Geld mit der Finanzierung von Geschäften aller Art. Entsprechend vorsichtig äußert sich auch der Branchenverband dazu. „Der Bankenverband will alle seine Mitgliedsbanken für Nachhaltigkeit und insbesondere den Klimaschutz sensibilisieren", heißt es in einer Stellungnahme. Revolutionär klingt anders.

Lässt sich Fairness messen?

Mit dem Fair Finance Guide (FFG), der unter anderem von der schwedischen Entwicklungsagentur Sida und der Verbraucherzentrale Bremen unterstützt wird, gibt es eine Initiative, die Anspruch und Wirklichkeit der Banken untersucht. Anhand von 280 Kriterien prüft die Berliner Nichtregierungsorganisation (NGO) Facing Finance, inwieweit 16 in Deutschland vertretende Institute Umwelt- und Menschenrechte beachten. Maßstab sind die Selbstverpflichtungen der Banken oder Sparkassen. „Weil es weder auf EU- noch auf nationaler Ebene gelungen ist, nachhaltiges Investment umfassend zu definieren, kommt den Selbstverpflichtungen deutscher Banken eine immer größere Bedeutung zu", sagt Thomas Küchenmeister, Vorstand von Facing Finance.

Der Fair Finance Guide untersucht in elf Ländern, wie ernst es die Banken und Sparkassen mit den selbst formulierten Ansprüchen an ein nachhaltiges Verhalten meinen. Analysiert wird beispielsweise, welche Un-

ternehmen eine Bank finanziert oder in welche Wertpapiere sie investiert. Daraus leitet der Fair Finance Guide eine Rangliste ab. Die einzelnen Bewertungen sowie die Stellungnahmen der betreffenden Banken dazu veröffentlich die NGO unter der Webadresse fairfinanceguide.de . Dort erfahren Sie auch die Details der Bewertungsmethode und können die Leistung von Banken miteinander vergleichen.

Eine weitere gute Informationsquelle rund um die verantwortungsvolle Geldanlage bietet die Verbraucherzentrale Bremen mit dem Informationsportal www.geld-bewegt.de. Unter dem Motto „Geld anlegen für Mensch und Umwelt" erklärt die Verbraucherzentrale mit Hilfe kleiner Filme die Arbeitsweise nachhaltiger Banken oder die Funktionsweise von grünen Fonds.

Im Vergleich zu Österreich und der Schweiz müssen sich die deutschen Banken hinsichtlich ihrer Bemühungen um mehr Nachhaltigkeit alles andere als verstecken. In den Nachbarländern sind ethisch-ökologische Institute eine Seltenheit. Der World Wildlife Fund (WWF) schaut sich die größten Institute beider Länder an. Das Ergebnis ist ernüchternd. Vorreiter in Sachen Nachhaltigkeit sind in beiden Ländern unter den wichtigsten Instituten nicht zu finden. Allerdings gibt es kleinere Banken, die Investments nach ethischen oder ökologischen Kriterien anbieten.

Gemeinsam stark
Kreditgeschäfte und Fairness müssen kein Widerspruch sein. Es kommt darauf an, wofür Banken die Einlagen ihrer Kunden verleihen. So können bei einer sinnvollen Verwendung Mensch, Natur und Klima von der Zusammenarbeit profitieren.

Banken für das gute Gewissen

Knapp 20 nachhaltige Banken sind in Deutschland tätig, davon rund ein Dutzend Kirchenbanken. Einige sind schon seit Jahrzehnten aktiv.

→ **Die Wurzeln der nachhaltigen** Geldinstitute liegen entweder in der Umweltbewegung, in kirchlichen Strukturen oder in sozialen Bewegungen. Filialen wie die Großbanken unterhalten diese Banken, wenn überhaupt, nur wenige in großen Städten. Ansonsten arbeiten sie jedoch ähnlich wie konventionelle Geldhäuser: Sie vergeben Kredite an Firmen oder Projekte, bieten Privatleuten Girokonten an und sorgen für den Geldverkehr, richten Depots für Wertpapiere ein und halten für ihre Kundinnen und Kunden eine breite Palette an Geldanlagen bereit. Kurzum: Für Menschen, die sich aus ethisch-ökologischen Gründen von ihrer herkömmlich arbeitenden Hausbank abwenden wollen, sind sie eine echte Alternative.

In der Finanzbranche sind die nachhaltigen Banken noch selten gesät. Es gibt mehr als 1 700 Banken in Deutschland. Nur elf davon hat Finanztest im Zusammenhang mit dem Vergleich von nachhaltigen Tages- und Festgeldangeboten bisher als ethisch-ökologisch und für alle Kundinnen und Kunden offen eingestuft.

Beim Angebot der nachhaltig arbeitenden Banken müssen Sie zum Teil leichte Abstriche vornehmen. So bietet die Umweltbank zum Beispiel kein Girokonto an. Sicher ist Ihr Guthaben aber natürlich auch bei diesen kleinen Banken. Denn auch für sie gilt die deutsche gesetzliche Einlagensicherung bis zu einer Guthabensumme von 100 000 Euro, in manchen Fällen reicht der Schutz auch darüber hinaus.

→ Hohe Guthaben absichern

Ist Ihr Guthaben höher als 100 000 Euro und Sie wollen auf Nummer sicher gehen, können Sie es auf mehrere Institute verteilen. Denn die Obergrenze der Einlagensicherung bezieht sich immer nur auf eine Bank.

Einen wesentlichen Unterschied zu konventionellen Kreditinstituten gibt es bei den meisten nachhaltigen Banken: Konsumentenkredite gewähren sie in der Regel nicht, Darlehen für den Hausbau oder den Kauf einer Immobilie schon, ebenso für Investitionen, zum Beispiel für eine saubere Heizungsanlage. Wenn Sie gerade mehr Geld benötigen als Sie flüssig haben, müssen Sie sich mit dem Dispokredit begnügen. Die Überziehungszinsen liegen bei den ethisch-ökologischen Banken meist deutlich unter dem Durchschnitt.

Vor allem bei Zinsanlagen sind Sie bei den Finanzpionieren gut aufgehoben. Die nachhaltigen Banken finanzieren mit den Kundengeldern ausschließlich ethisch-ökologisch korrekte Projekte, zum Beispiel in Form von Krediten für den Ausbau der Energiegewinnung aus erneuerbaren Quellen oder für den Bau von Kitas. Sie investieren auch nur in Staatsanleihen von Staaten, die ihre Kriterien erfüllen, also zum Beispiel Korruption streng verfolgen und ahnden. Auch für die Eigenanlagen der Banken in Aktien gelten die nachhaltigen Anlagekriterien.

Gut zu wissen

Es kommt zwar selten vor, doch auch Banken können pleitegehen. In diesem Fall ist Ihr Guthaben allerdings gesetzlich gut geschützt. Die gesetzliche Einlagensicherung beträgt 100 000 Euro pro Person und Institut. Im Falle einer besonderen Lebenssituation (etwa Immobilienkauf, Krankheit, Scheidung ...) beträgt die gesetzliche Deckungssumme 500 000 Euro.
Die Einlagensicherungssysteme der privaten Banken, der Sparkassen und der Raiffeisen- und Volksbanken gewähren einen darüber hinausgehenden Schutz. Bei den privaten Banken sind in der Regel wenigstens 750 000 Euro abgesichert. Die konkrete Summe orientiert sich am haftenden Eigenkapital der einzelnen Institute. Sparkassen und Genossenschaftsbanken kennen gar keine Obergrenze. Die Pro Credit Bank und die Steyler Bank sind zusätzlich im Einlagensicherungsfonds der privaten Banken. Die Umweltbank, die KD Bank sowie Tomorrow sind dort nicht Mitglied. Bei ihnen gilt lediglich die gesetzliche Mindestsicherung.

Bei den kirchlichen Banken wiederum spielt das christliche Menschenbild eine wichtige Rolle. Einige schließen etwa Hersteller der Antibabypille oder von Abtreibung ermöglichenden Produkten von ihren Investitionen aus. Wie die einzelnen Institute vorgehen und was sie bieten, können Sie den ab Seite 102 folgenden Porträts entnehmen. Allerdings können auch die „guten" Banken nicht mehr ausgeben als sie einnehmen. Die niedrigen Marktzinsen treffen sie genauso wie die herkömmlichen Wettbewerber. Hohe Renditen dürfen Sie bei Zinsanlagen also nicht erwarten. Auch ist die Kontoführung bei diesen Instituten in der Regel teurer als bei Banken mit einem Massengeschäft.

Mehr Transparenz

Gemessen am Anlagevermögen oder der Bilanzsumme herkömmlicher Banken sind die nachhaltigen Banken Zwerge. Und doch sind sie eine kleine Macht, setzen sie doch die Branche unter Druck, sich mehr des Themas Nachhaltigkeit anzunehmen. Das tun mittlerweile auch konventionelle Institute wie die Sparkassen, die immer mal wieder Ökosparbriefe oder nachhaltige Investments anbieten. Doch von einer ganzheitlichen Herangehensweise kann bei der großen Mehrheit der Kreditinstitute keine Rede sein. Noch immer wissen ihre Kundinnen und Kunden selten genau, was mit ihren Einlagen finanziert wird. Und die Erfahrungen aus der Finanzkrise 2008/2009

zeigen, dass selbst öffentlich-rechtliche Landesbanken oft genug an dubiosen Finanzgeschäften beteiligt waren und dabei Milliarden an Steuergeld verzockten.

Die ethisch-ökologischen Banken setzen der undurchdringlichen Geschäftspolitik der Branchenriesen Transparenz gegenüber. Zum Teil gehen sie dabei so weit, dass alle von ihnen finanzierten Vorhaben veröffentlich werden.

66 Nachhaltigkeit ist kein Trend, sondern die Zukunft.

Jörg Gasser, CEO der Schweizer Bankiervereinigung

Die nachhaltigen Banken gehen nachvollziehbar konsequent bei der Auswahl ihrer ESG-Kriterien vor. So folgen christliche Banken in ihrer Anlagepolitik einem von der Religion geprägten Menschenbild und lehnen alles ab, was gegen diese Werte verstößt. Die Umweltbank wiederum konzentriert sich konsequent auf den Umwelt- und Klimaschutz. Kompromisse aus Gewinnstreben müssen diese Institute nicht eingehen. Auch das unterscheidet sie vom Gros der Geschäftsbanken. Schließlich arbeiten sie in einem überschaubaren Rahmen. Die Finanzgeschäfte finden nicht irgendwo im weit verstreuten Geflecht der Finanzbeziehungen statt, sondern oft in Projekten, die regionalen Nutzen bringen.

So finden Sie die richtige Bank

Spielen Sie den Gedanken an einen Wechsel der Hausbank ruhig einmal durch. Der Aufwand ist geringer, als manche denken.

Sie müssen nicht unbedingt einen Kontowechsel vornehmen, um mit den nachhaltigen Banken zusammenzuarbeiten. Sie bieten ihre Zinsanlagen auch Kunden fremder Institute an, buchen also zum Beispiel bei einem Sparvertrag den regelmäßigen Beitrag von Ihrem Girokonto ab. Wenn Sie in Finanzfragen jedoch konsequent nachhaltig handeln wollen, finden Sie bei den im Folgenden vorgestellten nachhaltigen Banken sicher ein geeignetes Institut für Ihre Bedürfnisse und Ihre Ziele.

Die Idee ist nicht neu

Ältere Leser erinnern sich vielleicht noch an die „Mutter" der umweltorientierten Geldhäuser, die 1988 aus den Reihen der Frankfurter Spontibewegung heraus gegründete Ökobank. Sie ist nach nur gut einem Jahrzehnt in finanzielle Schwierigkeiten geraten und musste in der Folge aufgeben. Ihre Geschäfte übernahm die GLS Bank. Die historischen Wurzeln der aus sozialen Bewegungen oder den Kirchen heraus gegründeten Banken reichen sogar über 100 Jahre weit zurück. Alle nachhaltigen Banken weisen die Kriterien aus, die sie in ihrer Geschäftspolitik verfolgen. Grundsätzlich verdienen sie ihr Geld wie andere Institute auch, indem sie Kredite vergeben sowie Kundeneinlagen wiederum selbst auf dem Kapitalmarkt anlegen. Dabei gelten in der Regel jedoch ESG-Kriterien. In der Tabelle auf den Seiten 184 bis 187 haben wir die wichtigsten Kriterien der einzelnen Banken für Sie zusammengestellt. So können Sie sich einen schnellen Überblick verschaffen und Ihre Entscheidung an diesen Maßstäben orientieren. Auch hier gilt allerdings eine Einschränkung. Bis ins letzte Detail ist die Anlagepolitik der Banken nicht überprüfbar.

Einzelne Institute listen zwar ihr finanzielles Engagement nach einzelnen Projekten auf. Doch völlige Transparenz gibt es nicht überall – auch, weil das Bankgeheimnis dies verhindert. Welcher Betreiber eines in finanzielle Schieflage geratenen Windparks möchte schon die Vergabe eines Notdarlehens veröffentlichen? Es ist also auch bei nachhaltigen Banken eine gewisse Portion Vertrauen vonnöten. Dies fördern die Institute schon durch das Eigeninteresse. Die Umweltbank hat beispielsweise einen Beirat eingerichtet, der die Geschäfte daraufhin überprüft, dass sie den selbst gesetzten Zielen entsprechen.

Selbstverpflichtung nur für Ökospargeld

Das Kreditinstitut verpflichtet sich, Mittel in Höhe der Ökospargelder für ethische oder ökologische Vorhaben zu verwenden. Bei anderen Spargeldern ist es völlig frei.

Bank für Kirche und Diakonie

Auch bei der Gründung der Bank für Kirche und Diakonie (KD-Bank) im Jahr 1925 stand die Enttäuschung über die Geschäftspraxis der klassischen Kreditinstitute Pate. Diese wollten zwar kirchliche Gelder anlegen, verweigerten jedoch Darlehen für den Bau eines Kindergartens. Daraufhin schlossen sich kirchliche und diakonische Einrichtung zu einer Kreditgenossenschaft zusammen. Sie sind auch heute noch die Eigentümer des Instituts.

Die Anlagen der Bank konzentrieren sich heute auf Projekte, die die Lebensqualität im Alter, Gesundheit, Hilfe, ein lebendiges Gemeindeleben, Bildung und bezahlbaren Wohnraum zum Ziel haben. „Wir finanzieren kirchliche und diakonische Arbeit in Deutschland und legen unter ethisch-nachhaltigen Bedingungen am Kapitalmarkt an", hebt das Institut hervor. 700 Indikatoren enthält der Nachhaltigkeitsfilter nach eigenen Angaben.

Die Geldanlage aus dem Jahr 2019 verdeutlicht die Prinzipien der Bank. Von den knapp 350 Millionen Euro an vergebenen Darlehen gingen gut ein Drittel an Senioren- und Pflegeeinrichtungen. Knapp 19 Prozent entfielen auf bezahlbaren Wohnraum, 16 Prozent auf soziale Einrichtungen von der Jugend- bis zur Behindertenhilfe. Kirchengemeinden wurden mit jedem zehnten Euro finanziert. Der Rest verteilte sich auf Privatkredite, Bildungs- und Kulturprojekte.

Das Institut legt Wert auf Kunden, die seine christlichen Werte teilen. Für diese Zielgruppe bietet die Bank alle Dienstleistungen und Anlageprodukte an. Die KD-Bank bietet Privatkunden auch Finanzierung an, nicht nur für das Eigenheim, sondern auch für Konsumwünsche. Für Anleger hat das Institut vom Sparkonto über Tagesgeldkonten oder Solidaritätssparbriefe bis zu nachhaltigen Kapitalmarktanlagen alle gängigen Anlagen im Angebot.

Bank im Bistum Essen

Zu den katholischen Instituten gehört die Bank im Bistum Essen (BIB). Der eigene Anspruch ist „das Bild des ehrbaren Kaufmanns", der nicht verkauft, was er nicht auch selbst kaufen würden. Die Genossenschaftsbank, die vor allem von kirchlichen und sozialen Einrichtungen getragen wird, gibt es seit 1966. Vorrangiges Ziel war damals die Kreditfinanzierung dieser Einrichtungen.

Inzwischen hat sich die BIB neben den christlichen Werten auch der Nachhaltigkeit von Finanzgeschäften verschrieben. Die Produktpalette umfasst alle gängigen Angebote, vom Girokonto über Tages- und Festgelder und Fonds bis hin zu Ratenkrediten. Letztere werden bewusst nicht aktiv vertrieben, sondern sollen vor allem zur Immobilienfinanzierung oder der energetischen Sanierung verwendet werden. Außer der Filiale am Unternehmenssitz Essen verfügt die BIB über keine Filialen. Die Versorgung mit Bargeld sichern bundesweit die Automaten der Volks- und Raiffeisenbanken.

Neben nachhaltigen Fonds bietet die BIB auch Mikrofinanzfonds an. Die Vergabe von Kleinstkrediten in Entwicklungsländer ist ein fester Bestandteil der Nachhaltigkeitsstrategie.

EthikBank

Eher ein Kleinod in der Bankenlandschaft ist die EthikBank, eine Tochter der Volksbank Eisenberg, die in den Neunzigerjahren

Gut zu wissen

Girokonto wechseln in vier Schritten:

1. Suchen Sie eine Bank, die Ihren Vorstellungen von nachhaltigen Finanzgeschäften am nächsten kommt, kostengünstig ist und auch alle Dienste anbietet, die für Ihren Geschäftsverkehr wichtig sind.
2. Eröffnen Sie ein Girokonto bei Ihrer neuen Bank.
3. Beauftragen Sie den digitalen Wechselservice der Bank und geben Sie dort an, welche Zahlungspartner über die neue Bankverbindung informiert werden sollen.
4. Lassen Sie das alte Girokonto noch weiterlaufen, bis Überweisungen und Abbuchungen über das neue Girokonto verlässlich laufen. Erst dann kündigen Sie das alte Konto.

des vergangenen Jahrhunderts als Direktbankableger gegründet wurde. „Die Ethik-Bank ist frei von ideologischen, politischen, religiösen oder spirituellen Einflüssen", betont das Institut. Als Zielgruppe nennt sie Menschen, die ihre persönlichen Interessen mit ethischen Grundsätzen in Einklang bringen wollen. Unter dem Stichwort „Gläserne Bank" legt das Institut seine Beteiligungen und Anlagen offen. Jeder Kunde kann damit zumindest oberflächlich kontrollieren, ob die Kriterien der Geldanlage erfüllt werden.

Die Produktpalette der Bank konzentriert sich auf einfache Geldanlagen rund um sichere Spareinlagen mit verschiedenen Laufzeiten. Bei nachhaltigen Fonds arbeitet die Ethikbank mit der Fondsgesellschaft Union Investment zusammen. Privatkredite werden vergeben, nicht nur für den Kauf des Eigenheims, sondern auch für Konsumwünsche.

Evangelische Bank

Aus zwei kleineren Kreditgenossenschaften ist im Jahr 2014 durch Fusion die Evangelische Bank entstanden. Sie ist die größte der Kirchenbanken und naturgemäß den christlichen Werten verpflichtet. Die Anlagepolitik orientiert sich an sozial-ethischen und ökologischen Kriterien, jedoch auch an der wirtschaftlichen Nachhaltigkeit der Engagements. Im Fokus steht dabei die Gesundheits- und Sozialwirtschaft, in der die kirchlichen, diakonischen und sozialen Einrichtungen aktiv sind.

Bei den Geldanlagen orientiert sich die Evangelische Bank unter anderem am Leitfaden für ethisch-nachhaltige Geldanlagen, der von der evangelischen Kirche herausgegeben wird, und dem Rating der Agentur ISS ESG, zu der die Agentur Oekom gehört.

Eine Besonderheit ist dabei die „Fairwendung" der Einlagen. Die Kunden können auswählen, ob ihre Einlagen für die kirchliche Arbeit, die Kinder- und Jugendhilfe, Inklusion, Pflege und Gesundheit, Ökoenergien oder ohne Zweckbindung eingesetzt werden sollen. Das Produktportfolio umfasst alle üblichen Bankleistungen, von verschiedenen Zinsanlagevarianten über Fondssparpläne bis hin zu privaten Finanzierungen und Versicherungen.

GLS-Bank

Die Gemeinschaftsbank für Leihen und Schenken (GLS-Bank) ist eine der großen nachhaltigen Banken. Sie verfügt über Filialen in immerhin sechs Großstädten. Das Institut hat seine Wurzeln im Ruhrgebiet der späten Wirtschaftswunderzeit der 60er Jahre des 20. Jahrhunderts. Die „Leih- und Schenkgemeinschaft" wurde als Versuch gegründet, das Geldsystem grundlegend zu verändern, Projekte zu finanzieren, die von herkömmlichen Banken keinen Kredit bekamen.

Aus deren Kreis stammen die Gründer der späteren GLS-Bank. „Ihre Vision umfasst nicht weniger, als das Geldsystem so zu verändern, damit Geld für die Menschen da ist, nicht umgekehrt", beschreibt die Bank ihre Anfänge. Praktisch drückte sich dies im solidarisch finanzierten Aufbau einer der ersten Waldorfschulen in Bochum aus. Aus dieser privaten Finanzierungsinitiative ging später die Bankengründung hervor. Im Her-

So arbeiten ethisch-ökologische Banken

Die Banken verpflichten sich, ethische und ökologische Kriterien zu beachten, wenn sie das Geld ihrer Sparer anlegen oder damit Kredite vergeben. Kredite an Privatleute oder Anlagen in Anleihen angesehener Staaten kommen auch infrage. Umstrittene Geldempfänger schließen sie aber aus.

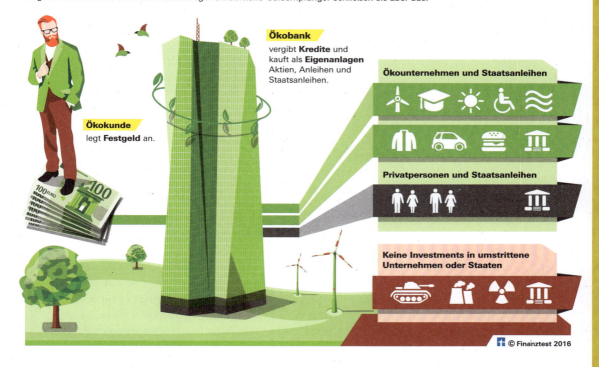

zen des Ruhrpotts liegt heute noch die Zentrale der GLS-Bank.

Die GLS-Bank vergibt die Einlagen ihrer Kunden als Darlehen ausschließlich an ethisch-ökologische Vorhaben. Ein strenger Katalog an Ausschluss- und Positivkriterien bestimmt die Auswahl. Das gilt insbesondere auch für die Kapitalanlagen des Instituts. Die Wünsche der Kundinnen und Kunden werden bei der Kreditvergabe berücksichtigt. Sie können bei der Kontoeröffnung festlegen, ob ihr Geld als Kredit an Firmen oder Projekte aus den Bereichen Erneuerbare Energien, Ernährung, Wohnen, Bildung und Kultur oder Soziales und Gesundheit vergeben werden soll.

Wer möchte, kann auch Mitglied der Genossenschaft werden. Dazu müssen wenigstens fünf Anteile zum Stückpreis von 100 Euro gezeichnet werden. Die Mitgliedschaft bringt einerseits Vergünstigungen bei der Kontoführung, andererseits können Mitglieder auf eine Gewinnausschüttung zwischen einem und drei Prozent im Jahr hoffen. Vor allem aber erhöht sich damit das Eigenkapital der Bank, die das ethisch-ökologische Banking damit weiter voranbringen kann.

Die Anlage- und Finanzierungsleitsätze der GLS-Bank setzen sich aus vielen Kriterien zusammen. Bei Finanzmarktgeschäften werden keine Devisenspekulationen oder spekulative Investments in Rohstoffe und Nahrungsmittel unterstützt. Auch Flüchtlinge in Steueroasen erhalten kein Geld. Bei Kapitalanlagen in anderen Ländern achtet die Bank auf ein möglichst hohes Maß an sozialer Gerechtigkeit, die Wahrung der Asyl- und Bürgerrechte sowie einen verantwortlichen Umgang mit der Umwelt. Ausgeschlossen werden Länder, die foltern oder die Todesstrafe vollziehen, die gegen demokratische Grundrechte verstoßen, Atomenergie ausbauen, korrupt sind oder den Atomwaffensperrvertrag nicht unterzeichnen wollen.

Ein unabhängiger Anlageausschuss prüft, ob die von den GLS-Analysten und -Analystinnen ermittelten Investments mit den Finanzierungsleitsätzen übereinstimmen. Das Gremium setzt sich aus Fachmännern und -frauen aus verschiedenen Disziplinen zusammen. Auch der BUND oder eine kirchennahe Einrichtung sind beispielsweise vertreten. „Ich finde es wichtig, dass insbesondere der breiten Masse nachhaltige Finanzprodukte zugänglich gemacht werden", sagt BUND-Mitglied Rolf Buschmann. Die Produkte müssten zuverlässig sein und halten, was sie versprechen. Das sei die Aufgabe des Anlageausschusses. „Er ist somit eine Hilfestellung für den Kleinanleger", versichert der Umweltforscher.

Die Finanzierungen der GLS-Bank werden transparent gehandhabt. Eine Liste der jeweiligen Projekte wird für alle Interessierten zugänglich auf der Homepage der GLS-Bank veröffentlicht.

Das Angebot der GLS-Bank reicht vom Girokonto über die klassischen Zinsanlagen vom Tagesgeld über Sparbriefe bis hin zu Aktien- oder Mikrofinanzfonds. Das Anlagedepot und Angebote zur Altersvorsorge sowie die Finanzierung von Bau- und Modernisierungsvorhaben gehören ebenfalls dazu.

KT Bank

Die deutsche Niederlassung der türkischen Kuveyt Türk Beteiligungsbank (KT-Bank AG) ist nicht nur unter den nachhaltigen Instituten eine Ausnahmeerscheinung. Sie richtet ihr Geschäft an den Prinzipien des Islam aus. Hauptanteilseigner der Muttergesellschaft ist wiederum eine kuwaitisches Finanzunternehmen. Die deutsche Niederlassung, die nach eigenen Angaben die einzige islamische Bank in der EU ist, nahm 2015 das Geschäft auf. Inzwischen gibt es in fünf Städten Filialen.

Die religiöse Ausrichtung der Bank verbietet ein Engagement in einigen Geschäftszweigen wie etwa der Waffenproduktion. Über die Einhaltung der Regeln wacht ein Ethikrat. Das Gremium besteht aus vier Islamgelehrten, die alle Beteiligungen der Bank auf ihre Konformität mit dem Koran hin prüfen.

Eine der wichtigsten Regeln des Islam ist das Verbot, Zinsen zu erheben. Daran hält sich die KT Bank, indem das Geschäft mit Krediten oder Geldanlagen anders als bei einer normalen Bank abläuft. Wie das funktioniert, zeigt folgendes Beispiel: Sie wollen sich ein elektrisches Lastfahrrad kaufen und benötigen dafür eine Finanzierung. Die KT Bank erwirbt das Pedelec für Sie. Auf den Preis erhebt das Institut einen Aufschlag für seine Leistung. Den Gesamtbetrag zahlen Sie dann in Raten zurück.

Auch die von der Bank angebotenen Sparanlagen wie Festgeld oder ein Beteiligungskonto arbeiten nicht mit einer festgelegten Verzinsung. Mit Ihrer Einlage finanziert die Bank islamkonforme Investitionen. Um bei unserem Beispiel zu bleiben, etwa viele Lasträder. Der Ertrag aus diesen Finanzierungen wird wiederum teilweise an die Sparenden weitergereicht. Je nach Laufzeit und Höhe der Einlage liegt dieser Anteil beim Beteiligungskonto zwischen 62 und 94 Prozent des Ertrags.

Der Leistungsumfang der KT Bank ist eingeschränkt. Die üblichen Bankdienstleistungen vom Girokonto bis zu Sparanlagen oder Immobilienfinanzierungen gehören dazu. Auf einen Dispokredit müssen die Kunden und Kundinnen verzichten. Auch werden von der Bank keine Depots geführt, also auch keine Wertpapiergeschäfte getätigt. Bargeld gibt es nur an rund 7500 Supermarktkassen. Der Nachteil dabei: Wer etwas von seinem Konto abheben will, muss zugleich für wenigstens zehn Euro dort einkaufen.

Pax-Bank

Auch die katholische Kirche hat Banken, eine davon ist die Pax-Bank. Sie wurde schon 1917 als Selbsthilfeeinrichtung katholischer Priester gegründet. Das Institut ist für alle Kunden offen, die sich den christlichen Werten verpflichtet fühlen. Bei Finanzierungen legt die Pax-Bank den Schwerpunkt auf soziale, kirchliche und karitative Projekte.

Die Pax-Bank setzt überdies auf die aktive Einflussnahme als Aktionär auf Unternehmen, um diese zu mehr Verantwortungsbewusstsein hinsichtlich der ESG-Standards zu motivieren.

Die angebotenen Bankprodukte entsprechen der banküblichen Bandbreite, von Zinsanlagen bis zu Wertpapieren.

ProCredit Bank

Das Credo der ProCredit Bank ließe sich am ehesten als nachhaltiges Wirtschaften beschreiben. Das Institut ist in Deutschland zwar erst seit dem Jahr 2011 am Markt, hat aber eine in die achtziger Jahre des vergangenen Jahrhunderts zurückreichende Geschichte als Beratungsfirma in Entwicklungs- und Schwellenländern. In diesen Ländern waren die Finanzinstitutionen schwach entwickelt. Die Berater und späteren Banker haben sich die Finanzierung von kleinen und mittleren Unternehmen auf die Fahne geschrieben. Heute ist das Institut

Fairness gewinnt
Der Ausbeutung und dem ungezügelten Finanzkapitalismus wollen vor allem junge Anleger die Stirn bieten. Nachhaltige Banken helfen dabei.

stark in Osteuropa und Lateinamerika engagiert.

Ein Girokonto für Privatleute bietet das Institut nicht an. Die Geldanlage in Zinsanlagen wie Tagesgeld und Festgeld wird über das Girokonto bei der Hausbank der Kunden und Kundinnen als Referenzkonto abgewickelt. Mit den Einlagen finanziert die Bank Vorhaben kleiner und mittlerer Firmen in ärmeren Ländern. Dabei stehen umweltverträgliche und gleichzeitig wirtschaftlich tragfähige Konzepte im Zentrum der Analysen.

Steyler Ethik Bank
Die ebenfalls aus christlichen Wurzeln erwachsene Steyler Ethik Bank hat ein einfaches Motto: „Wo Geld Gutes schafft", heißt es in der Eigenwerbung des 1964 gegründeten Instituts, das sich als ethisches Geldhaus versteht. Die Bewahrung des Friedens und das Engagement gegen die Ausbeutung von Mensch und Natur stehen in der Werterangliste der Bank ganz oben. Diese Maximen gehen auf die ethischen Maßstäbe der Ordensgemeinschaft der Steyler Missionare zurück.

Ein Ethik-Anlagerat, in dem neben Wissenschaftlern auch Vertreterinnen des Ordens sitzen, wacht über die Einhaltung der selbst gesetzten Standards. Auch dieses Institut vereint bei der Investmententscheidung positive und negative Kriterien.

Die in Sankt Augustin ansässige Bank hält die meisten banküblichen Leistungen und Anlageprodukte vor. Eine Besonderheit ist das Steyler Missions-Sparbuch, eine Mischung aus Spenden und Sparen. Die Verzinsung ist variabel und orientiert sich am Marktzins. Von den Einzahlungen können Sie einmalig oder regelmäßig einen Teil für die Armutsbekämpfung spenden.

Triodos Bank
Veränderung geht ganz einfach, folgt man dem Motto der Triodos-Bank. „Wir nehmen das Geld unserer Kunden und transformieren die Wirtschaft", heißt es in ihrer Selbstdarstellung. Nach eigenen Angaben folgen rund 720 000 Kunden der Strategie des nie-

derländischen Instituts. Mit Geld die Welt zu verändern, steht seit der Gründung 1980 auf der Rangliste der Ziele ganz oben. Vereinfacht gesagt, bekommen nur die einen Kredit, die damit Gutes vorhaben.

Zumindest vom Anspruch gibt sich die Bank dezidiert politisch. Sie prangert den Zustand der kapitalistischen Wirtschaft an, die eine immer größere Ungleichheit zu Lasten der Bevölkerungsmehrheit erzeuge. Die Wirtschaft muss nach Auffassung der Triodos Bank allen Menschen dienen, einem entfesselten Finanzkapitalismus muss die Stirn geboten werden. Dazu gehört für Triodos zum Beispiel auch ein bedingungsloses Grundeinkommen – für ein Kreditinstitut ist das eine fast revolutionäre Aussage. Das sind auch die Maximen, nach denen die in vier weiteren europäischen Ländern aktive Bank bei der Kreditvergabe handelt: regionale Wirtschaftskreisläufe fördern, global nur agieren, wenn es sinnvoll ist. „Unsere Wirtschaft bietet in ihrer jetzigen Form ohne deutliche Änderungen keine Zukunft mehr", sind sich die Niederländer sicher.

Das Unternehmen ist eine nicht an der Börse gehandelte Aktiengesellschaft. Sie können als Kunde oder Kundin auch Anteile am Unternehmen erwerben und sich so die Chance auf eine Dividende sichern. Allerdings hat die Bank wie andere Institute auch durch die Corona-Krise einen kräftigen Gewinneinbruch hinnehmen müssen. Sichere Gewinne mit Einzelaktien gibt es eben nicht.

Die Direktbank konzentriert sich bei ihrer Kreditvergabe auf drei spezifische Branchen. Dazu gehört zum einen die Umwelt; in diesem Bereich finden sich Engagements bei Erneuerbaren Energien oder bei Biohöfen. Der zweite Sektor ist Kultur und Bildung. Hier werden zum Beispiel Schulen oder Bildungseinrichtungen mit Krediten versorgt. Die dritte Sparte ist die Finanzierung von sozialen Projekten. Dazu zählt die Triodos Bank den nachhaltigen Tourismus ebenso wie die häusliche Pflege. Auch für diese Projekte gilt, dass es die perfekt saubere Weste anscheinend gar nicht gibt. So finanziert Triodos auch Windparks, zum Beispiel einen 40 Quadratkilometer großen Offshore-Park in der Nordsee. Bei Tierschutzorganisationen stehen diese Windkraftwerke in der Kritik, weil sie beispielsweise durch die von den Windrädern erzeugten Geräusche das Gehör von Walen beeinträchtigen können.

Private Ratenkredite vergeben die Niederländer nicht. Darlehen sind Projekten vorbehalten, die den Anlagezielen der Bank entsprechen. Bei der Geldanlage zu finden sind Zinsangebote wie Tagesgeld, Festzinskonten mit einer flexiblen Laufzeit von bis zu zehn Jahren oder langfristige Sparpläne mit einem Treuebonus ab einem monatlichen Einzahlungsbetrag von 25 Euro. Unter dem Namen „Bürgersparen" läuft eine Angebot, bei dem Kundinnen und Kunden zu einem festen Zinssatz und einer festen Laufzeit regionale Projekte unterstützen kön-

Gut zu wissen

Tomorrow – die Smartphone-Bank

Die Botschaft der reinen Onlinebank Tomorrow ist deutlich: „Es ist Zeit, den Spieß umzudrehen", kündigen die Digital-Bankiers an. Nicht mehr in die Umweltzerstörung soll das Geld ihrer Kundinnen und Kunden fließen, sondern in klimaschonende Projekte, eine kleinbäuerliche Wirtschaftsweise und andere ethisch-ökologisch wertvolle Projekte. Die bisherige Bilanz ist noch bescheiden: 9,9 Millionen Bäume wurden geschützt, 9,8 Millionen Euro in nachhaltige Projekte investiert. Noch ist Tomorrow ein bunter Exot in der Bankenlandschaft.

Mit dem Smartphone kann, so das Versprechen, innerhalb von acht Minuten ein Girokonto eröffnet werden. Das Versprechen der Bank ist, dass mit den Einlagen nur „gute" Projekte finanziert werden. Dazu zählt die Internetbank Vorhaben, die dem Schutz natürlicher Ressourcen, der Gewährleistung von Grundbedürfnissen, dem Klimaschutz und der Stärkung benachteiligter Gruppen dienen. Mit Ausschlusskriterien von der Rüstung bis zur Massentierhaltung grenzt die Bank sich von konventionellen Kreditvergaben ab.

Bunt ist die Webseite, eher jung die Zielgruppe, der Anspruch hoch. Die Kosten für das Girokonto variieren zwischen zwei Modellen. Das Basismodell ist kostenlos. Ab der dritten Bargeldabhebung im Monat wird allerdings eine Gebühr fällig. An Bargeld kommen Kundinnen und Kunden an allen Visa-Geldautomaten. Das Premium-Konto kostet 15 Euro im Monat. In dieser Gebühr ist eine CO_2-Kompensation von 11,3 Tonnen quasi als Spende enthalten.

nen. Das Angebot ist aber limitiert. Fonds, Fondssparpläne und Vermögenswirksame Leistungen runden das Angebot ab.

Seit Juli 2020 bietet die Triodos Bank ein klimaneutrales Depot an. „Wir wollen mit unserem CO_2-neutralen Depot den doppelten Nutzen von nachhaltiger Geldanlage verdeutlichen. Finanzielle Rendite und ein gutes Gewissen sind eben keine widersprüchlichen Ziele", erklärt dazu Georg Schürmann, der Geschäftsleiter der Triodos Bank N. V. Deutschland.

Umweltbank

Der Name ist bei der Umweltbank Programm. Mitte der 90er Jahre des vergange-

Stiftung Warentest | Nachhaltige Banken

nen Jahrhunderts begann das Institut mit „grünen" Sparprodukten und der Finanzierung von Windparks und nachhaltigen Bauvorhaben den Aufbau einer nachhaltigen Bank. Mittlerweile hat die Umweltbank nach eigenen Angaben rund 23 000 Umweltprojekte unterstützt.

Wenn Sie mit einem Girokonto bei der Umweltbank liebäugeln, werden Sie enttäuscht. Das Institut bietet keine Girokonten an. Auch Konsumentenkredite für Privatkunden suchen Sie hier vergebens. Diese Entscheidung begründet das Institut mit seiner „Umweltgarantie". „Jeder Euro, den Sie bei der Umweltbank anlegen, fließt ausschließlich in nachhaltige Zukunftsprojekte", verspricht das Unternehmen. Girokonten könnten immer nur so grün sein wie ihre Inhaber, heißt es weiter. Auf die Verwendung des Geldes habe die Bank keinen Einfluss. Deshalb fehlen Girokonten im Angebot. Drei Geschäftsfelder bleiben: Es werden Kredite vergeben, Anlageprodukte vertrieben und eigene Investitionen finanziert.

Bei der Kreditvergabe verfolgt die Bank drei Ziele: Gefördert werden damit Projekte der nachhaltigen Bauweise, Vorhaben mit sozialem Mehrwert sowie erneuerbare Energien. Ein Umweltrat aus vier externen Fachleuten kontrolliert, ob die unterstützten Vorhaben auch den Anforderungen des Instituts entsprechen und tatsächlich so grün sind, wie sie vorgeben. Zu den erlaubten Kreditfinanzierungen gehören beispielswei-

se Photovoltaikanlagen oder der Bereich Elektromobilität.

Kunden und Kundinnen können bei der Umweltbank ihr Geld auf grüne Tagesgeldkonten oder Festzins-Sparangebote mit flexiblen Laufzeiten sparen. Darüber hinaus bietet das Institut Investments in Umweltfonds und grüne Anleihen. Darlehen für Privatleute gibt es nur für Wohn- und Bauprojekte oder Elektromobilität. Auch Baugemeinschaften werden finanziert. Die Umweltbank hat ein Rating für nachhaltiges Bauen entwickelt. Es ist das einzige von der Gesellschaft für nachhaltiges Bauen anerkannte Bewertungssystem einer Bank.

Die UmweltBank ist eine Aktiengesellschaft und wird an der Börse notiert. Über den Kauf von Aktien können Sie Mitbesitzerin des grünen Unternehmens werden. Nach eigenen Angaben gehört die Umweltbank rund 12 000 Aktionären, vorwiegend Kunden und Mitarbeiter. 85 Prozent der Aktien befinden sich im Streubesitz. Weitere 15 Prozent hält die GLS Gemeinschaftsbank. Doch Vorsicht: Finanztest rät vom Kauf von Einzelaktien eher ab, weil das Verlustrisiko vergleichsweise hoch ist.

Der Handel über das Depot ist stark eingeschränkt. Erwerben können Sie nur hundertprozentig nachhaltige Wertpapiere. Außer den Aktien der Umweltbank selbst sind deshalb nur wenige Werte oder Fonds im Angebot.

Direkt-investments

Tolle Ideen für Klima und Mensch, die auch noch Traum-renditen bringen – mit dieser Verlockung werben viele Anbieter von Direktinvestments. Die vermeintlich leichte Art der Geldvermehrung ist jedoch mit erheblichen Risiken verbunden.

Umwege über Banken und Börsen erscheinen einigen Anlagewilligen unnötig. Warum auch, wenn sie sich mit ihrem Geld auch an ganz konkreten Projekten direkt beteiligen können? Doch Vorsicht ist geboten: Inzwischen locken viele nachhaltige Vorhaben Anlegerinnen und Anleger in höchst riskante Geschäftsmodelle. Im schlimmsten Fall kann der gesamte Einsatz verloren sein.

Wahrscheinlich sind Sie bei der Suche nach einer sauberen Geldanlage im Internet schon auf verlockende Offerten gestoßen.

Ein Solarpark, der mehr als sechs Prozent Rendite abwerfen soll, ein Hersteller von klimafreundlichen Technologien, der für die Weiterentwicklung seines wegweisenden Produktes privates Kapital benötigt und dafür eine ausgezeichnete Verzinsung bietet, oder das soziale Unternehmen, das ein afrikanisches Dorf mit Wasseraufbereitungstechnik entwickeln will – an Vielfalt herrscht bei nachhaltigen Anlagen kein Mangel.

Manche Angebote versprechen, dass Anlegerinnen schon mit Beträgen ab 100 Euro

Gutes unterstützen und damit am Ende auch ihr Geld mehren könnten. Die Konditionen klingen zunächst einfach und nachvollziehbar. Doch mal ehrlich: Haben Sie schon einmal einen Blick in ein Vermögensanlage-Informationsblatt (VIB) geworfen und sich die Details der Finanzierung angeschaut? Diese Information stellen die Firmen mit ins Netz, wenn ihr Angebot von der Bundesanstalt für Finanzdienstleistungsaufsicht (Bafin) zugelassen wurde. Doch Vorsicht: Die Bafin prüft nur, ob das Vermögensanlage-Informationsblatt und der Emissionsprospekt die gesetzlich vorgeschriebenen Mindestangaben erfüllen und Chancen und Risiken der Anlage verständlich darstellen, nicht aber die Qualität der Anlageprodukte.

Die Finanzierung von sauberen Elektromotorrollern, eines Bürgerwindparks oder eines Solarparks haben meist eines gemeinsam: Sogenannte Direktinvestments in vermeintlich saubere Geschäfte sind rechtlich gesehen kompliziert. Hätten Sie geahnt, dass Sie damit oft selbst Unternehmer oder Unternehmerin werden und im schlimmsten Fall einen Totalverlust hinnehmen müssen? Die wenigsten Sparer erkennen die Fallstricke bei solchen Konstrukten und wenn, dann ist ihr Geld oft schon unwiederbringlich verloren. Wir stellen Ihnen deshalb im Folgenden die gängigen Konstruktionen vor.

Diese Warnung bedeutet nicht, dass die Angebote generell unseriös sind. Vermutlich werden die meisten sogar mit der festen Überzeugung eines unternehmerischen Erfolgs platziert. Ob die angepriesenen Geschäftsmodelle tatsächlich tragfähig sind, erweist sich oft erst nach Vertragsabschluss. Sie müssen die Prospektangaben schon sehr genau lesen, um sich ein Bild von den Konditionen der Anlage machen zu können. Dabei stellt sich in der Regel schnell heraus, dass die angepriesene attraktive Verzinsung keineswegs garantiert ist.

→ Bleiben Sie wachsam!

Auch wenn ein Angebot Sie von der Idee her begeistert, sollten Sie Vorsicht walten lassen. Machen Sie sich bewusst, welche Pflichten Sie damit eingehen. Überlegen Sie, ob Sie die Risiken tragen können und wollen.

Gier ist hier wie stets in Geldgeschäften ein ganz schlechter Ratgeber. Für mutige Anlegerinnen können sich Direktinvestments als Depotbeimischung lohnen. Sie sollten jedoch nur entbehrliche Summen in solche Projekte stecken. Mittlerweile ist die Bandbreite der Offerten enorm gewachsen. Die folgenden Beispiele stellen nur eine kleine Auswahl dar. Wenn Sie mutig sind und einzelnen Projektbetreibern vertrauen, sollten Sie dennoch nicht mehr als fünf bis zehn Prozent Ihres Vermögens investieren. Im Extremfall einer Insolvenz des Vorhabens sollten Sie den Verlust finanziell leicht verkraften können.

Stiftung Warentest | Direktinvestments

Die Verlockung schöner Bilder und Aussichten

Viele Finanzvermittler wollen vom Boom nachhaltiger Anlagen profitieren. Ihre Werbeaussagen verheißen hohe Renditen. Die Risiken werden gerne kleingeredet.

Die Hochglanzbroschüren können noch so überzeugend wirken: Der Absturz kann plötzlich kommen und alles mit sich reißen. Die bislang spektakulärste Pleite legte 2014 der Windanlagenbauer Prokon hin. Mit Hilfe auffälliger Werbung sammelte das Unternehmen 1,4 Milliarden Euro bei Tausenden Anlegern ein. Ihnen wurde eine Verzinsung von sechs Prozent versprochen. Doch das Management hat sich übernommen und die Firma in die Zahlungsunfähigkeit manövriert. Ein großer Teil der Anlegergelder ging verloren, auch wenn Prokon später als Genossenschaft weitergeführt werden konnte.

Ein etwas anderer Fischgenuss

Schöne Bilder einer heilen Welt gehören auch bei anderen grünen Investments zum üblichen Marketing. So wirbt das Unternehmen Deutsche Edelfisch DEG GmbH & Co. KG mit Sitz in Berlin für die „blaue Evolution". Mit einer nachhaltigen Fischzucht in einem umweltfreundlichen Zuchtkreislauf will die Firma einen Beitrag zur Welternährung leisten. Für diese Zanderproduktion sucht das Unternehmen Finanziers. Über die Finanzierungskonditionen erfahren die Besucher der Edelfisch-Webseite nichts, solange sie sich nicht registrieren. Auch über das Portal „ich investiere grün", das für lukrative Ökobeteiligungen mit einem Festzins von 3,5 bis zu 7 Prozent für nachhaltige Geldanlagen wirbt, erfahren Anleger ohne Anmeldung nichts über konkrete Angebote. Finanztest hat sich ein Angebot der Deutsche Edelfisch angeschaut. Das Ergebnis war ernüchternd. Die Firma bietet sogenannte Genussscheine an, eine für Anleger sehr riskante Form des Direktinvestments. Eine korrekte Anlegerinformation über die Risiken fehlte. Deshalb hat Finanztest diese Unternehmensbeteiligung 2020 auf die Warnliste „Unseriöse Firmen und Finanzprodukte" gesetzt.

Inzwischen warnt auch die Bafin vor der Deutsche Edelfisch DEG GmbH & Co. KG. Die DEG verstoße gegen das Wertpapierprospektgesetz (WpPG), weil sie für öffentlich angebotene Wertpapiere der Aufsicht kein Wertpapierinformationsblatt (WIB) vorgelegt habe, teilt die Bafin mit.

→ Schwarze Schafe auf dem Graumarkt

Die Stiftung Warentest beobachtet auch den grauen Kapitalmarkt. Informationen zu unseriösen Firmen und Angeboten für Geldanlagen werden regelmäßig aktualisiert auf einer kostenlos abrufbaren Warnliste (test.de/ warnliste) veröffentlicht.

Die Werbung für ethisch-ökologische Anlagen appelliert genauso wie die Reklame für ein beliebiges Konsumprodukt an die Gefühle der jeweiligen Zielgruppe. Bei Fertiggerichten oder Kosmetik haben die Verbraucher durch Erfahrung gelernt, dass nicht jedes Versprechen dem Praxistest standhält. Das ist bei einer Tiefkühlpizza für wenige Euro nicht weiter schlimm. Wenn es um größere Summen oder gar einen hohen Anteil der Ersparnisse geht, sollten die Emotionen gegenüber einem Vorhaben besser an die zweite Stelle rücken und dem Verstand den Vortritt einräumen. Das kann sich auch lohnen, denn längst nicht alle Offerten sind windig.

Crowdfunding – eine Idee sucht viele Unterstützer

Beim Crowdfunding, auf Deutsch meist als „Schwarmfinanzierung" bezeichnet, gibt es sehr unterschiedliche Modelle. Auf den zahlreichen Vermittlungsplattformen werden zum Beispiel Spenden für gemeinnützige Einrichtungen gesammelt oder Musik-

schaffende suchen Finanziers für die Produktion einer CD. In diesen Fällen erhalten die Geldgeber entweder nichts oder eine Kleinigkeit zurück, zum Beispiel als Präsent später die fertig bespielte CD. Schon ab zehn Euro können Sie auf diese Weise hilfreich wirken, wenn sich ein Angebot zufällig als Ihre Herzensangelegenheit erweist.

Darüber hinaus suchen auch Unternehmen, Startups oder Immobilienfirmen nach privaten Investorinnen und Investoren. In diesem Falle wird auch gerne von Crowdinvestment gesprochen. Dabei handelt es sich in der Regel um Darlehen, für die der Anbieter eine feste Verzinsung verspricht. Oft kann bei einem unternehmerischen Erfolg des Projekts auch noch ein Bonus obendrauf kommen. Die Mindestanlagesummen sind in der Regel niedrig. Mitunter können Sie sich ab einem Betrag von 100 Euro beteiligen.

Eine „echte" Beteiligung ist es allerdings nicht. Es gibt weder ein Mitspracherecht der Investoren noch eine Ertragsgarantie. Bei einem Flop stehen Sie als Gläubigerin oder Gläubiger aufgrund der rechtlichen Konstruktion der Darlehen in der letzten Reihe. Anders gesagt droht Ihnen bei einer Pleite ein Totalverlust des Einsatzes.

So funktioniert die elektronische Sammelbüchse

„Bürgerwindpark", „Bioenergiepark" oder „Holzgas" sind typische Bezeichnungen für Crowdinvestments, die sich mit erneuerba-

Stiftung Warentest | Direktinvestments

Checkliste

Crowdfunding

☐ Informieren Sie sich möglichst umfassend über das hinter dem Crowdfunding stehende Unternehmen. Über dessen wirtschaftliche Situation können Sie sich mit einem Blick in die Bilanz einen Eindruck verschaffen. Die Bilanzen müssen Kapitalgesellschaften sechs Monate nach Abschluss eines Geschäftsjahres beim Bundesanzeiger zur Veröffentlichung einreichen. Unter der Webadresse bundesanzeiger.de können Sie schauen, ob das der Fall ist. Viele Anbieter handhaben diese Veröffentlichung sehr nachlässig.

☐ Prüfen Sie sich selbst. Verstehen Sie das im Prospekt oder in Werbefilmen erklärte Geschäftsmodell vollständig? Falls nicht, sollten Sie beim Anbieter nachfragen.

☐ Prüfen Sie, ob der Anbieter bereits mehrere andere Vorhaben erfolgreich über ein Crowdinvestment finanziert hat. Das erhöht die Wahrscheinlichkeit, dass auch dieses erfolgreich enden kann.

☐ Bleiben Sie skeptisch, wenn eine allzu hohe Verzinsung versprochen wird.

☐ Investieren Sie nur so viel, wie Sie als Totalausfall verkraften können.

☐ Verteilen Sie Ihr Geld lieber auf mehrere Projekte, als alles auf eine Karte zu setzen.

---

ren Energien befassen. Die Projekte werden über Plattformen im Internet angeboten, von denen sich einige auf nachhaltige Vorhaben spezialisiert haben. Auf deren Webseiten wird der Kontakt zwischen Anbieter und Investitionswilligen vermittelt. Wie in Kleinanzeigen stellen die Anbieter ihr Projekt kurz vor, geben die von ihnen bis zu einem bestimmten Zeitpunkt benötigte Summe, die Mindestanlage und die Verzinsung an. Darunter steht, wie viel Interessenten bereits eingezahlt haben. Ist das Ziel erreicht, gilt das Investment als geschlossen. Wird es verfehlt, erhalten die bisherigen Kapitalgeber ihr Geld zurück.

Die Anbieter müssen das Vermögensanlageninformationsblatt veröffentlichen. Dort werden die Details der Finanzierung erläutert und auch ihre Risiken. Das gilt für Vorhaben bis zu einer Grenze von sechs Millionen Euro. Bei höheren Projektkosten muss der Anbieter einen formalen Verkaufsprospekt erstellen. Nach Angaben des Branchendienstes crowdinvest.de wurden bis Ende 2019 auf diese Weise fast 1,3 Milliarden Euro für knapp 2 800 Projekte eingesammelt.

Das Verlustrisiko ist vergleichsweise hoch. Laut crowdinvest.de laufen noch rund 30 Prozent der Finanzierungen. Nur gut 13 Prozent wurden nachweislich ausbezahlt, bei 3,5 Prozent bestehen Zweifel an der Rückzahlung, und jede 40. Finanzierung endete mit einem Totalverlust für die Anlegerinnen und Anleger. Per Gesetz wurde das Risiko für Kleinanleger begrenzt. Ohne Vermögensprüfung dürfen sie höchstens 1 000 Euro in ein Projekt stecken. Verfügen sie über Rücklagen von mehr als 100 000 Euro, steigt der Maximalbetrag auf 25 000 Euro.

Die Plattformen als Vermittler

Es ist erst zehn Jahre her, dass die ersten Crowdfunding-Plattformen eröffneten. Heute listet der Fachdienst crowdfunding.de rund 150 Plattformen auf. Sie vermitteln nur den Kontakt zwischen denen, die eine Finanzierung suchen, und denen, die Projekte unterstützen oder für eine gute Verzinsung in diese investieren wollen. Die Bandbreite der Angebote ist groß und reicht von der Immobilienfinanzierung über Energieparks, Elektromobilität bis hin zu Kleinstvorhaben, für die ein Verein ein paar Euro benötigt.

Eher eine Spendenplattform ist zum Beispiel die der ethisch-ökologischen Pax-Bank. Hier warb etwa die Caritas um Unterstützung für eine Ambulanz für Obdachlose am Berliner Bahnhof Zoo. Auch die nachhaltige GLS-Bank betreibt eine Plattform, allerdings mit anderen Vorzeichen. Hier können Sie in Geschäftsmodelle mit einer vergleichsweise hohen Rendite investieren. Wichtig zu wissen ist, dass die Plattformen die wirtschaftlichen Chancen eines Vorhabens nicht prüfen müssen. Die folgenden Plattformen stellen nur einen kleinen Teil der auf nachhaltige Vorhaben spezialisierten Vermittler dar. Eine umfangreiche Liste der in Deutschland aktiven Crowdfunding-Vermittler finden Sie unter www.crowdfunding.de/plattformen.

▶ **Bettervest:** Biomassebriketts oder energieeffiziente Kochherde für Kenia: Mit dem Schwerpunkt saubere Energien wirbt die Plattform Bettervest um Investoren, die zwischen 250 Euro und 25 000 Euro in nachhaltige Vorhaben stecken wollen. Seit 2012 bringt die Plattform Angebot und Nachfrage zusammen. Nach eigenen Angaben erzielten die Anleger dabei eine durchschnittliche Rendite von sieben Prozent. An der Plattform ist die ethisch-ökologische Triodos-Bank beteiligt. Nähere Informationen zu Projekten und Konditionen finden Sie unter www.bettervest.com .

Stiftung Warentest | Direktinvestments

Investieren im Schwarm

Crowdfunding. Finanztest hat 22 Internetplattformen untersucht, die für Anlageprojekte werben. Fazit: Einsteiger können Risiken leicht übersehen.

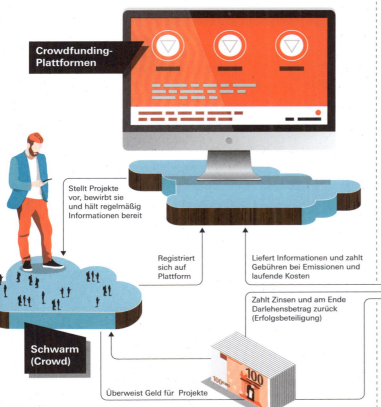

Immobilien
58,1 Millionen Euro[1] (80 Prozent Marktanteil). Gewöhnlich als Nachrangdarlehen mit 5 bis 7 Prozent Zinsen pro Jahr, oft Projektentwicklungen mit zwei bis drei Jahren Laufzeit.

Unternehmen (Startups)
9,7 Millionen Euro[1] (13 Prozent Marktanteil). Häufig als partiarische Nachrangdarlehen mit Erfolgsbeteiligung von Startups, auch Finanzierung von Mittelständlern.

Erneuerbare Energien
4,7 Millionen Euro[1] (7 Prozent Marktanteil). Gewöhnlich als Nachrangdarlehen mit fester Verzinsung.

1) Im ersten Halbjahr 2017. Quelle: crowdfunding.de

Anleger
Ein Anleger darf pro Projekt bis zu 1 000 Euro investieren. Es dürfen bis zu 10 000 Euro sein, wenn er nach eigener Auskunft mindestens 100 000 Euro freies Vermögen hat oder höchstens zwei Netto-Monatsgehälter einsetzt.

Plattformen
Hier werden Unternehmen und Projekte vorgestellt, die Geld benötigen. Das Geld der Anleger fließt in den meisten Fällen über Zahlungsdienstleister an die Unternehmen oder Projekte.
Die Plattformen sehen sich selbst nur als Vermittler, nicht aber als Berater der Anleger, prüfen also nicht, welche Projekte zu den Interessenten passen.

Unternehmen/Projekte
Ein Emittent darf maximal 2,5 Millionen Euro für Projekte einsammeln. Vorgeschrieben ist ein Vermögensanlagen-Informationsblatt, das auf maximal drei Seiten die wichtigsten Aspekte des Projekts beschreibt. Bei höherem Volumen ist ein Verkaufsprospekt nötig.

- **Greenvesting:** Energieeffiziente Immobilien, Energieprojekte und innovative grüne Vorhaben stehen im Fokus der 2012 gegründeten Plattform. Ab einem Betrag von 100 Euro können sich Anleger an den Vorhaben beteiligen. In der Vergangenheit zeigte sich die Plattform nicht sonderlich auskunftsfreudig auf kritische Nachfragen von Finanztest. Nähere Informationen finden Sie unter www.greenvesting.com.
- **GLS Crowd:** 2017 gründete die GLS-Bank ihren Crowdableger. Erklärtes Ziel ist es, innovative nachhaltige Projekte und Unternehmen mit Anlegerinnen und Anlegern zusammenzubringen. Zwischen 250 Euro und 25 000 Euro ist die Spanne zwischen Mindest- und Höchstanlage. Die Auswahl der Vorhaben orientiert sich an den Positiv- und Negativkriterien der GLS-Bank. Weitere Informationen unter www.gls-crowd.de.
- **Econeers:** Die 2013 gegründete Plattform ist auf erneuerbare Energien spezialisiert. Als Mindestanlage nennt die auch andere Crowdfunding-Plattformen betreibende Unternehmensgruppe 250 Euro. Nähere Informationen finden Sie unter www.econeers.de.
- **Greenrocket:** Energie, Umwelt, Gesundheit und Mobilität verspricht das Investment über diese Plattform, die in Österreich ansässig ist. Die Mindestanlage beträgt hier 250 Euro. Nähere Informationen unter www.greenrocket.de.

Genussscheine

„Eine Stadt frei von Verkehrsemissionen und Staus. Eine Stadt mit mehr räumlicher Entfaltung, in der sich Fahrzeuge nicht mehr den begrenzten Platz wegnehmen. Eine Stadt, in der man sich wohl fühlt." Das ist die Vision eines Unternehmens, dass mit Leih-E-Rollern die Verkehrswende befördern will. In großen Städten können die kleinen Flitzer via App ausgeliehen werden. Schon das Startkapital brachten Privatleute auf. In einem zweiten Schritt suchte das Unternehmen zusammen mit einer grünen Finanzgesellschaft Anlagewillige für weitere 3,5 Millionen Euro für den Ausbau der Fahrzeugflotte. Zwischen 1 000 Euro und 10 000 Euro sollten die Anleger und Anlegerinnen in Genussscheine mit dem klangvollen Namen „Smart Mobility", also intelligente Mobilität, investieren. Das Geschäftsmodell überzeugt auf den ersten Blick, weil es leicht nachvollziehbar ist und auf der Straße beobachtet werden kann. Doch gilt das auch für die Finanzierung? Am Ende der fünfjährigen Laufzeit der 2019 ausgegebenen Genussscheine soll eine Verzinsung von 35 Prozent stehen. Bei einer besseren Entwicklung der Leihfirma könnte es noch mehr werden. Auch wenn beide Beteiligten einen seriösen Eindruck vermitteln und das Geschäftsmodell schlüssig erscheint, ist ein Engagement nur für mutige Anlagewillige geeignet, so schön es sich auch anhört.

Genussscheine sind eine Art Zwitter von Aktien und Anleihe. Sie leihen dem Emittenten Ihr Geld und erhalten dafür einen festgelegten Zins und erfolgsabhängig noch einen Zuschlag. Doch garantiert ist das alles nicht. Im schlimmsten Fall ist Ihr Geld futsch, wenn das Geschäftsmodell nicht trägt und das Unternehmen die Tätigkeit einstellen muss. Denn in der Schar der Gläubiger stehen Sie ganz hinten an. In diesem Fall veröffentlichte das Leihunternehmen weder Umsatz- noch Ertragszahlen. Auf dieser Basis müssten Sie als Anlegerin schon sehr viel Vertrauen in die Beteiligten mitbringen.

Nachrangdarlehen

Stadtfahrrad und Lastenfahrrad in einem – mit dieser Idee geht eine Firma auf die Suche nach Kapital für den Aufbau einer Serienfertigung. Das Prinzip ist pfiffig. Das Heck des Rades lässt sich so ausklappen, dass eine Ladefläche für Lasten entsteht. Damit wollen die Tüftler den städtischen Verkehr umweltfreundlicher gestalten. Ein paar hundert Bestellungen haben sie bereits. Private Investoren können sich ab einem Einsatz von 500 Euro an der Entwicklung beteiligen. Sieben Prozent Zinsen sollen sie dafür erhalten, dazu einen Bonuszins von zwei Prozent, wenn das Unternehmen erfolgreich ist.

Ein Blick in das Vermögensanlageninformationsblatt (VIB) zeigt, dass der möglicherweise enormen Rendite auch ein beträchtliches Risiko gegenübersteht. Immerhin wird dies nicht beschönigt. „Der Erwerb dieser Vermögensanlage ist mit erheblichen Risiken verbunden und kann zum vollständigen Verlust des eingesetzten Vermögens führen", heißt es gleich am Anfang in großen Lettern. Im Kleingedruckten folgen dann heikle Details. Es handelt sich um ein Nachrangdarlehen. Das bedeutet, Sie geben der Firma ein Darlehen, stehen aber in der Rangfolge der Gläubiger weit hinten, falls das Unternehmen insolvent wird. Der Kredit soll bis Ende 2026 getilgt werden. Ein vorzeitiges Kündigungsrecht haben die Anleger nicht.

ℹ **Lockvogel** ist bei einigen Angeboten eine anscheinend extrem hohe Auszahlung von 100 Prozent und mehr. Oft ist in dieser Angabe aber das von Ihnen eingezahlte Kapital in der Auszahlungssumme am Ende der Laufzeit enthalten. Die tatsächliche Verzinsung liegt also deutlich niedriger. Zudem werden gerne die aufgelaufenen Zinsen dafür summiert. Auf ein einzelnes Jahr gerechnet, bleibt dann von der Traumrendite nur noch wenig übrig.

Gut zu wissen

Die Bundesfinanzaufsicht mahnt zur Vorsicht, wenn von ökologischen oder alternativen Investments die Rede ist. „Oft handelt es sich lediglich um Versprechen zu Vermarktungszwecken", stellt die Behörde fest. Die dahinter stehenden Grundsätze seien oft nur vage und so weit formuliert, „dass daraus keinerlei Pflichten zur tatsächlichen Anlage in diesen Bereichen resultieren." Achten Sie also beim Lesen des Informationsblattes auch auf Angaben über die konkrete Verwendung Ihres Geldes.

Auch die versprochene Verzinsung ist nur gesichert, wenn die Geschäftsidee fruchtet. „Die Finanzierung hat unternehmerischen geprägten Charakter", heißt es im Prospekt. Das ist die Umschreibung für die Abhängigkeit Ihres Anlageerfolgs vom Erfolg der Firma. Auf der Webseite des Finanzvermittlers für den Radhersteller finden sich einige ähnliche Projekte aus dem Bereich erneuerbarer Energien, aber auch ein Startup, dass mit der „Rettung" von Lebensmitteln und deren Weiterverkauf Geld verdienen will. Wo gut gemeint auch zu einem gut gemacht wird, muss sich in der Praxis erst erweisen.

Alternative Investmentfonds (AIF)

Vielleicht haben Sie schon einmal von geschlossenen Fonds gehört? Nichts anderes verbirgt sich hinter der neuen Bezeichnung Alternative Investmentfonds. Dabei werden Sie zum Mitunternehmer an einer Gesellschaft. Diese Konstruktion finden Sie vor allem bei Ökoenergien oder auch bei Immobilien. Für die Altersvorsorge ist so eine Anlage nicht geeignet, denn es besteht die Gefahr eines Totalverlusts, wenn die Prognoserechnung des Initiators nicht aufgeht und die Firma – nichts anderes ist es – insolvent wird. Eine Mischung aus Wind- und Solarpark und damit eine „optimale Risikostreuung" verspricht zum Beispiel die Werbung für einen Alternativen Investmentfonds im Internet. Ab einem Betrag von 10 000 Euro können sich private Anlegerinnen daran beteiligen. Nach neun Jahren soll es 141 Prozent zurückgeben. Ein paar kleine Haken fallen aber schnell ins Auge. In der Rückzahlung ist das eingezahlte Kapital gleich mit enthalten. Die tatsächliche Rendite ist folglich deutlich geringer. Sie bekommen, wenn es gut läuft, nach einem langen Zeitraum gerade einmal 41 Prozent mehr heraus, als Sie hineingesteckt haben.

Ein Informationsblatt hat diese Finanzgesellschaft erst gar nicht online gestellt. Nähere Informationen müssen sich interessierte Anleger unter Preisgabe einiger persönlicher Daten erst einmal bestellen. Leider finden sich derlei schon beim ersten groben Check durchfallende Offerten zu-

Stiftung Warentest | Direktinvestments

hauf im Netz. Davon sollten Sie die Finger lassen. Wie überall gibt es auch bei Alternativen Investmentfonds seriöse Angebote. Doch prüfen Sie zuvor genau, ob diese Alternative auch tatsächlich für Sie in Frage kommt.

Blindpools: Blindes Vertrauen

Beim Surfen im Netz stoßen Sie vielleicht auch auf Immobilienfinanzierer, die sich klar zu den ESG-Kriterien bekennen und ethisch-ökologisches Handeln zu ihrer Maxime erklären. Beim Blick auf einen dort angebotenen Alternativen Investmentfonds zeigt sich jedoch, dass die Gewerbegrundstücke, in die investiert werden soll, noch gar nicht feststehen. Es gibt also keine Möglichkeit zu prüfen, ob das Versprechen in der Praxis auch gehalten wird. Blindpool heißt dieses Modell, bei dem Fondsinitiatoren von Anlegern Geld einsammeln, dessen Verwendung unklar ist. Sie kaufen die Katze im Sack.

Das kann sich schnell bitter rächen. Denn selbst wenn Sie sich etwa mit der Rentabilität von Wind- oder Solarparks auskennen, benötigen Sie wichtige Kennziffern der Anlagen, um die Ertragsprognosen eines Fonds auf Plausibilität zu prüfen. Photovoltaikanlagen an sonnenarmen Standorten bringen naturgemäß weniger Strom als Anlagen in einer klimatisch begünstigten Region. Und wo kein regelmäßiger Wind weht, ist von einem Windrad kein hoher Ertrag zu erwarten.

Sie wollen mit Ihrem Geld etwas Positives bewirken und eine angemessene Rendite erwirtschaften. Vergewissern Sie sich also besser vorher, welche Projekte umgesetzt werden und was Sie für Ihren Einsatz erwarten können. Blindes Vertrauen bedeutet in jeder Hinsicht ein hohes Risiko.

→ Das sagt die Bafin

„Blindpools sind aus Anlegersicht auch problematisch, da die Anbieter prospektrechtlich vorgesehene Angaben über Investitionsobjekte nicht konkreter formulieren können, weil die Investitionsobjekte noch unbestimmt sind. (…) Der Anleger kann die Chancen und Risiken seiner Investition nicht auf der Grundlage fundierter Informationen treffen, sondern muss mit Annahmen arbeiten, die sich schnell als falsch erweisen können."

Crowdinvestment und das Finanzamt

Die Erträge von Crowdinvestments müssen wie andere Kapitaleinkünfte auch versteuert werden. In der Regel wird der pauschale Steuersatz von 25 Prozent direkt vom Unternehmen an das Finanzamt überwiesen, ebenso der Solidaritätszuschlag in Höhe von 5,5 Prozent sowie gegebenenfalls die auf beides fällige Kirchensteuer. Unter dem Strich summiert sich die Abgeltungssteuer je nach Bundesland auf 26,375 Prozent bis 27,99 Prozent. In diesem Fall müssen Sie sich als Anlegerin oder Anleger um nichts kümmern, da die Steuer an Ihnen vorbei direkt an die Staatskasse überwiesen wird.

In vielen Fällen werden Anlegerinnen und Anleger am Ende gar keine Steuer auf ihr Investment bezahlen müssen, denn der Freibetrag für Kapitalerträge gilt auch für Crowdinvestments. Zinszahlungen bis zu einer Höhe von insgesamt 801 Euro bei Singles und 1602 Euro für Ehepaare sind steuerfrei. Der Freibetrag gilt nicht für ein einzelnes Investment, sondern für die Summe aller Kapitalerträge. Diese Einkünfte geben Sie bei Ihrer Steuererklärung in der Anlage KAP an.

Im Gegenzug lassen sich aber auch Verluste durch Crowdinvestments steuerlich geltend machen. Das Minus wird mit den erhaltenen Zinsen verrechnet. Die Steuer wird dann nur auf die verbleibende Differenz erhoben.

Es gibt im Bereich nachhaltiger Crowdinvestments viele Angebote aus dem Ausland für Investitionswillige aus Deutschland. Solarfabriken oder Holzplantagen befinden sich beispielsweise eher in klimatisch geeigneteren Regionen. Aber Achtung: Wenn die Betreiberfirmen dieser Einrichtungen ihren Sitz ebenfalls jenseits der deutschen Landesgrenzen haben, wird die Abgeltungssteuer nicht mehr automatisch an das Finanzamt überwiesen. In diesen Fällen müssen Sie erhaltene Zinszahlungen in der Anlage KAP der Steuererklärung eintragen und die darauf erhobene Steuer im Nachhinein entrichten.

Wenn die Plattform pleitegeht

Es gab auch schon bei den Plattformen für Crowdinvesting Insolvenzen. Die Anlegerinnen und Anleger sind davon nur nicht direkt betroffen. Denn die Plattformen vermitteln lediglich den Kontakt zwischen dem Anbieter eines Projektes und potenziellen Investoren. Die Verträge über Darlehen für das Unternehmen bestehen direkt zwischen diesen beiden Seiten. Die Zahlungen werden über Finanzdienstleister wie Banken abgewickelt. Insofern spielt es für die Sicherheit der Geldanlage also glücklicherweise keine Rolle, ob die Plattform ihren Dienst einstellen will oder muss.

Die Projektbetreiber verfügen auch über alle notwendigen Daten der Anleger, um den Vertrag ohne die Unterstützung einer Plattform vertragsgemäß zu erfüllen, also regelmäßig Zinsen zu überweisen oder das Darlehen am Ende der Laufzeit zurückzuzahlen. Verloren geht den Anlegern und Anlegerinnen lediglich der Service, den die Plattformen in der Regel bieten. Dazu gehört zum Beispiel die regelmäßige Kontrolle der einzelnen Projekte.

Mein Freund, der Baum

Holzinvestments scheinen attraktive Geldanlagen zu sein. Der Rohstoff wird immer benötigt, erst recht angesichts steigender Bevölkerungszahlen. Doch das ist nur die halbe Wahrheit.

Die Nachrichten aus Brasilien haben Umweltschutzorganisationen in den vergangenen Jahren immer wieder alarmiert. Der Amazonas-Urwald schrumpft durch fortgesetzte Brandrodung in großem Ausmaß. Katastrophal, denn Wald bindet das gefährliche Treibhausgas Kohlendioxid (CO_2) und produziert lebensnotwendigen Sauerstoff. Einige Anbieter grüner Geldanlagen setzen auf die Wiederaufforstung von Wäldern. Sie appellieren dabei gerne an das Gewissen der Anleger und Anlegerinnen. Diese Holzinvestments sind unterschiedlich aufgebaut. Der Holzfonds Pictet Timber P investiert beispielsweise in verschiedene Wertpapiere rund um die Holzwirtschaft, allerdings auch in hochriskante Anlagen. Dazu kommen Direktinvestments in Plantagen. Dabei werden Sie Miteigentümer oder Pächterin des Grund und Bodens. Die Bewirtschaftung selbst übernehmen andere, mit denen Sie als Anleger oder Anlegerin einen Bewirtschaftungsvertrag abschließen. So können Sie zum Beispiel in Edelhölzer aus Panama oder in Oliven- oder Dattelbäume in Marokko investieren. Der Ertrag besteht am Ende aus dem Verkauf der Stämme oder der Früchte.

Nur mangelhafte Angebote

Den letzten Test von Waldinvestments hat Finanztest 2018 durchgeführt. Damals schnitten alle sieben untersuchten Angebote für Direktinvestments in Holz nur mit der Note „mangelhaft" ab. Dabei gehören die beiden dahinterstehenden Finanzierungsgesellschaften Miller Forest und Forest Finance noch zu den seriösen der Branche. Sie haben beispielsweise bei der Bafin ein Vermögensanlageninformationsblatt hinterlegt. Die Behörde hat das Angebot zugelassen. Leider prüft sie die Angaben darin nicht. Insofern müssen Sie als Anlegerin viel Vertrauen aufbringen und den Informationen der Anbieter Glauben schenken.

→ Sicheres Siegel?

Die Anbieter von nachhaltigen Holzinvestments werben auch gerne mit dem Forest Stewardship Council Siegel (FSC-Siegel) für eine nachhaltige Plantagenwirtschaft. Das Gütezeichen gibt es seit 1993, es ist nach Ansicht der Umweltverbände das bisher beste Siegel in der Branche. Allerdings gibt es Kritik, weil damit auch schon Holz aus Monokulturen oder sozial kritischen Produktionsbedingungen zertifiziert wurde. Robin Wood hat der Organisation daher schon 2009 den Rücken zugekehrt, Greenpeace zog sich 2018 zurück. Eine hundertprozentige Garantie für eine ethisch-ökologische Erzeugung ist das FSC-Siegel nicht.

Ein aktuelles Beispiel ist die Oase I der Forest Finance Service GmbH. An diesem Projekt lässt sich das Prinzip der Holzinvestments gut erklären. Ab einem Betrag von 4120 Euro können sich Investitionswillige engagieren. Das ist der Einsatz für die Pacht, Aufforstung, Ernte und Vermarktung von 0,2 Hektar Plantagenland in Marokko. Darauf werden Dattel- und Olivenbäume angepflanzt und gehegt. Drei Jahre, nachdem die Pflanzen gesetzt wurden, rechnet Forest Finance mit ersten Erlösen aus dem Verkauf von Oliven. Nach sechs Jahren sollen die Erträge aus der Dattelzucht dazu kommen. Dann werden die Bäume auch verkauft, die Anlegerinnen und Anleger ausbezahlt und das Projekt beendet.

Unter dem Strich prognostiziert der Anbieter eine Rendite von 5,1 Prozent – „bei normalem Verlauf", wie es einschränkend heißt. Am Ende würde jeder Anleger laut Unternehmensrechnung 5458 Euro sein Eigen nennen können. Was nach sechs Jahren tatsächlich dabei herausspringt, ist jedoch noch ungewiss. Gerade bei Waldinvestments gibt es eine ganze Reihe von Einflussfaktoren, die eine verlässliche Renditeprognose nahezu unmöglich machen. Sie werden auch gar nicht verschwiegen. Nur sind die Angaben im Prospekt für Laien kaum verständlich.

Es gibt zu viele Unwägbarkeiten

Die Unwägbarkeiten sind vielfältig. Stimmt die Prognose für die Entwicklung der Holzpreise nicht, wankt die Kalkulation. Ebenso können Schädlinge, Feuer- oder Wasserschäden den Ertrag an Holz oder Früchten schmälern. Arbeitet die Firma, die die Plantage vor Ort bewirtschaftet, schlecht, wird das Ergebnis ebenfalls nicht optimal aussehen. Dazu kommen eventuell Risiken für das Geschäft, wenn die Bäume in einer politisch instabilen Region gepflanzt werden. Währungsverluste sind ebenfalls möglich. Und es ist im Streitfall, etwa bei der Insolvenz der Finanzierungsgesellschaft, schwierig und unrealistisch, in den typischen Holzregionen in Lateinamerika oder Asien als Anleger seine Rechte durchzusetzen. Wenn Sie trotz aller Risiken mit Bäumen Ihr Vermögen mehren möchten, legen Sie dort nur so viel Geld an, wie Sie auch spenden würden. Achten Sie darauf, dass das Angebot von der Bafin genehmigt worden ist. Prüfen Sie, ob ein Prospekt und ein Vermögensanlageinformationsblatt vorliegen und lesen Sie sich die Angaben darin genau durch.

Stiftung Warentest | Direktinvestments

Gut zu wissen

CO_2-Kompensation – Spende für das gute Gewissen Auf den Urlaub am Strand des Mittelmeers, die Studienreise durch den Dschungel oder den Kurztrip in eine der europäischen Metropolen verzichtet kaum jemand gerne. Mobilität ist jedoch auch eine der großen Quellen für Emissionen des Treibhausgases CO_2. Gegen das schlechte Gewissen hinsichtlich des persönlichen Beitrags zum Klimawandel gibt es daher den freiwilligen Ausgleich für klimaschädliche Reisen. Das Prinzip ist einfach: Ein Flug auf die Malediven und zurück erzeugt pro Passagier rund fünf Tonnen CO_2. Mit einer Spende entsprechend dieser Menge Treibhausgas kompensieren manche Urlauberinnen und Urlauber diese Belastung der Atmosphäre. Viel kostet das nicht, wie eine Beispielrechnung des Testsiegers bei CO_2-Kompensationsangeboten, Atmosfair, zeigt. Danach reichen 17 Euro für den Ausgleich der 722 Kilogramm CO_2-Emissionen, die ein Hin- und Rückflug zwischen Berlin und Mallorca freisetzt, aus.

Finanztest hat sich 2018 sechs Organisationen angeschaut, die eine freiwillige CO_2-Kompensation anbieten. Sehr gut bewerteten die Fachleute die Arbeit von Atmosfair, der Klima-Kollekte und Primaklima. Mit Gut schnitt Myclimate ab. Die Klimamanufaktur und Arktik erhielten die Note Ausreichend. Getestet wurde vor allem die Qualität der Kompensation, die Transparenz der Organisation sowie die Kontrolle der Mittelverwendung. Nicht alle Projekte, die auf den ersten Blick zielführend erscheinen, sind es auch. Umstritten sind etwa neu aufgeforstete Flächen. Die dort heranwachsenden Bäume binden zwar das Treibhausgas zunächst. Doch wenn sie später verrotten oder abgeholzt und verbrannt werden, ist der positive Effekt wieder dahin. Für anerkannte Vorhaben, von Biogasanlagen für Bauern in Nepal oder Solarlampen für die Bevölkerung in einem indischen Distrikt, gibt es eine Zertifizierung. Am besten ist der Goldstandard, ein Gütesiegel für Klimaschutzprojekte in Entwicklungsländern. Die drei Testsieger begleiten die Projekte sogar selbst oder beteiligen sich an ihnen. Auch wenn es um Spenden geht, gibt es finanziell einen kleinen Vorteil: Bei den Testsiegern und bei Myclimate lassen sich die Ausgleichszahlungen von der Steuer absetzen.

Nachhaltige Musterdepots und Strategien

Mit ethisch-ökologischen Geldanlagen können Sie Ihre Sparziele verwirklichen oder langfristig ein Vermögen aufbauen. Ein wenig Grundwissen reicht schon aus. Denn Finanztest hat das für jeden Anlegertyp geeignete Pantoffel-Portfolio entwickelt.

Vielfalt kann ganz schön anstrengend sein – auch bei Geldanlagen, denn die Auswahl zwischen den verschiedenen Produkten ist riesig und es gibt viele Details zu beachten: von Ihren Anlagezielen bis hin zum Zeithorizont. Doch das nötige Handwerkszeug für gute Entscheidungen liegt bereits vor Ihnen. Es besteht auf der einen Seite aus einer leicht verständlichen Strategie für alle Lebenslagen, die Ihnen auch in zinsarmen Zeiten schöne Erträge einbringen kann. Auf der anderen Seite können Sie mit der Hilfe von Finanztest leicht geeignete ETF und Fonds für jede Strategie finden, ebenso wie einige Produkte für speziellere Wünsche an nachhaltige Anlagen, etwa Schwellenländerfonds. Unsere Musterdepots im folgenden Abschnitt erleichtern Ihnen die Entscheidung zusätzlich. Das Schöne am Pantoffel-Portfolio und den weiteren Strategien ist die Bequemlichkeit. Sie können die Wertentwicklung Ihrer Anlage in Ruhe abwarten. Damit auch Finanzneulinge schnell Bescheid wissen, erklären wir Ihnen zunächst noch die wichtigsten Grundlagen des Sparens.

Das 1 x 1 des nachhaltigen Sparens

Je höher die Ertragschancen, desto höher das Risiko. Je länger Sie Ihr Geld anlegen, desto besser verzinst es sich. Und je sicherer Sie es anlegen, desto weniger Rendite ist zu erwarten.

Diesen Zusammenhang kennen Sie sicher aus eigener Anschauung. Für das Geld auf dem Girokonto oder auf dem Sparbuch gibt es keine Zinsen. Dafür ist es jederzeit verfügbar und absolut sicher untergebracht. Dabei spielt es keine Rolle, ob Sie es bei einer nachhaltigen oder einer herkömmlichen Bank eingezahlt haben. Für langfristige Anlagen wie Festgeld erhalten Sie immerhin eine kleine Verzinsung. Ansehnliche Renditen erzielen Sie jedoch erst mit Aktienanlagen, also risikoreicheren Investments. Es kommt darauf an, die richtige Mischung aus den drei Komponenten dieses sogenannten magischen Dreiecks der Geldanlage zu finden und diese mit Ihren persönlichen Nachhaltigkeitszielen zu vereinbaren.

Sicherheit

Sichere Anlagen sind wichtig für unerwartete Ausgaben, als Notgroschen oder wenn Sie konkrete Ziele mit Ihrer Geldanlage verfolgen. Pech für Sie: Je sicherer eine Geldanlage ist, desto weniger bringt sie ein. Zu den sicheren Anlagen gehören zum Beispiel das Tagesgeld oder Ihr Guthaben auf dem Girokonto. Auch von den Banken angebotene nachhaltigen Sparanlagen mit festen Zinsen sind sicher, zumindest bis zur Höhe der gesetzlichen Einlagensicherung von 100 000 Euro.

Ertrag

An der zweiten Ecke des magischen Dreiecks steht der Ertrag. Die wichtigste Frage, die Sie sich in diesem Zusammenhang stellen müssen, ist die nach Ihrer persönlichen Risikobereitschaft. Die Palette der nachhaltigen Geldanlagen unterscheidet sich praktisch nicht mehr von der Bandbreite herkömmlicher Finanzprodukte. Sie können Ihr Geld ökologisch oder sozial ganz sicher in Tagesgeld anlegen oder zum Beispiel in nachhaltige Aktienfonds mit einem höheren Risiko investieren. Mit der richtigen Mischung aus renditestarken Fondsanlagen und sicheren Zinsanlagen ist auch im Zinstal für ansehnliche Vermögenszuwächse gesorgt. Jeder Prozentpunkt mehr Rendite wirkt sich, wie die nebenstehende Tabelle zeigt, ganz erheblich auf Ihren Anlageerfolg aus.

Stiftung Warentest | Nachhaltige Musterdepots und Strategien

Das bringt der Zinseszinseffekt bei Einmalanlagen

So viel Euro haben Sie bei einer Anlagesumme von 10 000 Euro nach der jeweiligen Anlagedauer und den angegebenen Zinssätzen.

Anlage-dauer in Jahren	Anlageergebnis in Euro bei einem Zins von						
	0,50 %	1,00 %	2,00 %	3,00 %	4,00 %	5,00 %	6,00 %
1	10 050	10 100	10 200	10 300	10 400	10 500	10 600
2	10 100	10 201	10 404	10 609	10 816	11 025	11 236
3	10 151	10 303	10 612	10 927	11 249	11 576	11 910
4	10 202	10 406	10 824	11 255	11 699	12 155	12 625
5	10 253	10 510	10 041	11 593	12 167	12 763	13 382
10	10 511	11 046	12 190	13 439	14 802	16 289	17 908
15	10 777	11 610	13 459	15 580	18 009	20 789	23 966
20	11 049	12 202	14 859	18 061	21 911	26 533	32 071

Quelle: Eigene Berechnungen

Verfügbarkeit

Zum magischen Dreieck gehört auch die Verfügbarkeit einer Anlage. Hier gilt: Je länger Sie andere mit Ihrem Geld arbeiten lassen, desto mehr erhalten Sie dafür. Dieser Aspekt ist wichtiger, als er auf den ersten Blick erscheint. Denn es hängt von Ihren persönlichen Anlagezielen und finanziellen Möglichkeiten ab, wie lange Sie auf Ihr Geld verzichten können. Sparen Sie auf ein konkretes Ziel hin, beispielsweise den Kauf einer Immobilie, können Sie den Anlagezeit bis zur Umsetzung der Pläne ausdehnen. Legen Sie jedoch Geld beiseite, um für unvorhergesehene Ausgaben über einen Notgroschen zu verfügen, sollten Sie auf Produkte setzen, die sich verlässlich, schnell und ohne Einbußen auflösen lassen.

Lohn der Mühe
Kluge Sparer verteilen ihr Geld auf mehrere Anlagen. So können sie die Früchte des Sparens am Ende sicher genießen.

Das Dreieck wird zum Viereck

Die Finanzaufsichtsbehörde Bafin hat sich die Motive und Kenntnisse der Verbraucher bei nachhaltigen Geldanlagen im Juni 2019 in einer Umfrage genauer angeschaut. Die Kenntnisse darüber waren bei einer Mehrheit der Befragten noch gering, das Interesse gleichwohl hoch. Die Umfrage ergab auch mit Blick auf das magische Dreieck interessante Ergebnisse. Für mehr als drei Viertel der Befragten ist der Ertrag das wichtigste Kriterium einer Anlageentscheidung. Auf Sicherheit legen 37 Prozent sehr viel Wert, auf die Verfügbarkeit 23 Prozent und auf besonders hohe Renditen 17 Prozent. Für jeden vierten Befragten stehen jedoch beim Thema Geldanlage ökologische, ethische oder soziale Aspekte auf der Prioritätenliste ganz oben. Bei dieser Frage waren Mehrfachnennungen möglich.

So stellen sich Experten die Frage, ob aus dem magischen Dreieck nicht besser ein magisches Viereck werden sollte, das den Nachhaltigkeitsaspekt in der Entscheidung über die persönliche Anlagestrategie mit berücksichtigt.

Hand aufs Herz – was wollen Sie?

Sie haben nun alle Zutaten für den Aufbau einer für Sie geeigneten Anlagestrategie beisammen. Nun liegt es an Ihnen, für die richtige Mischung zu sorgen. Die Basis steht fest: Ihnen ist eine ethisch-ökologische Geldanlage wichtig. Doch welchen Stellenwert haben für Sie die Sicherheit, die Verfügbarkeit und die Rendite? Versuchen Sie einmal, die Relevanz dieser drei Faktoren für sich selbst einzuschätzen. Sie können zum Beispiel das jeweilige Gewicht in Prozent ausdrücken.

Sicherheit	… %
Verfügbarkeit	… %
Ertrag	… %
Gesamt	**100 %**

Im einfachsten Fall können Sie Ihr Erspartes nach diesem Schlüssel auf verschiedene Geldanlagen verteilen. Besser ist es, wenn Sie eine Strategie verfolgen, zum Beispiel mit dem Pantoffel-Portfolio, einer Anlageidee von Finanztest. Wie das funktioniert, erfahren Sie ab Seite 135.

Was muss ich über Geldanlage wissen?

Viele Menschen befassen sich nur ungern mit finanziellen Fragen. Dabei lassen sich mit etwas Zeit und guter Planung selbst aus geringen Beträgen ansehnliche Guthaben ansparen.

Ein kleines oder größeres Vermögen anzusparen setzt nicht unbedingt ein hohes Einkommen voraus. Schon mit geringen Beträgen von vielleicht 25 Euro im Monat können auf lange Sicht erhebliche Summen zusammenkommen. Dafür sorgen Ihre Sparbeträge und der sogenannte Zinseszinseffekt. Er ist in Zeiten niedriger Zinsen zwar klein, aber ein wenig hilft er beim Vermögensaufbau dennoch. Das zeigen die folgenden Beispiele.

So viel wird aus Ihrem monatlichen Sparbetrag

Wenn Sie sieben Jahre lang jeden Monat 25 Euro zurücklegen, summiert sich Ihr Guthaben auch ohne jedwede Zinsen auf 2100 Euro. Bei einem Prozent Zinsen pro Jahr kommen am Ende 75,78 Euro dazu. Sie haben 2175,78 Euro auf dem Sparbuch. Bei einer Rendite von drei Prozent sieht es schon viel besser aus. An Ihrer Einzahlung von 2100 Euro ändert sich nichts. Der Zinsertrag wächst jedoch auf 236,09 Euro an. Am Ende können Sie 2336,09 Euro Ihr Eigen nennen. Erwirtschaftet Ihre Geldanlage sechs Pro-

zent, sind es am Ende 2599,99 Euro. Doch da wären wir dann schon bei Aktienfonds, für Sparanlagen gibt es so viel derzeit nicht.

Diese hohe Steigerungsrate resultiert daraus, dass die Zinsen von Jahr zu Jahr auf ein höheres Vermögen bezogen berechnet werden. Die früheren Zinsen werden also mit verzinst. So funktioniert der Zinseszinseffekt.

Je länger Ihr Anlagehorizont ist, desto spürbarer wird dieser Effekt. Angenommen, Sie sind 30 Jahre alt und wollen bis zum Rentenalter mit 67 Jahren mit 25 Euro im Monat zusätzlich vorsorgen. Zum Rentenbeginn beträgt Ihr Vermögen dann bei Gesamteinzahlung von 11100 Euro und

1 % Verzinsung:	13 424,62 Euro
3 % Verzinsung:	20 174, 87 Euro
6 % Verzinsung:	39 421,30 Euro

Bei höheren Sparbeträgen sammelt sich im selben Zeitraum schon ein kleines Vermögen an. Nehmen wir beispielsweise an, Sie legen 200 Euro im Monat an. Das Ergebnis ist erstaunlich:

1 % Verzinsung:	107 396,95 Euro
3 % Verzinsung:	161 398,93 Euro
6 % Verzinsung:	315 370,40 Euro

HÄTTEN SIE'S GEWUSST?

10,9 Prozent

des verfügbaren Einkommens sparten die Deutschen 2019. Laut Statistischem Bundesamt entsprach dies einer Summe von fast

220 Milliarden Euro.

6 302 228 000 000 Euro

(6 302 Milliarden oder 6,3 Billionen) – das war Ende 2019 der Stand des Geldvermögens der Deutschen. Das Vermögen ist allerdings ungleich verteilt. Die reichsten zehn Prozent verfügen über die Hälfte davon, die ärmere Hälfte der Bevölkerung kommt zusammen lediglich auf

1,3 Prozent.

Geld vom Staat und vom Chef – Vermögenswirksame Leistungen

Für Arbeitnehmerinnen und Arbeitnehmer hat der Staat Vermögenswirksame Leistungen (VL) eingeführt. Auch damit lässt sich Gutes bewirken und zugleich ein beträchtliches Guthaben aufbauen.

Grundsätzlich können alle Arbeitnehmer Vermögenswirksame Leistungen in Anspruch nehmen. Ob Ihre Chefin oder Ihr Chef einen Zuschuss leisten muss, geht aus Ihrem Arbeitsvertrag oder dem Tarifvertrag hervor, der in Ihrem Betrieb gilt. Die Höhe der Zuschüsse ist sehr unterschiedlich. Mal sind es nur sechs Euro im Monat, mal 40 Euro. Das hängt von den individuellen oder tariflichen Vereinbarungen ab.

Wenn Ihr Einkommen nicht höher als 20 000 Euro im Jahr als Single oder 40 000 Euro als Ehepaar ist, können Sie zudem eine staatliche Arbeitnehmer-Sparzulage beanspruchen. Gefördert wird eine Sparsumme von bis zu 400 Euro (bei Ehepaaren 800 Euro) im Jahr. Beim Sparen mit Fonds schießt der Staat 20 Prozent dazu, also bis zu 80 Euro (bei Ehepaaren 160 Euro).

Wenn Sie keinen Zuschuss erhalten und trotzdem die staatliche Förderung mitnehmen wollen, bezahlen Sie den Sparbeitrag aus Ihrem Nettoeinkommen. Das Geld muss aber der Arbeitgeber überweisen. Zuvor suchen Sie sich einen Anbieter für eine nachhaltige VL aus. Den Vertrag müssen Sie dann wenigstens sieben Jahre bedienen, um die volle Zulage zu erhalten. Danach können Sie ihn weiterführen, etwa als Teil der Altersvorsorge, oder Sie lassen sich das angesparte Guthaben auszahlen.

Viele Banken bieten entsprechende Sparpläne an, auch einige ethisch-ökologische Institute. So arbeitet die Evangelische Bank zum Beispiel mit einem nachhaltigen Fonds der Gesellschaft Union Investment zusammen.

▶ Weitere Informationen und ausgewählte Banksparpläne fürs VL-Sparen finden sie auf test.de (Suche „Vermögenswirksame Leistungen").

Das Ziel bestimmt den Weg

Sie planen eine Weltreise oder den Kauf einer Immobilie? Vielleicht wollen Sie für später eine zusätzliche Rente ansparen? Oder wollen sie für Ihre Enkelkinder ein solides kleines Vermögen erwirtschaften? Möglicherweise ist Ihre finanzielle Situation auch mitunter so angespannt, dass sie gelegentlich auf Ihre Rücklagen zugreifen müssen? Es gibt so viele Motive für die Geldanlage wie Anleger selbst. Nun geht es darum, Ihr persönliches Interesse, Ihre Ziele und finanziellen Möglichkeiten herauszufinden. Dafür sollten Sie sich einige weitere Fragen beantworten:

▶ Welches konkrete Anlageziel verfolgen Sie?
▶ Ist es Ihnen wichtig, schnell auf ihr Erspartes zurückgreifen zu können?
▶ Wie viel Zeit haben Sie, bis Sie Ihr Vermögen benötigen?
▶ Wie viel Geld können Sie monatlich für Ihr Investment aufwenden?
▶ Planen Sie eine einmalige Geldanlage, etwa, um ein Erbe anzulegen?

So gehen Sie vor

Die meisten Menschen haben keine großen Summen, die sie auf einen Schlag investieren, sondern legen von ihrem monatlichen

---

ℹ **Die höchste absolut sichere Rendite** kann Ihnen ein Kassensturz bringen. Wenn Sie noch Verbindlichkeiten haben, etwa den Autokredit oder ein ständiges Minus auf dem Girokonto, bezahlen Sie zunächst die Schulden, ehe Sie Geld anlegen. Denn die Darlehenszinsen, die Sie bezahlen, sind sehr wahrscheinlich viel höher als die Rendite, die Sie mit diesem Geld mit sicheren Finanzprodukten erzielen können.

Einkommen einen kleineren Betrag zur Seite. Für andere wiederum steht die Einmalanlage eines größeren Betrags auf der Tagesordnung, etwa weil eine Lebensversicherung oder Abfindung ausgezahlt wird oder eine Erbschaft zusätzliches Vermögen bringt. Es hängt von Ihren Anlagezielen und finanziellen Möglichkeiten ab, wie Sie mit den Ersparnissen umgehen oder diese bilden. Die folgenden Beispiele veranschaulichen die unterschiedlichen Wege zur Mehrung des Geldes. Zunächst geht es um die Absicherung ihres Alltagslebens.

Bilden Sie Rücklagen

Wenn Sie Rücklagen für kurzfristig eintretende Engpässe wie den notwendigen Kauf einer neuen Waschmaschine bilden wollen, sollten Ihre Ersparnisse jederzeit verfügbar und sicher sein. Ein Notgroschen gehört zur finanziellen Basis eines jeden Haushalts. Eine Regel für die Höhe des finanziellen Polsters gibt es nicht, auch wenn Experten drei Monatsgehälter anraten. Letztlich hängt es auch von Ihren individuellen Verhältnissen, Ihren Fixkosten und Ihrem Einkommen ab, wie umfangreich der Schutzschirm sein soll. Dieses Ziel verfolgen Sie am besten mit schnell verfügbarem Tagesgeld.

Ein Ziel vor Augen haben

Sie wollen in fünf Jahren ein Sabbatical-Jahr nehmen, um die Welt reisen und die Kosten dafür ansparen? Beim Zielsparen haben Sie schon mehrere strategische Optionen. Sie gelten natürlich auch für alle anderen Vorhaben, wie für den Kauf eines Pedelecs oder das zum Abitur der Kinder geplante Geschenk. Die kurzfristige Verfügbarkeit des Geldes spielt in diesem Fall keine große Rolle. Sie können also besser verzinste längerfristige nachhaltige Produkte wählen. Auch beim Risiko dürfen Sie etwas gewagter vorgehen und so die Chance auf höhere Erträge wahren. Mit mittelfristigen Anlagen und – sofern Sie Ihr Anlageziel erst in zehn Jahren erreichen wollen – nachhaltigen Fonds oder ETF können Sie dem Zinstief etwas entgegensetzen. Ein Nachteil: Sollten sich Ihre Pläne ändern, kommen Sie an einen Teil der Anlagen vor Ablauf der Laufzeit nicht heran oder müssen dafür Extrakosten beziehungsweise Kursverluste in Kauf nehmen.

Für das Alter vorsorgen

Sie wollen Ihre Altersvorsorge ergänzen und haben noch mehr als ein Jahrzehnt oder sogar mehrere Jahrzehnte Zeit, bevor Sie in den Ruhestand gehen. Ihre Geldanlage muss nicht stets verfügbar sein. Ihre Strategie besteht aus einem Mix aus Sicherheit und Risiko. Dafür kommen über Zinsanlagen hinaus auch nachhaltige Aktien- und Rentenfonds oder ETF in Frage.

Starthilfe für das Enkelkind

Sie wollen für Ihr frisch geborenes Enkelkind ein Startguthaben in die Volljährigkeit ansparen und dafür monatlich 50 Euro beiseitelegen. Aufgrund des langen Anlagezeit-

Stiftung Warentest | Nachhaltige Musterdepots und Strategien

raums können Sie lange Zeit auf risikoreichere Anlagen wie Aktienfonds setzen. Die Erfahrung lehrt, dass selbst große Einbrüche an den Finanzmärkten bei einem ausreichend langen Zeitraum wieder aufgeholt werden. Später schichten Sie das Portfolio nach und nach in sichere Zinsanlagen um und sichern sich so vergleichsweise hohe Erträge. Durch Ihre Produktauswahl können Sie gezielt an den Stellen für eine bessere Welt sorgen, die für die nächste Generation am wichtigsten wird.

Einfach und bequem – das Pantoffel-Portfolio

Langfristig können Sie Ihr Geld leicht mit der richtigen Mischung aus nachhaltigen Fonds und sicheren Zinsanlagen vermehren.

Das Prinzip des Pantoffel-Portfolios, einer Anlagestrategie von Finanztest, ist leicht zu verstehen. Sie legen Ihr Geld zu einem Teil in festen Zinsanlagen, etwa in Tagesgeld oder zusätzlich einem nachhaltigen Festgeld, an. Das ist Ihr Sicherheitsbaustein. Mit dem zweiten Teil Ihres Geldes investieren Sie in einen nachhaltigen Aktienfonds oder ETF, also in den risikoreicheren Aktienmarkt. Das ist Ihr Renditebaustein.

Aktien sind vergleichsweise unsichere Investments. Sie bieten höhere Renditechancen, bergen dafür aber auch höhere Risiken. Dieses höhere Risiko schlägt sich in einem höheren Ertrag nieder. Die Mischung aus dem eher langweiligen Sicherungsbaustein Zinsanlage und dem aufregenden Renditebaustein Aktien sorgt am Ende für eine anständige Verzinsung Ihres Vermögens. Selbst einen Börsencrash hätten Sie bisher stets problemlos weggesteckt, wenn Sie länger als zehn Jahre dabeigeblieben wären. Finanztest hat das einmal mit dem Blick auf die vergangenen 30 Jahre untersucht. Mit einem Pantoffel-Sparplan hätten Sie in dieser Zeit eine anständige Verzinsung mit zwischen 3,5 Prozent und 5,9 Prozent pro Jahr erreichen können. Das Ergebnis hing von der Mischung zwischen Sicherheitsbaustein und Renditebaustein ab. Die Werte der Vergangenheit lassen sich leider nicht einfach auf die Zukunft übertragen. Wie es weitergeht, weiß niemand, auch wenn vieles für eine Fortführung des jahrzehntelangen Trends spricht.

Das Pantoffel-Portfolio gibt es in drei Varianten: defensiv, ausgewogen und offensiv. In der defensiven Variante beträgt Ihr Aktienanteil 25 Prozent, bei der ausgewogenen Variante 50 Prozent und bei der offensiven Variante 75 Prozent. Bestückt wird das Pantoffel-Portfolio mit weltweit anlegenden ETF, etwa auf den Index MSCI World.

Die Verlustgefahr ist überschaubar

Risikofrei ist diese Strategie nicht. Schließlich kann es an den Börsen ausgerechnet in dem Moment abwärts gehen, in dem Sie Ihr Vermögen benötigen und den Crash nicht aussitzen können. Auch hier hilft ein Blick in die Vergangenheit, um die Wirkung auf Ihr Erspartes abzuschätzen. Der maximale Kurssturz des Weltaktienmarktes in vergangenen Krisen lag bei rund 60 Prozent. In Ihrem Depot werden die Verluste abgefedert, da Sie ja noch einen Sicherheitsbaustein haben.

Angenommen, Sie haben 20 000 Euro in Ihrem Pantoffel-Portfolio angelegt. In der defensiven Variante stecken davon 5 000 Euro in einem Fonds. Sinkt dessen Preis um die Hälfte, bleiben 2 500 Euro übrig. Zusammen mit den 15 000 Euro in sicheren Zinsanlagen bleiben Ihnen 17 500 Euro übrig. Beim ausgewogenen Mix im Pantoffel bleiben Ihnen im schlimmsten Fall 15 000 Euro, bei einer offensiven Mischung 12 500 Euro.

Wenn Sie nicht auf dem Tiefpunkt aussteigen, erholen sich die Kurse und damit die Depotbestände wieder. Bei einem ausreichend langen Anlagezeitraum von mehr als zehn Jahren spielt diese Betrachtung deshalb kaum eine Rolle, weil die Verluste zwischenzeitlich wieder aufgeholt werden.

Vom Sofa aus das Geld mehren

Das Portfolio hat neben der attraktiven Rendite und dem abgefederten Risiko noch einen dritten großen Vorteil. Es ist tatsächlich so bequem wie ein Pantoffel. Nachdem Sie sich für die Auswahl von nachhaltigen Fonds und Zinsanlagen entschieden und Ihr Portfolio eingerichtet haben, können Sie bequem vom Sofa aus die weitere Wertentwicklung verfolgen. Der tägliche Blick in die Börsenberichte ist ebenso wenig nötig wie ein laufendes Umschichten von einem Produkt in das nächste. Etwa einmal im Jahr sollten Sie allerdings die Zusammensetzung überprüfen und sie bei großen Veränderungen anpassen.

Wir empfehlen Ihnen, sich die Auswahl zwischen den drei Varianten gut zu überlegen, damit Sie die Zusammenstellung Ihres Depots nicht dauernd überdenken müssen. Sie sollten bei der gewählten Mischung auch dann bleiben können, wenn es an den Börsen einmal kracht. Falls Sie lieber mit Vorsicht an die Geldanlage gehen, investieren sie 75 Prozent Ihrer Anlage in Tages- und Festgeld und 25 Prozent in Fonds. Als Zinsanlage kommt unter Umständen auch ein

Stiftung Warentest | Nachhaltige Musterdepots und Strategien

Lohnt sich ein nachhaltiges Pantoffel-Portfolio?

Seit etwa drei Jahren entwickelt sich der nachhaltige Weltaktienindex besser als der herkömmliche. Das nachhaltige Pantoffel-Portfolio – eine Anlagestrategie von Finanztest mit 25, 50 oder 75 Prozent Aktienanteil (siehe test.de/pantoffelmethode) – liegt über alle in der Tabelle dargestellten Zeiträume vorn. In der Vergangenheit gab es auch Jahre, in denen es umgekehrt lief. Die Unterschiede sind bisher nicht allzu groß.

Anlagestrategie	Durchschnittliche Rendite (Prozent pro Jahr)					Risiko[1]
	10 Jahre	7 Jahre	5 Jahre	3 Jahre	1 Jahr	
Tagesgeld	0,3		0,0	0,0	0,0	0,0
Welt-Pantoffel-Portfolio						
Defensiv	3,4	3,0	1,9	1,9	1,0	−3,0
Ausgewogen	6,0	5,7	3,6	3,7	2,0	−4,6
Offensiv	8,7	8,5	5,2	5,5	3,0	−7,3
Aktien-ETF	10,9	10,7	6,7	7,2	4,0	−8,9
Nachhaltiges Welt-Pantoffel-Portfolio [2]						
Defensiv	–	3,1	2,2	2,4	1,7	−2,9
Ausgewogen	–	5,9	4,2	4,8	3,3	−5,2
Offensiv	–	8,7	6,0	7,0	5,0	−7,1
Aktien-ETF	–	11,0	7,7	9,1	6,7	−8,8

1) Bezieht sich auf Sieben-Jahres-Zeitraum. 2) Renditebaustein: UBS MSCI World Socially Responsible ETF (Isin LU 062 945 974 3), aufgelegt 2011. Bis 1. September 2016 bildete dieser ETF den MSCI World SRI Index ab, danach den MSCI World SRI 5% Issuer Capped Index. Andere ETF auf MSCI-Indizes, die eine bessere Nachhaltigkeitsbewertung haben, sind noch nicht so alt.
Quelle: Refinitiv, eigene Simulationen und Erhebungen
Schlechteste Jahresrendite (Prozent)
Stand: 30. Juni 2020

nachhaltiger Rentenfonds in Frage. Allerdings müssen Sie bei Rentenfonds anders als bei Tagesgeld zumindest mit leichten Kursschwankungen rechnen (siehe Seite 87). Sind Sie risikofreudig, drehen Sie das Mischverhältnis einfach um und wählen das offensive Portfolio. Oder Sie entscheiden sich für den Mittelweg und verteilen Ihre Ersparnisse je zur Hälfte auf Zinsanlagen und auf Aktien. Dieser Mix dürfte für die meisten Menschen passen.

Und schon können Sie loslegen. Angenommen, sie wollen langfristig monatlich 200 Euro beiseitelegen. Den Betrag teilen

Sie nun entsprechend Ihrem persönlichen Risikoprofil auf. Als eher defensiver Anleger entscheiden Sie sich für einen Anteil von 75 Prozent Zinsanlagen und 25 Prozent Fonds. Sie zahlen also regelmäßig 150 Euro auf das Tagesgeldkonto einer nachhaltigen Bank ein und 50 Euro in den Sparplan für einen nachhaltigen Fonds oder ETF.

Wer sich für einen ausgewogenen Pantoffel entscheidet, verteilt den Sparbetrag je zur Hälfte auf beide Anlagen. Risikobereite Pantoffel-Helden stecken 150 Euro in Aktien und nur 50 Euro in sicheres Tagesgeld. Das höhere Risiko lässt sich vertreten, wenn der Anlagehorizont zehn Jahre oder länger ist. Dann können Sie selbst einen Börsencrash unbeschadet aussitzen.

Nun können Sie sich in aller Ruhe Gedanken darüber machen, wo Ihr Erspartes Gutes bewirken soll. Für die Zinsanlagen bieten sich Sparpläne der ethisch-ökologischen Banken an (siehe ab Seite 91).

Als ETF kommen die im Test besonders gut bewerteten Produkte in Frage, sofern Sie Ihre persönlichen Nachhaltigkeitskriterien erfüllen. Als Basis am besten geeignet sind generell weltweit investierende ETF, die sich an einem globalen Nachhaltigkeitsindex orientieren. Sie finden die ETF im Serviceteil am Ende dieses Ratgebers ab Seite 174.

Die größte „Arbeit" ist damit schon erledigt. Sie können sich zurücklehnen und das Wachstum Ihres Depots bequem vom Sessel aus verfolgen.

Alles auf einmal anlegen

Eine Lebensversicherung wird ausbezahlt oder eine Erbschaft sorgt für einen größeren Betrag auf dem Konto – auch für die einmalige Anlage höherer Summen ist das Pantoffel-Portfolio bestens geeignet. Die Strategie bleibt zunächst unverändert. Je nach Risikoneigung erwerben Sie bei einer Fondsgesellschaft oder über Ihre Bank für 25, 50 oder 75 Prozent des Anlagekapitals Anteile an einem nachhaltigen Aktien-ETF Welt. Den verbleibenden Teil legen Sie als Tagesgeld bei einem der ethisch-ökologischen Institute an. Sie können Ihr Geld im Sicherheitsbaustein auch auf Tagesgeld und Festgeld aufteilen, um so mehr Zinsen zu bekommen. Wichtig ist nur, dass ein Teil im Tagesgeld bleibt und somit für Umschichtungen zur Verfügung steht. Alternativ können Sie über Ihre Bank auch an der Börse Anteile an einem nachhaltigen Rentenfonds Euro erwerben.

So sieht das Welt-Pantoffel-Portfolio aus:

▶ Startkapital 100 000 Euro

▶ Risikotyp ausgewogen

▶ Sicherheitsbaustein 50 000 Euro Tages- und Festgeld

▶ Renditebaustein 50 000 Euro Aktien-ETF Welt: UBS MSCI World Socially Responsible oder iShares MSCI World SRI

Stiftung Warentest | Nachhaltige Musterdepots und Strategien

Bunte Welt
Die Welt ist nicht nur auf Geldscheinen farbenfroh. Auch bei nachhaltigen Geldanlagen gibt es global eine bunte Auswahl.

Größere Beträge in kleinen Tranchen anlegen

Nehmen wir an, Sie haben 20 000 Euro übrig und wollen das Geld in einen nachhaltigen ETF anlegen. Im schlechtesten Fall könnten Sie das Pech haben, die Fondsanteile ausgerechnet an einem Tag zu erwerben, an dem die Kurse besonders hoch sind und ein Kurssturz unmittelbar bevorsteht. Schon ein paar Tage später steht womöglich ein hohes Minus auf dem Papier. Sorgen müssen Sie sich zwar nicht machen, denn die Erfahrung lehrt ja, dass Sie solche Phasen ruhig aussitzen können. Doch ein solcher Fehlstart ist demotivierend. Zum Glück lässt er sich vermeiden oder wenigstens stark abmildern. Sie können durch einen kleinen strategischen Trick am Ende sogar mehr herausholen, wenn Sie nicht gleich für die gesamte Summe Fondsanteile kaufen, sondern das Investment in mehrere Portionen stückeln. Dafür sorgt der sogenannte Cost-Average-Effekt, auf Deutsch Durchschnittskosteneffekt.

Das Prinzip ist leicht verständlich. Wenn Sie Ihre 20 000 Euro in zehn Teile von je 2 000 Euro stückeln und zehn Monate lang jeweils am Monatsanfang für diesen Betrag Anteile Ihres Fonds erwerben, können Sie zwischenzeitliche Kursverluste minimieren. Denn Sie erhalten bei sinkenden Kursen im folgenden Monat für denselben Anlagebetrag mehr Fondsanteile. Der durchschnittliche Anschaffungspreis sinkt. Wenn der Fondspreis später wieder steigt, erzielen Sie durch die günstig erworbenen Anteile am Ende sogar eine höhere Rendite als bei einer Einmalanlage des gesamten Betrags. Mit dieser Methode minimieren Sie das Risiko, ausgerechnet zum schlechtesten Zeitpunkt einzusteigen. Die Kehrseite: Sollten die Aktienkurse immer weiter steigen, kaufen Sie jeden Monat teurer ein.

Dieser Effekt macht sich auch bei Fonds- oder ETF-Sparplänen bemerkbar, vor allem, wenn sie sehr lange laufen. Die Rechnung geht aber nicht immer auf. Wenn Sie den Fonds zu einem niedrigen Kurs kaufen, fahren Sie mit der Einmalanlage besser. In diesem Falle würden Sie bei diesem Beispiel jeden Monat etwas weniger Fondsanteile für Ihre 2 000 Euro erhalten, weil der Fondskurs ja zwischenzeitlich steigt.

Pantoffel-Portfolio mit Aktien aus Europa und Schwellenländern

Mit dem nachhaltigen Standard-Pantoffel haben Sie eine pflegeleichte Basis für eine verantwortungsbewusste Geldanlage gelegt. Sie können Ihr Weltdepot noch durch weitere Bausteine ergänzen, zum Beispiel, indem Sie europäische Aktien ergänzen oder Schwellenländer-ETF beimischen und ein Tiger-Pantoffel-Portfolio bauen.

Manchen Anlegern ist der Anteil der USA in einem Aktien-ETF Welt zu groß. Er beträgt rund 60 Prozent. Auf die anderen dort gelisteten 22 Länder entfallen die restlichen 40 Prozent. Wer verstärkt auf hiesige Unternehmen setzen möchte, kann daher einen ETF mit europäischen Aktien zusätzlich ins Depot legen.

So sieht das Europa-Pantoffel-Portfolio aus:

- Startkapital 100 000 Euro
- Risikotyp ausgewogen
- Sicherheitsbaustein 50 000 Euro Tages- und Festgeld
- Renditebaustein 40 000 Euro Aktien-ETF Welt, 10 000 Euro Aktien-ETF Europa

- Welt: UBS MSCI World SRI Socially Responsible oder iShares MSCI World SRI
- Europa: BNP Easy Low Carbon 100 Europe, iShares MSCI Europe SRI oder IQ Index Europe Factors Sustainable Europe Equity

Es gibt nachhaltige Fonds, die sich auf Schwellenländer konzentrieren. Zu diesen aufstrebenden Volkswirtschaften gehören etwa China und Brasilien. Anleger wittern hohe Renditechancen, weil diese Länder aufgrund hoher Bevölkerungszahlen große Märkte sind und der Nachholbedarf beim Ausbau der Infrastruktur oder beim Konsum anhaltend hoch ist. Davon könnten heimische Firmen profitieren. An dieser Überlegung sind jedoch Zweifel angebracht. Neueste Untersuchungen zeigen, dass von der Entwicklung der Schwellenländer vor allem global operierende Konzerne profitieren. Das heißt jedoch nicht, dass die betreffenden Länder davon gar nichts haben.

Dazu kommt der ideelle Effekt. Das Investment in nachhaltige Unternehmen in diesem Teil der Welt fördert ethisch-ökologische Vorreiter in Regionen, in denen das Thema bisher nur eine untergeordnete Rolle spielt.

Für Ihr Investment infrage kommen ETF auf nachhaltige Schwellenländerindizes. Der Anteil von Schwellenländerfonds sollte wegen der Verlustrisiken höchstens zehn Prozent Ihres Vermögens betragen. Ein Risiko ist beispielsweise oft eine instabile politische Situation, die sich in schnell auf die wirtschaftlichen Tätigkeiten auswirken kann. In Krisenzeiten ziehen große Investoren gerade aus Schwellenländern schnell wieder Kapital ab. Dieses Verhalten verstärkt dann eine ohnehin schon laufende Abwärtsfahrt der Börsenkurse dort.

So sieht das Tiger-Pantoffel-Portfolio aus:

▶ Startkapital 100 000 Euro

▶ Risikotyp ausgewogen

▶ Sicherheitsbaustein 50 000 Euro Tages- und Festgeld

▶ Renditebaustein 40 000 Euro Aktien-ETF Welt, 10 000 Euro Aktien-ETF Schwellenländer

▶ Welt: UBS MSCI World SRI Socially Responsible oder iShares MSCI World SRI

▶ Schwellenländer: iShares MSCI EM SRI, UBS MSCI EM Socially Responsible

Tipp: Anstatt einen zusätzlichen Schwellenländer-ETF ins Depot zu legen, können Anleger auch einen Welt-ETF wählen, der beides enthält – Aktien der Industrie- und der Schwellenländer. Das ist bequemer.

Ab und zu umschichten

Ob Sparerinnen oder Sparer im Sessel sitzend oder im Fitnessstudio schwitzend ihr Portfolio sich selbst überlassen, bleibt der individuellen Vorliebe überlassen. Doch mitunter bedarf auch das Pantoffel-Portfolio eines prüfenden Blicks. Einmal im Jahr sollten Sie checken, ob die Zusammensetzung Ihrer Investments noch dem gewünschten Risikoprofil entspricht, also beispielsweise noch der hälftigen Verteilung auf Fonds- und Zinsanlagen. Weicht der aktuelle Wert weniger als zehn Prozent von diesem Verhältnis ab, können Sie sich wieder zurücklehnen. Bei einer größeren Abweichung schichten Sie Ihre Anlagen so um, dass das Verhältnis wieder stimmt.

In der Praxis muss das Portfolio nur selten verändert werden. Zwei Fallbeispiele verdeutlichen dies. Anlegerin 1 kauft zum Start für 36 000 Euro einen nachhaltigen

Um herauszufinden, ob die Verhältnisse in Ihrem Portfolio noch stimmen, müssen Sie nicht einmal selbst umständlich mit dem Taschenrechner die Abweichungen ermitteln. Finanztest hat dafür unter der Webadresse test.de/pantoffelrechner einen Rechner ins Netz gestellt.

ETF und belässt weitere 36 000 Euro auf dem Tagesgeldkonto. Beim Kontrollblick stellt sie fest, dass der Wert des ETF um 5 Prozent auf 34 200 Euro gesunken ist. Gemessen am gesamten Portfolio liegt der Aktienanteil damit bei 48,7 Prozent. Die Abweichung ist so gering, dass die Anlegerin nicht umschichten muss.

Der ETF von Anlegerin 2 fällt auf 23 000 Euro. Der Aktienanteil am Vermögen beträgt damit nur noch 39 Prozent. In diesem Fall übersteigt die Abweichung die Marke von zehn Prozentpunkten. Nun schichtet die Anlegerin ihr Portfolio so um, dass das ausgewogene Verhältnis wieder hergestellt wird. Sie entnimmt dem Tagesgeldkonto 6 500 Euro und erwirbt dafür Fondsanteile. Auf dem Tagesgeldkonto verbleiben damit 29 500 Euro, der Wert der Fonds beträgt ebenfalls 29 500 Euro. Das Gleichgewicht ist wieder hergestellt.

Im Verlustfall Fondsanteile nachzukaufen, erweist sich langfristig sogar als Vorteil. Denn die Anlegerin erhält beim Nachkauf vergleichsweise viele neue Anteile. Wenn der Kurs wieder auf das Ursprungsniveau steigt, kann sie sich über einen überproportionalen Wertzuwachs freuen.

Umschichten ist auch angezeigt, wenn die Aktienkurse besonders stark gestiegen sind. Dadurch ändert sich das Verhältnis zwischen den Bausteinen. Beim defensiven Portfolio liegt der Aktienanteil dann vielleicht bei 40 Prozent statt wie geplant bei einem Viertel. In diesem Fall können Sie bei einem Sparplan so lange weitere Einzahlungen in den Fonds unterlassen, bis das richtige Mischverhältnis wieder hergestellt ist. Wenn Sie eine Einmalanlage geleistet haben, veräußern Sie in diesem Fall Fondsanteile, die über den 25-prozentigen Anteil hinausgehen. Den Erlös legen Sie wieder sicher an.

Die Umschichtungsgrenze ist erreicht, wenn der Aktienanteil um mehr als 10 Prozentpunkte von der gewünschten Gewichtung abweicht. Hier die Grenzen im Überblick:

- ▶ Beim ausgewogenen Portfolio schichten Sie um, wenn der Aktienanteil auf mehr als 60 Prozent gestiegen oder unter 40 Prozent gefallen ist.
- ▶ Beim defensiven Portfolio schichten Sie um, wenn der Aktienanteil auf mehr als 35 Prozent gestiegen oder unter 15 Prozent gefallen ist.
- ▶ Beim offensiven Portfolio schichten Sie um, wenn der Aktienanteil auf mehr als 85 Prozent gestiegen oder unter 65 Prozent gefallen ist.

Haben Sie keine Einmalanlage, sondern einen Sparplan, dann können Sie so lange weitere Einzahlungen in den Fonds unterlassen, bis das richtige Mischverhältnis wieder hergestellt ist.

Beim Sparplan kommt ebenfalls der positive Effekt zum Tragen. Denn in dieser Zeit erwerben Sie die Aktienanteile vergleichsweise günstig und Sie profitieren stark von einem Wiederanstieg der Kurse.

Auf Nummer sicher gehen

Wer lange Zeit spart, zum Beispiel über Jahrzehnte für die Altersvorsorge, startet am besten mit einem hohen Fondsanteil am Pantoffel-Portfolio. Der Aktienanteil liegt bei 75 Prozent, Zinsanlagen stellen die restlichen 25 Prozent. Je näher das Ende der Ansparphase rückt, desto mehr gehen diese Anleger und Anlegerinnen auf Nummer Sicher, indem sie nach und nach den Aktienanteil verringern. Zunächst wird aus dem offensiven ein ausgewogenes Portfolio. Wenige Jahre vor Beginn der Auszahlungsphase ist es ratsam, auf eine defensive Strategie zu setzen. Selbst wenn es in der verbleibenden Zeit noch zu einem Börsencrash kommen sollte, würde das in diesem Fall keinen sehr großen Schaden mehr anrichten.

So könnte Ihre nachhaltige Geldanlage aussehen

Jeder Anleger tickt anders. Die individuellen Wünsche und Ziele sind so unterschiedlich wie die Menschen selbst.

Trotz aller Individualität stimmen die Motive und Wünsche bei vielen Menschen überein. Wir haben deshalb typische Musterdepots zusammengestellt und zeigen, welche Fonds und ETF dazu jeweils passen.

Die Musterdepots ähneln vom Aufbau her der Finanztest-Strategie mit dem Pantoffel-Portfolio. Auch die Musterdepots lassen sich unterteilen in defensive, ausgewogene und offensive Depots. Anders als die Pantoffel-Portfolios kommen in den nachhaltigen Musterdepots allerdings auch aktiv gemanagte Fonds oder mehrere Beimischungen zum Einsatz. Vor allem Anleger, die Wert auf besonders strenge Nachhaltigkeitsregeln legen, sind mit ETF schlecht bedient. Sie müssen auf aktiv gemanagte Fonds zurückgreifen.

Wenn Sie sich in einer der Biografien wiederfinden, können Sie die dort gezeigte Strategie verfolgen. Es spricht auch nichts dagegen, sie zu verändern und beispielsweise einen anderen Fonds oder ETF auszuwählen. Dabei hilft die Fondsdatenbank von Finanztest. Hier finden Sie stetig aktualisiert die Daten von rund 20 000 Fonds, darunter auch viele nachhaltige Angebote.

Tanja, 45 Jahre alt

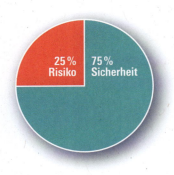

25 % Risiko
75 % Sicherheit

Das Erbe sicher und nachhaltig mehren

Die Krankenschwester hat von ihrem jüngst verstorbenen Vater 100 000 Euro geerbt. Große materielle Wünsche hegt sie derzeit nicht. Deshalb will sie einen großen Teil des Kapitals als ergänzende Altersvorsorge für später zurücklegen. Ein kleinerer Teil soll als Notgroschen jederzeit verfügbar sein. Ein weiterer Teil kann mittelfristig angelegt werden, falls doch noch eine größere Anschaffung gewünscht ist. Sicherheit ist Tanja am wichtigsten, doch einen Wertverlust durch Niedrigzinsen mag sie auch nicht hinnehmen.

Gesunde Ernährung steht bei Tanja hoch im Kurs. Sie möchte die Bioproduktion von Nahrungsmitteln und den Umweltschutz fördern, lehnt die grüne Gentechnik deshalb ab. Auch Investments, die eine Waffenproduktion finanzieren, kommen für sie nicht infrage. Darüber hinaus würde Tanja gerne soziale Projekte unterstützen, etwa den Bau von Krankenhäusern oder Kindergärten.

Große Erfahrungen im Umgang mit den persönlichen Finanzen hat Tanja bisher nicht gesammelt. Dazu blieb vom Brutto zu wenig Netto übrig. Deshalb muss die Anlagestrategie einfach und bequem sein. Am besten wäre es, wenn sie sich nur gelegentlich um ihr Portfolio kümmern müsste.

Sparziele

▶ Erbe erhalten
▶ Notgroschen verfügbar
▶ Altersvorsorge

Top-Nachhaltigkeitsziele

Ausschlusskriterien:
▶ Waffenproduktion
▶ Grüne Gentechnik

Positivkriterien:
▶ Umweltschutz
▶ Biolandwirtschaft
▶ Soziale Projekte

Zeithorizont

20 Jahre

Stiftung Warentest | Nachhaltige Musterdepots und Strategien

Tanjas Portfolio

Sicherheitsbaustein	Summe	Verzinsung	So wirkt's
Tagesgeld GLS-Bank	25 000 Euro	0 %	Ausschlusskriterien erfüllt, Positivkriterien erfüllt
Festgeld GLS Bank	50 000 Euro	0,1 %/0,2 % (bei 5/7 Jahren Laufzeit)	Ausschlusskriterien erfüllt, Positivkriterien erfüllt
Renditebaustein	**Summe**	**Fondsbewertung**	**Nachhaltigkeitsbewertung**
Warburg Global Challenges	12 500 Euro	●●	●●●●●
GLS Bank Aktienfonds Welt	12 500 Euro	●●●●	●●●●●

Das ist die passende Strategie

Tanja zahlt 25 000 Euro als Notgroschen auf ein Tagesgeldkonto ein und legt 50 000 Euro als Festgeld an. Mit dem verbleibenden Viertel der Erbschaft in Höhe von 25 000 Euro will sie Fonds kaufen. Da Zinsanlagen derzeit fast nichts einbringen, will sie damit wenigstens ihre Nachhaltigkeitsziele verfolgen. Sie wechselt daher auch mit ihrem Girokonto zur GLS-Bank.

Das Tagesgeldkonto dort bringt zwar keine Zinsen. Doch kann Tanja bei der Kontoeröffnung entscheiden, wofür ihre Einlage verwendet wird. Sie entscheidet sich für die Ernährungsbranche.

Den größeren Teil ihres Vermögens kann sie länger entbehren. Deshalb wählt sie zwei Varianten von Festgeldanlagen der Bank. Für die fünfjährige Bindung gibt es 0,1 Prozent Zins pro Jahr, für die siebenjährige Bindung 0,2 Prozent. Das reicht zwar nicht einmal aus, um den Kaufkraftverlust durch die Inflation auszugleichen. Doch auch hier ist sie sich wenigstens sicher, dass ihr Erspartes für saubere Geschäfte verwendet wird. Der Sicherheitsbaustein steht damit.

Bei ihrer neuen Bank eröffnet Tanja nun ein Depot. Auch für ihre Fonds hat sie ihre Nachhaltigkeitsziele im Blick. Weil ETF nur mittelstreng sind – in der Finanztest-Nachhaltigkeitsbewertung kommen sie maximal auf drei von fünf Punkten – erwirbt sie einerseits Anteile am Indexfonds Global Challenges Index der Fondsgesellschaft Warburg, der sich im Test 2020 durch eine sehr gute Nachhaltigkeitsbewertung hervorgetan hat und zudem ein sehr gutes Rendite-Risikoverhältnis aufweist. Zudem erwirbt sie mit der zweiten Hälfte des Geldes Anteile am GLS Bank Aktienfonds Welt. Auch er ist in Sachen Nachhaltigkeit spitze. Ihre Nachhaltigkeitsziele hat Tanja damit erreicht. Doch was kommt dabei im Jahr für sie heraus? Aus ihren Festzinsanlagen erhält sie jährlich 75 Euro Zinsen. Weltaktienfonds haben in der Vergangenheit durchschnittlich 6 bis 7 Prozent pro Jahr erzielt. Wenn alles glatt läuft, könnten aus den 24 000 Euro, die sie in die Fonds gesteckt hat, nach zehn Jahren mehr als 40 000 Euro werden. Selbst einen Börsencrash muss sie mit dem großen Sicherheitspuffer nicht fürchten.

Michael, 55 Jahre alt

50 % Risiko
50 % Sicherheit

Die Altersvorsorge soll kein Glücksspiel sein

Der Angestellte hat sich eine gut bezahlte Position erarbeitet. So gut lief es nicht immer. Lange hat er wenig verdient und dadurch nur geringe Ansprüche aus der gesetzlichen Rentenversicherung angesammelt. Damit das Einkommen auch im Ruhestand reicht, um den Lebensstandard zu halten, will er bis zum Erreichen der Altersgrenze monatlich noch etwas beiseitelegen.

In seinem Leben gab es auch persönliche Krisen. Eine Zeit lang war Michael dem Automatenspiel verfallen. Eine kirchliche Einrichtung half ihm, von der Sucht wieder loszukommen. Glücksspiele sind seither für ihn tabu und er möchte die Betreiber mit seinem Geld auch nicht unterstützen. Lieber fördert er kirchliche Einrichtungen. Auch der Klimaschutz ist Michael wichtig. Investments in fossile Energien lehnt er daher ebenso wie Kernkraft ab.

Mit Geldgeschäften hat Michael wenig Erfahrung, sich intensiv um seine Anlagen kümmern müssen will er nicht. Die Rendite ist ihm sehr wichtig, doch ein zu großes Risiko will er aufgrund seines Alters auch nicht mehr eingehen.

Sparziele
- Rentenlücke schließen
- Pflegeleichte Anlage

Top-Nachhaltigkeitsziele
Ausschlusskriterien:
- Fossile Brennstoffe
- Kernkraft
- Glücksspiel

Positivkriterien:
- Klimaschutz
- Kirchliche Einrichtungen
- Erneuerbare Energien

Zeithorizont
Auszahlplan für das gesamte Rentenalter

Michael hat ausgerechnet, wie groß seine Rentenlücke im Alter ist. Dazu hat er seine aktuellen Ausgaben zusammengerechnet und dies mit den von der gesetzlichen Rentenversicherung prognostiziertenAnsprü-

Stiftung Warentest | Nachhaltige Musterdepots und Strategien

Michaels Portfolio

Sicherheitsbaustein	Summe	Verzinsung	So wirkt's
Sparkonto online, Evangelische Bank	400 Euro pro Monat	0,01 %	Ausschlusskriterien teilweise erfüllt, Positivkriterien erfüllt
Renditebaustein	**Summe**	**Fondsbewertung**	**Nachhaltigkeitsbewertung**
ETF UBS MSCI World Socially Responsible	400 Euro pro Monat	••••	•••

chen und den Leistungen seiner betrieblichen Rente und der Riester-Rente abgeglichen. Siehe da, es fehlen noch rund 400 Euro pro Monat, wenn er nicht auf vieles verzichten will. Dann überschlägt er, wie viel er sparen muss, um genügend Kapital für eine regelmäßige Rente von 400 Euro zusammenzubekommen. Er geht dabei sicherheitshalber davon aus, 100 Jahre alt zu werden. Das Geld muss also 33 Jahre reichen. Er schätzt, dass er mit 140 000 Euro hinkommen müsste. Bei einer Verzinsung von drei Prozent im Jahr muss er monatlich rund 800 Euro zur Seite legen.

Das ist die passende Strategie

Michael eröffnet das „Sparkonto online" der Evangelischen Bank, da er hier seine Nachhaltigkeitskriterien erfüllt sieht. Es dient als Sicherheitsbaustein seines Pantoffel-Portfolios. Darauf zahlt er monatlich die Hälfte seines Sparbetrags ein. Die Evangelische Bank finanziert kirchliche und soziale Einrichtungen sowie erneuerbare Energien. Die Bank schließt zwar insgesamt Atomkraft nicht aus, doch mit den Einlagen der Kunden wird Kernkraft nicht finanziert.

Den Renditenachteil des praktisch nicht verzinsten Sparkontos (0,01 Prozent, Stand März 2021) sollen Fonds ausgleichen. Micha-

el sucht sich Fonds heraus, die Glücksspiel als Ausschlusskriterium haben und möglichst auch nicht in fossile Energien investieren. Sehr gut zu seinen Zielen würde der Greeneffects NAI-Werte Fonds passen. Doch da findet er bei seiner Bank kein passendes Sparplanangebot. Da er außerdem plant, von seinem Geld im Alter nach und nach zu zehren und einen Auszahlplan nach der Finanztest-Pantoffelmethode dazu nutzen will, legt er bereits jetzt einen Pantoffel-Sparplan an. Infrage kommt hierfür der ETF UBS MSCI World Socially Responsible. Der ist zwar nicht so streng wie der Greeneffects, hat aber Glücksspiel und fossile Energien zumindest eingeschränkt ausgeschlossen. In diesen Fonds zahlt er monatlich die andere Hälfte seiner Altersvorsorge ein.

Michael hat gute Chancen, mit seinem ausgewogenen Pantoffel seinen Helfern etwas zurückzugeben und seinen gewohnten Lebensstandard im Alter beizubehalten. Je näher der Zeitpunkt rückt, an dem er seinen Ertrag einfahren möchte, desto herber könnte ihn ein Absturz am Aktienmarkt treffen. Doch da muss Michael sich überhaupt keine Sorgen machen: Da er plant, von seinem Pantoffel-Sparplan 33 Jahre lang zu leben, kann er sein Geld getrost in seinem ausgewogenen Portfolio liegen lassen.

Lisa, 27 Jahre alt

Familie und Klimaschutz unter einem Dach

Der Berufseinstieg nach dem Studium ist geschafft, und auch privat läuft es für Lisa gut. Mit ihrem Freund träumt sie von einer Familie und einem Eigenheim im Grünen. Nun geht es darum, die finanzielle Basis für die Verwirklichung ihrer Träume zu legen. Sie möchte möglichst schnell Eigenkapital für die Immobilie sparen.

Lisa unterstützt die Klimaschutzbewegung und tritt für eine naturnahe Landwirtschaft ein. Massentierhaltung lehnt sie ebenso ab wie Tierversuche und grüne Gentechnik. Darüber hinaus sind ihr faire Arbeitsbedingungen in Schwellen- und Entwicklungsländern wichtig.

Mit Geldanlagen hat Lisa wenig Erfahrung. Ihr Interesse an Wirtschaftsnachrichten ist gering. Sie wählt daher eine möglichst bequeme Strategie. Ethisch-ökologisch muss das Portfolio sein, aber auch eine möglichst hohe Rendite anstreben. Das höhere Risiko von Fonds oder ETF nimmt sie dafür gerne in Kauf, auch wenn sie weiß, dass sich ihr Traum vom Eigenheim je nach Börsenverlauf auch ein paar Jahre nach hinten verschieben könnte.

Sparziele
▶ Eigenkapital für Immobilie ansparen

Top-Nachhaltigkeitsziele
Ausschlusskriterien:
▶ Kohle
▶ Waffenproduktion
▶ Verstöße gegen Menschenrechte
▶ Massentierhaltung

Positivkriterien:
▶ Umweltschutz
▶ Erneuerbare Energien
▶ Entwicklungsprojekte

Zeithorizont
10 Jahre

Das ist die passende Strategie

Mit 40 Jahren ins eigene Zuhause ziehen. Das ist Lisas Ziel. Dafür, so hat sie anhand der Immobilienpreise einmal überschlagen, braucht sie gemeinsam mit ihrem Partner 80 000 Euro Eigenkapital, bei einem Kauf-

Stiftung Warentest | Nachhaltige Musterdepots und Strategien

Lisas Portfolio

Sicherheitsbaustein	Summe	Verzinsung	So wirkt's
Tagesgeldkonto, GLS-Bank	25 Euro pro Monat	0%	Ausschlusskriterien erfüllt, Positivkriterien erfüllt
Festzins, Triodos-Bank	6 000 Euro	Laufzeitabhängig, 5 Jahre 0,25%	Ausschlusskriterien weitgehend erfüllt, Positivkriterien erfüllt

Renditebaustein	Summe	Fondsbewertung	Nachhaltigkeitsbewertung
Fonds Ökoworld Ökovision Classic	75 Euro pro Monat	••••	–
Fonds Greeneffects NAI-Werte	3 000 Euro	•••••	••••
Fonds Nordea Emerging Stars Equity	3 000 Euro	•••••	•••

preis von 400 000 Euro. Die eine Hälfte des Eigenkapitals soll er mitbringen, die andere will sie ansparen. Zum Glück hat sie schon 12 000 Euro auf der hohen Kante, die sie im Verlauf ihres Lebens an Geldzuwendungen aus der Verwandtschaft erhalten und nie ausgegeben hat. Es fehlen also noch 28 000 Euro zur Verwirklichung des großen Traums.

Monatlich kann Lisa 100 Euro entbehren. 25 Euro zahlt sie auf ein Tagesgeldkonto der GLS-Bank ein. Das bringt zwar keine Zinsen, dafür kann sie aber bestimmen, in welchen Bereich ihr Geld fließt. Sie entscheidet sich für erneuerbare Energien.

Ergänzend sucht Lisa nach einem Aktienfondssparplan. Sie entscheidet sich für den Ökoworld Ökovision Classic, der weltweit in Anteile an nachhaltigen Unternehmen investiert. 75 Euro monatlich steckt sie in den Fondssparplan. Die 12 000 Euro, die sie schon auf der hohen Kante liegen hat, teilt sie ebenfalls auf. Hier geht sie, um ihr Im-mobilienziel nicht zu gefährden, etwas vorsichtiger vor: 6 000 Euro fließen in das Festzins-Angebot der Triodos-Bank. Auch hier kann sie sich sicher sein, dass der Umweltschutz bei den Finanzierungsprojekten der Bank eine große Rolle spielt. Dafür nimmt sie den kargen Zins von 0,25 Prozent bei fünfjähriger Laufzeit in Kauf. Die restlichen 6 000 Euro steckt sie in zwei verschiedene aktiv gemanagte Fonds, einen weltweit anlegenden Fonds und einen Schwellenländerfonds. Da ihr ein gutes Rendite-Risiko-Verhältnis wichtig ist, sucht sie sich Fonds mit einer möglichst guten Finanztest-Bewertung. Ihre Wahl fällt auf den Greeneffects-NAI-Werte Fonds. Er ist nicht nur sehr nachhaltig, sondern schneidet auch bei der Finanztest-Bewertung gut ab. Als Schwellenländerfonds kauft sie den Nordea Emerging Stars Equity, der in der Fondsbewertung ebenfalls gut wegkommt.

Daniel, 30 Jahre alt

Vermögensaufbau nicht auf Kosten anderer

Der Single will sein Leben in vollen Zügen genießen und denkt noch nicht an eine feste Bindung oder die Gründung einer Familie. Doch in einem Punkt ist er vorsichtig: Er misstraut der gesetzlichen Rente. Daniel will deshalb frühzeitig zusätzlich für das Alter vorsorgen. Und wenn er irgendwann doch einmal einen größeren Betrag für geänderte Lebenswünsche benötigt, kann er das angesammelte Kapital ja anzapfen.

Trends folgt Daniel gerne. Er ernährt sich vegetarisch und achtet beim Einkauf von Kleidung auf eine faire Herstellung, möglichst aus Biotextilien. Ansonsten ist ihm Politik weitgehend egal. Die Welt soll mit seinem Geld einfach ein wenig besser werden. Es soll zur Bekämpfung von Armut und Hunger eingesetzt werden und für eine Biolandwirtschaft. Wichtig ist Daniel auch, dass Unternehmen auf ihre Lieferketten achten und bei ihren Zulieferern die Einhaltung der Menschenrechte durchsetzen, vor allem aber keine Kinder für sich arbeiten lassen.

Trotzdem soll sich das Ersparte möglichst gut verzinsen. Alles will Daniel nicht auf eine Karte setzen. Ein Teil des Geldes soll verfügbar bleiben, falls er vielleicht doch einmal flüssig sein muss. Man weiß ja nie.

Sparziele

▸ Altersvorsorge
▸ Flexibel Vermögen für Lebenswünsche aufbauen

Top-Nachhaltigkeitsziele

Ausschlusskriterien:
▸ Kinderarbeit
▸ Verstöße gegen Menschenrechte
▸ Konventionelle Landwirtschaft

Positivkriterien:
▸ Biolandwirtschaft
▸ Fairer Handel
▸ Soziale Projekte
▸ Elektromobilität
▸ Erneuerbare Energien

Zeithorizont

10 Jahre

Stiftung Warentest | Nachhaltige Musterdepots und Strategien

Daniels Portfolio

Sicherheitsbaustein	Summe	Verzinsung	So wirkt's
Tagesgeld, GLS- Bank	25 Euro pro Monat	0 %	Positivkriterien erfüllt

Renditebaustein	Summe	Fondsbewertung	Nachhaltigkeitsbewertung
ETF iShares MSCI World SRI	50 Euro pro Monat	–	●●●
ETF iShares MSCI Emerging Markets SRI	25 Euro pro Monat	–	●●●
ETF iShares Global Clean Energy	25 Euro pro Monat	–	–
ETF Lyxor MSCI Future Mobility ESG Filtered	25 Euro pro Monat	–	–

Das ist die passende Strategie

Im Moment kann er locker 150 Euro im Monat zusätzlich sparen. Daniel ist auch, was Fonds angeht, ein Trendsetter und möchte daher gerne auf ETF setzen. Dazu will er auch sein Girokonto von der nachhaltigen GLS-Bank führen lassen. Er erwirbt für günstige Bankkonditionen einen Anteil an der Genossenschaft. Da er notfalls auf sein Erspartes zurückgreifen will, wählt er als Sicherheitsbaustein ein derzeit gar nicht verzinstes Tagesgeldkonto bei der Bank und entscheidet, dass seine Einlage für Projekte aus den Bereichen Soziales und Gesundheit verwendet werden soll. 25 Euro wandern monatlich auf das Tagesgeldkonto, für 125 Euro erwirbt er Fondsanteile.

Daniel entschließt sich für folgende Aufteilung: 50 Euro zahlt er in den ETF iShares MSCI World SRI, Damit deckt er den weltweiten Aktienmarkt für nachhaltige Unternehmen ab. Weitere 25 Euro fließen in den ETF iShares MSCI Emerging Markets SRI. So stärkt er, wenn auch nur indirekt, eine nachhaltige Entwicklung in den Schwellenländern. Dazu will er seine Interessen an sauberer Energie und der Elektromobilität im Portfolio abbilden. Er kauft daher für je 25 Euro Anteile an Branchenfonds, dem iShares Global Clean Energy und dem Lyxor MSCI Future Mobility ESG Filtered.

Leon, 1 Jahr alt

75 % Risiko
25 % Sicherheit

Oma und Opa denken an die Zukunft

Leons Großeltern wollen ihrem Enkel den späteren Lebensweg erleichtern und ihm zum 18. Geburtstag ein schönes Startkapital ins Erwachsenenleben auf den Geburtstagstisch legen. Monatlich wollen sie dafür 100 Euro ansparen.

Die Großeltern haben viel Verständnis für die Sorgen ihrer Kinder hinsichtlich der Umweltzerstörung und des Klimawandels. Schließlich haben sie sich selbst lange im Kampf gegen Atomkraft engagiert. Mit dieser Technologie wollen sie auch heute nichts zu tun haben. Damit Leon auch in späteren Jahren noch eine lebenswerte Umwelt vorfindet, möchten sie bei der Geldanlage vor allem Klimaschutzprojekte unterstützen. Aber auch soziale Investments, etwa die Unterstützung von Kindergärten, kommen infrage. Ein absolutes Tabu ist dagegen die Rüstungsindustrie.

Leons Großeltern haben Erfahrung mit privaten Finanzen. Sie wissen auch, dass bei einem so langen Anlagezeitraum das Risiko von Aktienfonds oder ETF relativ gering ist. Deshalb soll das Portfolio eher auf Rendite ausgerichtet werden.

Sparziel
▶ Startkapital für die Zukunft

Top-Nachhaltigkeitskriterien
Ausschlusskriterien:
▶ Atomkraft
▶ Fossile Energien
▶ Rüstungsindustrie

Positivkriterien:
▶ Klimaschutz
▶ Soziale Einrichtungen
▶ Erneuerbare Energien

Zeithorizont
17 Jahre

Stiftung Warentest | Nachhaltige Musterdepots und Strategien

Leons Portfolio

Sicherheitsbaustein	Summe	Verzinsung	So wirkt's
Umweltsparplan, Umweltbank	25 Euro pro Monat	0,01 % p.a. + jährlicher Bonus	Ausschlusskriterien teilweise erfüllt, Positivkriterien erfüllt

Renditebaustein	Summe	Fondsbewertung	Nachhaltigkeitsbewertung
ETF UBS MSCI World Socially Responsible	75 Euro pro Monat	●●●●	●●●

Das ist die passende Strategie

Die Großeltern entscheiden sich als Sicherheitsbaustein für den „UmweltSparplan" der Umweltbank. Damit decken sie das Bedürfnis ab, etwas für den Klimaschutz zu tun und aus ihrer Sicht negative Entwicklungen von der Finanzierung mit ihrem Geld auszuschließen. Neben (geringen) Zinsen verspricht das Institut einen jährlich ansteigenden Bonus auf die Einzahlungen. Sie zahlen monatlich 25 Euro in den Sparplan ein. Halten sie dies bis zum 18. Geburtstag von Leon durch, können sie mit etwa 0,50 Prozent Durchschnittsrendite rechnen. Mit den Einlagen finanziert die Umweltbank ausschließlich Umweltprojekte.

Weitere 75 Euro stecken sie in einen nachhaltigen Fonds. Ihre Wahl fällt auf den ETF UBS MSCI World Socially Responsible. Die Kosten des Fonds sind gering und Leons Großeltern wissen, dass kaum ein Fondsmanager über einen so langen Zeitraum besser abschneidet als der Gesamtmarkt. Deshalb wählen sie den günstigen ETF, der in den vergangenen fünf Jahren im Schnitt eine anständige Rendite vorweisen konnte. Wenn sich das Verhältnis zwischen Fonds und Sicherheitsbaustein nicht wesentlich verändert und eine Portfolio-Anpassung erforderlich wird, kann Leon auf ein beträchtliches Startvermögen hoffen. Der Umweltsparplan ist nach 17 Jahren auf gut 5 000 Euro angewachsen, der Aktien-ETF-Sparplan dürfte, wenn sich der Fonds mit durchschnittlich 6 Prozent pro Jahr entwickelt, nach 17 Jahren gut 25 000 Euro wert sein.

Die Großeltern kennen die Risiken von Aktienanlagen und prüfen regelmäßig, ob die Anteile des Pantoffel-Portfolios noch stimmen. Wenn sich später abzeichnet, dass Leon nach dem Schulabschluss einen größeren Betrag benötigen wird, etwa für eine Weltreise oder ein Semester im Ausland, wollen sie umschichten und mehr auf Sicherheit setzen, damit die erforderliche Summe auch garantiert verfügbar ist. Finanziell ist Leons Start ins Erwachsenenleben also gesichert.

Katharina und Max, beide 40 Jahre alt

50 % Risiko
50 % Sicherheit

Nachhaltig anlegen für die nahe Zukunft

Das Ehepaar hat zwei 12 und 14 Jahre alte Kinder. Die Eltern arbeiten in Teilzeit und wechseln sich bei der Betreuung der Kinder ab. Ihre Jobs sind familienfreundlich und vergleichsweise gut bezahlt. Mit einem Sparplan verfolgen sie mehrere Ziele. 10 000 Euro als Notgroschen liegen bereits auf dem Girokonto. Zunächst wollen sie für die später auf sie zukommenden Ausbildungskosten der Kinder einen Betrag ansparen. Sie wollen sich zudem einen Campingbus anschaffen, wenn die Kinder erst einmal aus dem Haus sind.

Katharina und Max wollen weder korrupte Staaten noch betrügerische Unternehmen unterstützen. Mit Blick auf die Zukunft ihrer Kinder wollen sie Klima- und Umweltschutz zum Beispiel über erneuerbare Energien fördern. Außerdem lehnen sie den Einsatz gefährlicher Chemikalien in der Landwirtschaft ab und sind gegen Massentierhaltung und Gentechnik.

Der gemeinsame Verdienst reicht zwar gut zum Leben. Doch große Verluste können sich Katharina und Max nicht leisten. Deshalb legen sie bei der Geldanlage Wert auf ein ausgewogenes Verhältnis zwischen Sicherheit und Risiko. Zwar haben sie in der Rushhour des Lebens mit Beruf und Kinderbetreuung nicht viel Zeit für eine ausgiebige Beschäftigung mit den privaten Finanzen, doch bei der Nachhaltigkeit wollen sie keine Kompromisse machen. Daher kommen die nur mittelstrengen ETF für sie nicht infrage. Sie setzen auf aktiv gemanagte Fonds mit guter Nachhaltigkeitsbewertung.

Sparziele
▶ Studium der Kinder finanzieren
▶ Sparen auf einen Campingbus

Top-Nachhaltigkeitsziele
Ausschlusskriterien:
▶ Fossile Energien
▶ Korruption
▶ Umweltzerstörung
▶ Massentierhaltung
▶ Grüne Gentechnik

Zeithorizont
5 bis 10 Jahre

Katharinas und Max' Portfolio

Sicherheitsbaustein	Summe	Verzinsung	So wirkt's
Umweltsparplan, Umweltbank	200 Euro pro Monat	0,01 %, Bonus im 5. Jahr 0,4 % der Jahreseinzahlung	Ausschlusskriterien erfüllt
Renditebaustein	**Summe**	**Fondsbewertung**	**Nachhaltigkeitsbewertung**
Fonds Ökoworld Ökovision Classic	200 Euro pro Monat	●●●●	–

Das ist die passende Strategie

Für die Ausbildungskosten wollen sie 10 000 Euro ansparen, einen gebrauchten Campingbus kalkulieren sie mit rund 20 000 Euro. Monatlich können sie 400 Euro erübrigen, wenn sie ansonsten sparsam leben. Als Sicherheitsbaustein wählen Katharina und Max einen Umweltsparplan der Umweltbank, in den sie zunächst fünf Jahre lang einzahlen wollen. Damit können sie sicher sein, dass ihre Ausschlusskriterien erfüllt werden. Durch eine Bonuszahlung am Ende erhalten sie zudem wenigstens eine geringe Verzinsung.

Weil ihnen die Umweltbank gut gefällt, eröffnen sie dort auch einen Fondssparplan. Als Fonds wählen sie den Ökoworld Ökovision Classic, der strenge Auswahlkriterien anlegt. Das Paar verteilt die 400 Euro je zur Hälfte auf den Bank- und den Fondssparplan. Aber reicht es für den Camper und die Ausbildungsrücklage? Der Umweltsparplan bringt 12 000 Euro. Mit einem weltweit investierenden Aktienfonds können sie langfristig mit einer Rendite von etwa 6 Prozent pro Jahr rechnen. Nach fünf Jahren hätten Sie rund 14 000 Euro angespart. Allerdings ist das mit großer Unsicherheit behaftet – Aktienfondssparpläne sollte man wegen der hohen Kursschwankungen auf eine Dauer von mindestens 7 bis 10 Jahren anlegen. Die Ausbildung der Kinder ist mit dem Banksparplan gesichert, der Traum vom Campingbus muss wahrscheinlich noch ein bisschen warten. Doch die Wartezeit ist bei einer gleichbleibenden Rendite von sechs Prozent kurz. Nach nur gut einem Jahr sind die kalkulierten 20 000 Euro zusammengekommen. Denn in dieser Zeit dienen ja auch die bisher für die Kindern monatlich gesparten 200 Euro der Verwirklichung ihres Traumurlaubs.

Frank, 60 Jahre alt

Ein Hobby mit Rendite

Franks Verhältnisse sind gut geordnet. Auf dem Konto hat er ein beträchtliches Vermögen angesammelt. Er hat im Verlauf der Jahre schon viele Erfahrungen mit Finanzanlagen gesammelt und befasst sich gerne damit. Nun steht wieder eine Entscheidung an, denn aus einer Lebensversicherung erhält er zum Ende der Vertragslaufzeit steuerfrei 90 000 Euro.

Früher hat er auch schon mal mit Hebelzertifikaten an der Börse spekuliert. Das wagt er heute nicht mehr, weil er das Vermögen zur zusätzlichen Altersvorsorge benötigt und deshalb keine reine Börsenwette mehr eingehen will. Ein wenig Spannung soll die Anlage aber trotzdem bringen. Er entscheidet sich daher für eine ausgewogene Strategie mit einem kleinen Anteil spannender Investments.

Seit Jahren ärgert sich Frank über unlautere Wettbewerber. In seiner Branche gehören illegale Absprachen und kleine wie große Gefälligkeiten zum Alltag. Das geht zu Lasten der ehrlichen Unternehmen. Die Versuche der Konkurrenten, sich über Firmensitze in Steueroasen einen finanziellen Vorteil zu verschaffen, nerven Frank ebenfalls gehörig. Auch Arbeitsrechtsverletzungen wie Kinderarbeit mag der 60-jährige mit seinen Ersparnissen nicht unterstützen.

Sparziele
▶ Altersvorsorge verbessern
▶ Spaß an Geldanlage

Top-Nachhaltigkeitsziele
Ausschlusskriterien:
▶ Korruption, Wettbewerbsverstöße
▶ Kinderarbeit
▶ Steueroasen
▶ Verstöße gegen das Arbeitsrecht

Positivkriterien:
▶ Gute Unternehmensführung

Zeithorizont
5 Jahre

Das ist die passende Strategie
Frank findet das Konzept der ethisch-ökologischen Triodos Bank gut. Da die Bank die

Stiftung Warentest | Nachhaltige Musterdepots und Strategien

Franks Portfolio

Sicherheitsbaustein	Summe	Verzinsung	So wirkt's
Festgeldkonto, Triodos-Bank	45 000 Euro	0,3 %	Ausschlusskriterien erfüllt, Positivkriterien erfüllt

Renditebaustein	Summe	Fonds-bewertung	Nachhaltigkeitsbewertung
ETF iShares MSCI World SRI	15 000 Euro	–	●●●
Fonds DPAM Equities World Sustainable B	15 000 Euro	●●●●●	●●
Nordea Emerging Stars Equity	5 000 Euro	●●●●●	●●●
LBBW Nachhaltigkeit Aktien R	5 000 Euro	●●●●●	●●●
Crowdinvestment E-Bikes	2 500 Euro	–	Direkte Projektunterstützung
Crowdinvestment Solarpark	2 500 Euro	–	Direkte Projektunterstützung

Namen der kreditnehmenden Unternehmen veröffentlicht, kann er sich von deren Unternehmensführung selbst ein Bild mache. Und das Institut bietet für eine sechsjährige Anlage einen Festzins von 0,3 Prozent. Er zahlt 45 000 Euro auf ein Festgeldkonto dort ein. Die verbleibenden 45 000 Euro verteilt er auf mehrere Investments. Für je 15 000 Euro erwirbt er den nachhaltigen Welt-ETF iShares MSCI World SRI und Anteile am Weltaktienfonds DPAM Equities World Sustainable B. Als zusätzliche Würze will Frank noch Spezialfonds und sogar kleine Direktinvestments beimischen. Für 5 000 Euro kauft er Anteile des Schwellenländerfonds Nordea Emerging Stars Equity.

Die Investments dieser international anlegenden Fonds stehen für eine faire Wirtschaft. Ebenso viel steckt er in den bei fossilen Energien strengen Fonds LBBW Nachhaltigkeit Aktien R – einen Fonds, der in überdurchschnittlich ökologische und soziale Unternehmen investiert.

Je 2 500 Euro bleiben ihm nun noch für riskante Direktinvestments. Frank entscheidet sich für zwei Crowdinvestments. Ein Darlehen erhält ein Hersteller von E-Bikes, ein weiteres ein Solarpark. Die direkte Unterstützung von Projekten, die er gut findet, ist ihm das hohe Verlustrisiko wert, falls die Unternehmen scheitern.

Nachhaltig für das Alter vorsorgen

Mit einer nachhaltigen Altersvorsorge können junge wie alte Menschen zwei Fliegen mit einer Klappe schlagen. Die Rücklagen tragen durch eine ethisch-ökologische Verwendung zu einer besseren Zukunft bei, und sie ermöglichen eine finanziell sorgenfreie Zeit im Ruhestand.

Spätestens bei einem Blick auf die jährliche Renteninformation der Deutschen Rentenversicherung (DRV) wird den meisten Arbeitnehmerinnen und Arbeitnehmern klar, dass sie zusätzlich für das Alter vorsorgen müssen, wenn sie ihren Lebensstandard auch im Rentenalter beibehalten wollen. Selbstständige und freiberuflich Tätige kennen dieses Problem, müssen sie sich doch meist von Anfang an selbst um ihre Alterssicherung kümmern.

Es geht um einen unter Umständen langen Zeitraum, der mit einer zusätzlichen Rente abgedeckt werden muss: Eine heute 55-jährige Frau kann sich laut Sterbetafel des Statistischen Bundesamts auf durchschnittlich weitere 33,2 Jahre Lebenszeit freuen. Ihr gleichaltriger Mann darf auf noch 29,2 Jahre an ihrer Seite hoffen.

Und: Diese Prognose belegt, dass auch die ältere Generation von den Folgen der Erderwärmung betroffen ist. Nachhaltigkeit ist kein Thema nur für junge Leute! Etwas dafür zu tun, ist die Aufgabe aller. Mit Ihrer Altersvorsorge können Sie einen Beitrag dazu leisten.

Alt werden kostet ein Vermögen

Niemand kennt die ihr oder ihm verbleibende Lebensspanne. Deshalb ist eine exakte Berechnung des benötigten Vorsorgevermögens kaum möglich.

Da die meisten Menschen finanziell bis zum letzten Tag abgesichert sein wollen, ist im Fall der Altersvorsorge eine „übertriebene" Erwartung durchaus vernünftig. Von Nachhaltigkeit wird in vielen Zusammenhängen gesprochen, vor allem in Hinblick auf den Schutz von Umwelt und Klima. Der Begriff hat aber auch in Beug auf Ihre individuellen Verhältnisse eine sehr wichtige Bedeutung: Ihre Geldanlage soll schließlich den Wert Ihres Vermögen nachhaltig steigern oder doch zumindest erhalten und möglichst für ein zusätzliches Alterseinkommen zur Verfügung stehen. Doch wie hoch müssen Ihre Ersparnisse eigentlich sein, um Ihren Lebensabend finanziell nachhaltig zu sichern?

Ihren zusätzlichen Einkommensbedarf können Sie selbst in wenigen Schritten ermitteln. Rechnen Sie alle schon bestehenden sicheren Rentenansprüche aus der gesetzlichen Rente, der Betriebsrente, aber auch aus Mieteinnahmen und anderen Einkünften zusammen. Auf der anderen Seite stellen Sie Ihre geschätzten monatlichen Ausgaben im Alter zusammen. Die Diffe-

renz zwischen beiden Summen ist die Lücke, die Sie mit zusätzlicher Vorsorge stopfen müssen. Bedenken Sie, dass je nach Höhe Ihrer Alterseinkünfte auch Steuern bezahlt werden müssen.

Kalkulieren Sie bei den späteren Ausgaben die Inflation mit ein. Die Europäische Zentralbank (EZB) hat ein Inflationsziel von zwei Prozent vorgegeben. Das bedeutet für Sie einen jährlichen Kaufkraftverlust von zwei Prozent Ihrer Alterseinkünfte. 1000 Euro Rente sind inklusive des Zinseszinseffekts nach fünf Jahren noch 905,73 Euro wert. Nach zehn Jahren sind es nur noch 820,35 Euro. Die gesetzliche Rente gleicht diesen Inflationseffekt mit einer jährlichen Anpassung in der Regel aus. Deshalb sind freiwillige Beitragszahlungen in die Rentenkasse auch eine echte Alternative zur Geldanlage auf dem Kapitalmarkt. Wie das funktioniert, erklären wir Ihnen ab Seite 167. Bei der privaten Vorsorge hängt es wiederum von der Rendite Ihrer Geldanlage ab, ob die monatliche Auszahlung mit der Teuerung Schritt halten kann. Und dabei gibt es große Unterschiede.

Stiftung Warentest | Nachhaltig für das Alter vorsorgen

Nachhaltige Riester-Verträge sind Mangelware

Die Riester-Rente kann sich immer noch lohnen. Die Zulagen sind vor allem für Menschen mit geringem Verdienst interessant. Besserverdienende können Steuern sparen.

Über 16 Millionen Arbeitnehmer und Arbeitnehmerinnen haben nach Angaben des Bundesarbeitsministeriums derzeit einen Vertrag für die Riester-Rente abgeschlossen – weit weniger als ursprünglich geplant. Bei ihrer Einführung hoffte ihr Namensgeber, der damalige Arbeits- und Sozialminister Walter Riester, dass jede Arbeitnehmerin und jeder Arbeitnehmer freiwillig zusätzlich mit vier Prozent des Bruttolohnes vorsorgt. So wollte Riester die durch Kürzungen bei der gesetzlichen Rente entstehende Versorgungslücke schließen.

Diese Rechnung geht bis heute aus mehreren Gründen nicht auf. Die Bedingungen der Förderrente, insbesondere Garantien zum Erhalt des eingezahlten Kapitals, sorgen für geringe Renditen der verschiedenen Varianten der Vorsorge. Schlimmer wiegen die teils hohen Kosten, die Anbieter von der Geldanlage einbehalten. Abschlussprovisionen und Gebühren mindern bei vielen Verträgen die Ertragschancen enorm. Manches hat sich inzwischen zwar verbessert. Doch ein Hit wird die Förderrente wohl nicht mehr. Dabei ist die Riester-Rente insbesondere für Haushalte mit geringem Verdienst, für Familien und Gutverdienende lukrativ.

So funktioniert die Riester-Rente

Das Wichtigste an dieser Form der privaten Altersvorsorge sind die staatlichen Zuschüsse und Steuererleichterungen. Wer noch keine 25 Jahre alt ist, erhält beim Vertragsabschluss einen Bonus von 200 Euro. Wichtiger sind die regelmäßigen Zulagen. Riester-Sparerinnen und -Sparer erhalten einen Zuschuss von 175 Euro im Jahr, wenn sie vier Prozent des Bruttolohns in einen Vertrag einzahlen. Für vor dem Jahr 2008 geborene Kinder schießt der Staat weitere 185 Euro zu, für später geborenen Nachwuchs sogar 300 Euro. Eine Alleinerziehende mit rund 1000 Euro Bruttolohn muss nur 25 Euro im Monat zur Seite legen. Wenn sie zwei jüngere Kinder hat, erhöht der Staat ihren eigenen Sparanteil von 300 Euro im Jahr um weitere 775 Euro. Zusammen mit dem Eigenanteil sind das 1075 Euro oder nach 20 Jahren 21500 Euro Altersvorsorgevermögen. Dazu kommt die Rendite der Kapitalanlagen der Bank, Versicherung oder Fondsgesellschaft,

Kapitalbedarf Rentenlücke

Gerechnet auf 30 Jahre, müssen Sie bei angenommenen 2 Prozent Verzinsung das folgende Kapital ansparen, um Ihre Rentenlücke zu füllen.

Rentenlücke in Euro/Monat	Kapitalbedarf in Euro
300	81 500
400	109 000
500	136 000
600	163 000
700	190 000
800	217 000

bei der sie ihren Vertrag abschließt. 50 Euro zusätzliche Altersrente sind damit durchaus drin. Arbeitnehmer mit hohem Einkommen sparen zudem kräftig Steuern.

So können Sie nachhaltig „riestern"

Es gibt verschiedene Varianten der Riester-Rente, von denen drei für nachhaltiges Riestern in Frage kommen. Nicht betrachtet werden hier das Wohn-Riestern, das vor allem der Bezahlung eines Eigenheims dient, und Banksparpläne. Geeignet sind die klassische Riester-Rentenversicherung, Riester-Fondspolicen und Riester-Fondssparpläne.

▶ Die Anbieter von Riester-Renten geben Garantien und legen das Kapital deshalb möglichst sicher an. Dazu gehören beispielsweise Staatsanleihen. Bei der Auswahl legen einige Versicherungen ethische Kriterien an, Anleihen etwa von korrupten oder die Menschenrechte verletzenden Staaten kommen in diesem Fall nicht infrage. Andere häufige Ausschlusskriterien sind Kinderarbeit oder Nahrungsmittelspekulationen.

▶ Riester-Fondspolicen legen einen Teil Ihres Geldes sicher an, um Garantieleistungen abzusichern. Mit dem anderen Teil investieren sie in Fonds. In der Fondsfamilie einiger Anbieter gibt es auch nachhaltige Aktienfonds.

▶ Riester-Fondssparpläne legen Ihre Einzahlungen und den staatlichen Zuschuss vollständig in Fonds an. Auch hier können Sie bei einigen Anbietern zwischen verschiedenen Fonds wählen. Achten Sie bei der Suche nach einem passenden Produkt darauf, dass in der Palette der angebotenen Fonds auch nachhaltige Produkte dabei sind.

Doch wer beim „Riestern" auf eine streng nachhaltige Anlagestrategie des Anbieters achtet, hat nur wenig Auswahl. Schon die Suche nach entsprechenden Angeboten in einer Internet-Suchmaschine ernüchtert. Die ethisch-ökologische Riester-Rente haben die Anbieter in der Regel nicht im Angebot. Ein kleiner Lichtblick besteht dennoch. Viele Versicherungen lehnen die Produkti-

Gutes Gefühl
Auch im Alter können Sie für die nächsten Generationen verantwortlich handeln.

on geächteter Waffen, die Nahrungsmittelspekulation oder Kinderarbeit ab.

Es gibt aber auch positive Ausnahmen, etwa der Deka Zukunftsplan Select der zu den Sparkassen gehörenden Fondsgesellschaft Deka. Bei dieser Variante können Anleger zwischen verschiedenen Aktien- und Rentenfonds wählen. In beiden Kategorien findet sich ein nachhaltiges Angebot. Auch die Umweltbank bietet einen Riester-Sparplan an, dessen Einzahlungen für ökologische Projekte eingesetzt werden sollen.

→ Gezielt nachfragen

Bei fondsgebundenen Riester-Verträge verändern die Anbieter immer wieder einmal die Zusammenstellung der zur Wahl stehenden Fonds. Fragen Sie beim Vertragsabschluss gezielt nach nachhaltigen Fonds. Davon kommen inzwischen immer mehr auf den Markt.

Wie es mit der Riester-Rente weitergeht, war bei Redaktionsschluss noch offen. Eigentlich hatte sich die große Koalition eine Reform der geförderten Vorsorge vorgenommen. Die Regeln sollen vereinfacht werden und die Verträge sich für die Sparer mehr lohnen. An Vorschlägen mangelt es nicht. Die Verbraucherzentralen plädieren zum Beispiel für einen großen Fonds, der unabhängig von Versicherungen oder Banken kostengünstig das Geld der Anleger und Anlegerinnen verwalten soll. Dabei hätten diese die Wahl zwischen verschiedenen Fonds. Es ließe sich also auch ein nachhaltiges Produkt in die Vorsorge integrieren. Die Versicherungswirtschaft wiederum will die strengen Sicherheitskriterien aufweichen, um auf diese Weise eine höhere Rendite für ihre Kunden zu ermöglichen. Einig sind sich alle Beteiligten allerdings in der Erkenntnis, dass die private Zusatzvorsorge attraktiver werden muss. Das wird auch deshalb immer dringlicher, weil der „Garantiezins" für Lebensversicherungen bald auf nur noch 0,25 Prozent abgesenkt werden könnte. Das halten die Aktuare, also Versicherungsmathematiker, für angemessen. Das Problem: Damit ließe sich der Erhalt der eingezahlten Beiträge nicht mehr garantieren.

Der Puffer-Pantoffel

Finanztest hat das Pantoffel-Portfolio inzwischen um einen Auszahlplan erweitert. Denn ohne eine Beimischung von Aktienanlagen sind die monatlichen Auszahlungen gering.

Angenommen, Sie haben bereits eine hübsche Summe angespart oder sind auf andere Art und Weise zu einem hohen Geldbetrag gekommen, etwa durch eine Erbschaft oder eine fällig werdende Lebensversicherung. Wie wird aus dem angesparten Vermögen nun eine anständige zusätzliche Rente?

Die von Versicherungen angebotenen Sofortrenten sind zwar bequem und garantieren Ihnen eine lebenslange sichere Rentenzahlung. Doch die Sicherheit geht zu Lasten der Rendite. Es ist nicht gesagt, dass die Anbieter mit Ihrem Geld so erfolgreich arbeiten, dass Ihre Privatrente regelmäßig angehoben wird. Bei Auszahlplänen der Banken sieht es ähnlich aus. Grund sind auch hier die niedrigen Zinsen.

Nicht nur deshalb gibt es als Alternative den Pantoffel-Entnahmeplan als Strategie für ein regelmäßiges Zusatzeinkommen. Es ist auch eher schwer, ein passendes nachhaltiges Versicherungsangebot zu finden. Mit einem Pantoffel-Entnahmeplan hat man es in dieser Hinsicht leichter. Das Pantoffel-Prinzip entspricht der Strategie in der Zeit, in der Sie Ihr Vermögen ansparen. Ein Teil des Ersparten wird auf einem Tages-geldkonto untergebracht. Hierfür können Sie Angebote nachhaltiger Banken wählen. Aus diesem Guthaben wird Ihnen regelmäßig Ihre Rente überwiesen. Mit dem anderen Teil erwerben Sie einen ETF auf einen nachhaltigen Weltaktienindex. Wie Sie das Verhältnis zwischen der sicheren und der risikoreicheren Anlage verteilen, kommt darauf an, wie risikobereit Sie sind. In der defensiven Variante bleiben 75 Prozent des Vermögens auf dem Tagesgeldkonto, 25 Prozent stecken im ETF. In der ausgewogenen Variante wird das Kapital hälftig auf beides verteilt. Offensive Anlegerinnen halten nur 25 Prozent auf dem Tagesgeldkonto und investieren drei Viertel des Geldes in ETF. Wahrscheinlich sind Anleger, die eine Zusatzrente aufbauen wollen, mit dem defensiven oder dem ausgewogenen Portfolio am besten bedient. Eines ist jedenfalls klar: Raus aus Aktien muss in der Rente niemand. Im Gegenteil: Einen Teil in Aktien zu investieren, ist auch im Alter vernünftig.

Wenn Sie schon ein Pantoffel-Portfolio besitzen, können Sie jederzeit dessen Zweck ändern und, statt einzuzahlen, Geld entnehmen. Sollten Sie noch keine Erfahrung mit der Finanztest-Strategie haben, können Sie

Stiftung Warentest | Nachhaltig für das Alter vorsorgen

So viel Pantoffel-Rente ist möglich

Die Tabelle zeigt, wie hoch eine Pantoffel-Rente aus einem Vermögen von 100 000 Euro für verschiedene Laufzeiten ausfällt. Das Pufferkonzept von Finanztest reagiert flexibel auf unterschiedliche Börsenphasen: Erholen sich die Aktienkurse nach einem Crash, wird die Rente pro 100 000 Euro geringer, da wir den Sicherheitspuffer erhöhen. Er soll verhindern, dass zu viele Fondsanteile vor einem jederzeit wieder möglichen Crash abgebaut werden.

In schlechten Börsenphasen, vor allem unmittelbar nach einem Crash, kann der Puffer geringer werden oder ganz entfallen. Zurzeit steht der globale Aktienindex MSCI World trotz Corona-Krise nur 7,6 Prozent unter seinem historischen Hoch. Die aktuelle Rente ist daher vergleichsweise niedrig und beträgt bei einem ausgewogenen Portfolio und 30 Jahren Laufzeit 279 Euro pro Monat.

Pantoffel-Portfolio	Schwere Krise: Aktienmarkt liegt sehr stark unter Höchststand, bis zu … Prozent		Mittlere Turbulenzen: Aktienmarkt liegt bis zu … Prozent unter Höchststand		Goldgräberstimmung: Aktienmarkt ist auf Höchststand oder bis zu … Prozent darunter	
	-60	-40	-20	-10	-5	0
30 Jahre Restlaufzeit						
Ausgewogen	463	355	301	283	275	268
25 Jahre Restlaufzeit						
Ausgewogen	511	396	339	320	312	305
20 Jahre Restlaufzeit						
Ausgewogen	587	461	398	377	368	360

ab Seite 135 zunächst einmal deren Funktionsweise kennenlernen und dann überlegen, ob diese für Sie auch im Alter infrage kommt. Denn etwas Pflege gehört dazu: Sie sollten regelmäßig die Zusammensetzung des Portfolios überprüfen, gegebenenfalls ändern und die monatlichen Auszahlungen der Entwicklung anpassen.

Den besonderen Pfiff bringt der eingebaute Puffer. Er sorgt für eine weitgehend sichere Mindestauszahlung. Denn die Aktienanlage ist zwar auf lange Sicht lukrativ, doch eben auch risikoreich. Es kommt immer wieder einmal zu deutlichen Einbrüchen bei den Börsenkursen. Davon ist dann auch ihr ETF oder Fonds betroffen. Mit dem Puffer kalkulieren Sie ihre monatliche Entnahme so, dass sie auch im Fall eines Kurssturzes um 60 Prozent nicht verringert werden muss. Warum 60 Prozent? Das entspricht dem maximalen Verlust, den es in den vergangenen drei Jahrzehnten gab. Das heißt, auch im schlimmsten Fall reicht das vorhandene Kapital für eine monatliche Zahlung bis zum Ende des gewählten Zeitraums aus.

Der Puffer ist umso größer, je näher die Börsenkurse an Höchstkurse rücken. Je weiter sie davon entfernt sind, etwa nach einem Crash, desto geringer ist die Risikorücklage. Das Ergebnis schwankt bei Aktienanlagen naturgemäß. Das heißt, in guten Zeiten zahlen Sie sich absichtlich etwas weniger aus, um für schlechtere Zeiten vorzusorgen. Eine Anlegerin mit ausgewogenem Risikobewusstsein und mit einem Kapital von 100 000 Euro könnte zu Beginn monatlich 278 Euro entnehmen, wenn sie mit einer 30-jährigen Rentendauer rechnet. Unter diesen Wert sollte die Auszahlung nicht sinken – es sei denn, es kommt eines Tages zu einem Mega-Crash, der alles bisher Dagewesene in den Schatten stellt. Läuft es an der Börse so gut, wie es in den vergangenen Jahrzehnten der Fall war, kann sie sich über eine steigende Zusatzrente freuen. Bei Ihrer individuellen Berechnung der optimalen Entnahme hilft Ihnen ein Finanztest-Rechner unter test.de/pufferpantoffel.

Nachhaltige Sofortrente als Alternative?

Zum Glück ist nicht nur der Start unkompliziert: Es bedarf keiner Verträge oder zeitlichen Verpflichtungen. Auch die Entnahme eines größeren Betrags stellt kein Problem dar. Unkomplizierter geht es kaum. Sie können die Strategie auch jederzeit ändern und das Portfolio einfach auflösen, indem Sie die ETF oder Fonds veräußern und den Erlös auf das Tagesgeldkonto überweisen.

In diesem Fall haben Sie wiederum mehrere Möglichkeiten. Die einfachste ist, dass Sie sich monatlich einen Teil Ihres Vermögens auszahlen und es nach und nach aufzehren. Da genügt eine einfache Rechnung. Sie teilen den Wert Ihres Vermögens durch die Anzahl der Monate, die Sie absichern wollen und erhalten als Ergebnis die monatlich mögliche Entnahme. Das ist bequem, aber nicht die klügste Lösung, weil die Verzinsung des Kapitals gegen Null geht.

Als Alternative bietet sich eine nachhaltige Sofortrente an. Deren Vorteil ist die garantierte Auszahlung bis zum Lebensende. Es gibt nicht viele ethisch-ökologische Policen auf dem Markt, aber einige versprechen, bei der Auswahl ihrer Investments recht strenge Kriterien anzulegen,

Aufgepasst: Auch die GLS-Bank bietet eine „Sofortrente". Doch trügt die Bezeichnung. Denn die Rentendauer ist hier auf einen frei wählbaren Zeitraum zwischen vier und 25 Jahren begrenzt. Sie bietet also keine lebenslange Sicherheit. In den ersten Jahren wird sie nicht verzinst. Ab dem achten Jahr verspricht die Bank 0,3 Prozent Zinsen, ab dem 16. Jahr 0,4 Prozent.

Die regelmäßige Pflege des Altersvermögens liegt nicht jedem. Doch ist sie für ein optimales Ergebnis dieser Strategie dringend angeraten. Ebenso ist der Pantoffel-Puffer nichts für Menschen, die auf die Sicherheit einer bis zum Lebensende gesicherten und in der Höhe klar vereinbarten Zusatzrente nicht verzichten wollen.

Stiftung Warentest | Nachhaltig für das Alter vorsorgen

Früher aufhören oder mehr Rente bekommen

Die Gesetzliche Rentenversicherung (GRV) ist allen Unkenrufen zum Trotz eine ebenso stabile wie gesellschaftlich soziale und individuell wirtschaftlich nachhaltige Einrichtung.

Ein gut ausgebautes System der Alterssicherung trägt zum sozialen Frieden bei und verringert mit seinen Leistungen auch Lebensrisiken wie eine frühzeitige Erwerbsunfähigkeit. Auch wenn das Rentensystem entsprechend der demografischen Entwicklung und der wirtschaftlichen Leistungsfähigkeit immer wieder an aktuelle Bedingungen angepasst werden muss, ist es eine über Generationen funktionierende, der Allgemeinheit dienende Einrichtung und im besten Sinne sozial verantwortlichen Handelns nachhaltig.

Eine Kehrseite der bereits erfolgten Anpassungen ist ein rückläufiges Rentenniveau. Ohne eine zusätzliche private Altersvorsorge lässt sich der Lebensstandard des Berufslebens längst nicht mehr halten. Die gesetzliche Rente ist nur noch eine Säule des Einkommens im Ruhestand. Dazu kommen noch Zahlungen aus der betrieblichen Altersvorsorge und der geförderten privaten Rentenversicherung. Als „Sahnehäubchen" obendrauf kommen im besten Fall Erträge aus anderen Rentenversicherungen oder aus dem Puffer-Pantoffel. Wenn dazu noch ein abbezahltes Eigenheim zum Haushalt gehört, steht einem finanziell sorgenfreien Lebensabend nichts mehr im Wege.

Doch das ist längst nicht bei allen Arbeitnehmern und Arbeitnehmerinnen der Fall. Wenn die anderen Säulen voraussichtlich nicht genügend zu den Alterseinkünften beitragen, sind weitere Sparanstrengungen nötig. Doch das Zinstief kann dabei schnell zu einem großen Problem werden. Denn die älteren Jahrgänge, die in absehbarer Zeit aus dem Berufsleben ausscheiden, haben einerseits nicht mehr die Zeit zur Bildung größerer Vermögen, andererseits steigt beim Kauf von Fonds oder ETF das Risiko, in einer schlechten Börsenphase Geld zu benötigen und nur mit Verlusten wieder aussteigen zu können.

Keine Abschläge oder höhere Rente

Sollten auch Sie nach Wegen suchen, wie Sie Ihre Alterseinkünfte erhöhen können, sind Sie bei der Gesetzlichen Rentenversicherung womöglich gut aufgehoben. Denn es gibt eine einfache Möglichkeit, mit freiwilligen Zahlungen Ihre Altersrente zu erhöhen. Das ist für alle gesetzlich Versicherten mit wenigstens 35 Versicherungsjahren möglich und erfreut sich wachsender Beliebtheit.

Ab einem Alter von 50 Jahren können diese zusätzlichen Zahlungen geleistet werden, in Raten oder in einem Rutsch. 2015 hat die Gesetzliche Rentenversicherung gerade einmal 24 Millionen Euro an freiwilligen Beiträgen eingenommen. Vier Jahre später waren es bereits 207 Millionen Euro – mit steigender Tendenz. Lange war diese Möglichkeit Arbeitnehmerinnen und Arbeitnehmer gar nicht bekannt. Auch lag die Altersgrenze für freiwillige Beiträge noch bei 55 Jahren. Doch die Idee verbreitet sich nun mehr und mehr.

Früher in den Ruhestand?

Ein vorzeitiger Ruhestand wirkt sich doppelt auf das Ruhestandseinkommen aus. Die Altersrente fällt geringer aus, weil die Versicherten weniger lang Beiträge in die Rentenkasse einzahlen. Und für jeden Monat früher wird von diesem Betrag noch ein kleiner Teil abgezogen. Um diese Effekte abzumildern, hat sich der Staat etwas einfallen lassen. Formal wurden die sogenannten Ausgleichszahlungen eingeführt, um Rentenabschläge bei einer Frühverrentung zu vermeiden.

Und so funktioniert es: Scheidet ein Beschäftigter zum Beispiel ein Jahr früher aus dem Berufsleben aus, zieht die DRV ihm für jeden Monat 0,3 Prozent von der Rente ab,

also insgesamt 3,6 Prozent für das gesamte Jahr. Statt erwarteter 1 800 Euro zahlt die Rentenkasse nur noch 1 735,20 Euro Ruhegeld. Bei einem drei Jahre früheren Renteneintritt summieren sich die Abschläge auf 194,40 Euro. Es bleiben dann noch 1 605,60 Euro Rente übrig. Der Abzug unterbleibt, wenn als Ausgleich freiwillig Beiträge bezahlt werden.

Wie viel Sie dafür bezahlen müssen, hängt von Ihren individuellen Verhältnissen ab. Generell gilt, je höher Ihre Rentenansprüche sind und je früher Sie den Job an den Nagel hängen wollen, desto teurer wird es. Die Gegenleistung kann sich sehen lassen. Sie können deutlich vor dem Erreichen des gesetzlichen Rentenalters in den Ruhestand wechseln. Wie viel Sie in etwa bezahlen müssen, können Sie anhand der Tabelle auf Seite 172 abschätzen.

So können Sie auch die spätere Rente erhöhen. Das ist der große Charme und macht die freiwilligen Beitragszahlungen zu einer guten und vor allem für Sie nachhaltigen Geldanlage. Denn mit der Verabredung dazu ist kein Zwang verbunden, auch tatsächlich schon vorzeitig in den Ruhestand zu wechseln. Sie haben dann einfach nur mehr Beiträge bezahlt, und entsprechend wachsen auch Ihre Rentenansprüche mit.

Länger arbeiten bringt eine noch höhere Rente

Wenn Ihre regulären Alterseinkünfte trotzdem nicht reichen, können Sie auch länger im Beruf bleiben. Das geht allerdings nicht bei jedem Arbeitgeber. Noch immer sehen manche Arbeitsverträge ein Ende mit dem Erreichen der Altersgrenze vor, obwohl Arbeitnehmerinnen und Arbeitnehmer gerne noch weitermachen würden. Finanziell lohnt sich der Verbleib im Job. So wie es Abschläge für die Frührente gibt, zahlt die Gesetzliche Rentenversicherung einen Aufschlag bei späterem Renteneintritt. Pro Monat mehr steigen Ihre Rentenansprüche um 0,5 Prozent.

So gehen Sie vor:

1 Klären Sie Ihr Rentenkonto, falls Sie dies bislang noch nicht getan haben. Oft verfügt die Rentenversicherung noch nicht über alle erforderlichen Daten wie Ausbildungszeiten, Kindererziehung et cetera. Erst wenn alle Versicherungszeiten geklärt sind, können Ihre voraussichtliche Versicherungszeit und die voraussichtliche spätere Rente verlässlich berechnet werden.

2 Lassen Sie sich von Ihrem Rentenversicherungsträger individuell beraten. Die Träger unterhalten bundesweit Beratungsstellen und bieten seit Kurzem auch eine Videoberatung an. Die Adressen findet man unter deutsche-rentenversicherung.de im Internet. Auch telefonisch kann man sich informieren unter 0800 1000 4800, der kostenlosen Servicenummer der Deutschen Rentenversicherung.

3 Laden Sie sich von der Webseite deutsche-rentenversicherung.de das Formular V 0210 herunter. Das ist der Antrag auf eine Berechnung Ihrer maximalen Ausgleichszahlung.

4 Wenn die Deutsche Rentenversicherung Ihre maximale Zahlung errechnet hat, können Sie abwägen, ob sich die Ausgleichszahlung für Sie lohnt. In der Auskunft wird nur mitgeteilt, wie hoch Ihre Abschläge wären. Um wie viel sich Ihre Rente erhöht, wenn Sie weiterarbeiten, steht nicht in der Auskunft. Teilen Sie den Maximalbetrag durch 220,6, um die mögliche Rentenerhöhung näherungsweise zu errechnen.

5 Überlegen Sie, in welchen Tranchen Sie die Ausgleichszahlung leisten wollen, um möglichst viele Steuern zu sparen.

6 Zahlen Sie die erste Rate bei der Deutschen Rentenversicherung ein und es geht los.

Steuern sparen Sie damit auch noch

Rentenbeiträge können Sie von der Steuer absetzen. Das gilt auch für die Ausgleichszahlungen. Wenn Sie die freiwilligen Beiträge nicht auf einen Schlag zahlen, sondern sie über mehrere Jahre verteilen, beteiligt sich der Fiskus recht großzügig an Ihrer Altersvorsorge. Denn mit den Pflichtbeiträgen schöpfen Arbeitnehmer den Höchstbetrag für Altersvorsorgeaufwendungen in Höhe

AUSGLEICHSZAHLUNG
44 916 Euro
in die Rentenkasse

VERTEILTE EINZAHLUNG
2020	15 746
2021	15 746
2022	13 424

Sina verteilt 44 916 Euro über drei Jahre.

EINZAHLUNG AUF EINMAL
| 2020 | 44 916 |

Sina zahlt alles in einem Jahr.

MÖGLICHE STEUERERSPARNIS (Euro)

| 2020 | 4 790 |

4 790 insgesamt

SO RECHNET DAS FINANZAMT

2020

Beitrag zur Rentenversicherung inklusive Arbeitgeberanteil	9 300
+ Ausgleichszahlung (Rentenkasse)	44 916
Insgesamt	54 216
Maximal zählen 25 046 Euro, davon 90 %	22 542
– Rentenversicherungsbeitrag Arbeitgeber	4 650
Abzug für Altersvorsorge	17 892
Steuer auf zu versteuerndes Einkommen[1]	4 361
Steuerersparnis 2020	4 790

SO RECHNET DAS FINANZAMT

2020

Beitrag zur Rentenversicherung inklusive Arbeitgeberanteil	9 300
+ Ausgleichszahlung (Rentenkasse)	15 746
Insgesamt	25 046
Maximal zählen 25 046 Euro, davon 90 %	22 542
– Rentenversicherungsbeitrag Arbeitgeber	4 650
Abzug für Altersvorsorge	17 892
Steuer auf zu versteuerndes Einkommen[1]	4 361
Steuerersparnis 2020	4 790

Alle Angaben in Euro. Den Berechnungen liegen die Rentenwerte zum 1. Juli 2020 zugrunde. 1) Keine Kinder mit Anspruch auf Kindergeld. Keine Kirchensteuer. Gerechnet mit Steuertarif 2020. inklusive Soli.

© Finanztest 2020

MÖGLICHE STEUERERSPARNIS
(Euro)

Jahr	Betrag
2020	4 790
2021	4 790
2022	4 140

13 720 insgesamt

Mit extra Rentenbeiträgen Steuern sparen

Die berufstätige Sina Heide (55) möchte 44 916 Euro in die Rentenkasse zusätzlich einzahlen, um bei eventueller Frührente Abschläge auszugleichen. Damit erhöht sie nicht nur ihre Rente, sondern kann bei 50 000 Bruttogehalt im Jahr auch viel Steuern sparen. Aber nur, wenn sie diesen Betrag optimal über drei Jahre verteilt.

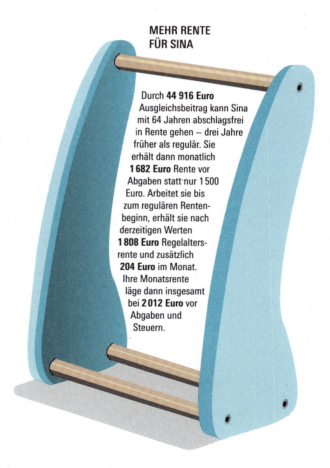

MEHR RENTE FÜR SINA

Durch **44 916 Euro** Ausgleichsbeitrag kann Sina mit 64 Jahren abschlagsfrei in Rente gehen – drei Jahre früher als regulär. Sie erhält dann monatlich **1 682 Euro** Rente vor Abgaben statt nur 1 500 Euro. Arbeitet sie bis zum regulären Rentenbeginn, erhält sie nach derzeitigen Werten **1 808 Euro** Regelaltersrente und zusätzlich **204 Euro** im Monat. Ihre Monatsrente läge dann insgesamt bei **2 012 Euro** vor Abgaben und Steuern.

2021 2022

ACHTUNG Sina würde rund 8 930 Euro Steuerersparnis verlieren, wenn Sie 44 916 Euro in die Rentenkasse 2020 einzahlt. Verteilt sie den Betrag über mehrere Jahre und schöpft den Höchstbeitrag für den Steuerabzug aus, erzielt sie eine optimale Steuerersparnis: Von den 44 916 Euro bekommt sie im Idealfall 13 720 Euro Steuern zurück. Bleiben 31 196 Euro, die sie selber aufbringen muss.

Sina sollte 2021 und 2022 noch mal rechnen, da die Höchstbeträge noch nicht feststehen. Klar ist auch nicht, wie hoch der Rentenversicherungsbeitrag ist. Fest steht bisher, dass sie bis zum Höchstbetrag 92 Prozent im Jahr 2021 nach Abzug des Arbeitgeberbeitrags absetzen kann und 94 Prozent 2022.

Mit Ausgleichszahlungen die Rente erhöhen

Wie viel Sie maximal zusätzlich in die Rentenkasse einzahlen dürfen, hängt davon ab, wann Sie theoretisch in Frührente gehen könnten. Das geht, sobald Sie auf 35 Versicherungsjahre kommen und mindestens 63 Jahre sind. Abschläge für einen Frühstart dürfen Sie ausgleichen. Gehen Sie dann nicht früher in Rente, erhöht die Ausgleichszahlung Ihre reguläre Altersrente. Unsere Beispiele zeigen, um wie viel.

Voraussichtliche Höhe der Rente mit Abschlag (Euro/Monat) bei frühestmöglichem Rentenstart …	Maximale Ausgleichszahlung (Euro)	Rentenerhöhung bei regulärem Renteneintritt (Euro/Monat)
1 Jahr vor der Regelaltersgrenze (Abschlag 3,6 Prozent)		
1 000	8 546	38,74
1 500	12 819	58,11
2 000	17 092	77,48
2 Jahre vor der Regelaltergrenze (Abschlag 7,2 Prozent)		
1 000	18 444	83,61
1 500	27 666	125,41
2 000	36 888	167,21
3 Jahre vor der Regelaltersgrenze (Abschlag 10,8 Prozent)		
1 000	29 944	135,74
1 500	44 916	203,60
2 000	59 888	271,47
4 Jahre vor Regelaltersgrenze (Abschlag 14,4 Prozent)		
1 000	43 354	196,52
1 500	65 031	294,79
2 000	86 708	393,05

Die Tabelle zeigt die Rentenerhöhung für Ausgleichszahlungen in Westdeutschland. Ostdeutsche Arbeitnehmer können sich aber auch grob daran orientieren. Ab 2025 entfällt der Unterschied. Rundungsdifferenzen sind möglich.
Quelle: Deutsche Rentenversicherung Bund, eigene Berechnungen
Stand: 1. Juli 2020

Stiftung Warentest | Nachhaltig für das Alter vorsorgen

von 25 046 Euro in der Regel nicht aus. Bei einem Bruttogehalt von 50 000 Euro im Jahr zahlen Sie und Ihr Arbeitgeber je 4 650 Euro in die Rentenkasse ein, zusammen also 9 300 Euro. Sie können folglich weitere 15 746 Euro als Ausgleichszahlung an die Rentenversicherung überweisen und den Höchstbetrag damit voll ausschöpfen. Bei Ehepaaren verdoppelt sich der Höchstbetrag auf 50 092 Euro.

Darauf sollten Sie achten

Auch wenn Eheleute getrennte Steuererklärungen abgeben, können sie ihre gemeinsamen Altersvorsorgeaufwendungen je zur Hälfte geltend machen. Das hat der Bundesfinanzhof entschieden (Az. III R 11/18).

Die Rentenkasse übermittelt den Finanzämtern die freiwilligen Beitragszahlungen nicht. Sie müssen diese also in Ihrer Steuererklärung selbst geltend machen.

Prüfen Sie den Steuerbescheid. Hat das Finanzamt Ihre Angaben auch berücksichtigt? Falls nicht, können Sie innerhalb eines Monats beim Finanzamt Einspruch gegen den Bescheid einlegen.

Die Rentenkasse benötigt Zeit für die Bearbeitung Ihres Antrags auf eine Ausgleichszahlung. Reichen Sie ihn daher frühzeitig ein, damit Sie noch im gleichen Jahr Steuern sparen können. Denn anerkannt werden für die Steuererklärung eines Jahres immer nur die im selben Jahr gezahlten Beiträge.

PRO

Lebenslang weiter steigende Rente

Sichere Geldanlage

Hohe Steuerersparnis im Erwerbsleben

Vergleichsweise gute Rendite bei Erreichen eines hohen Alters

Höhere Hinterbliebenenrente

CONTRA

Das Geld gibt es im Notfall nicht zurück

Keine Vererbung möglich

Die Rente muss versteuert werden

Auch Beiträge zur Kranken- und Pflegeversicherung werden erhoben

Lohnt sich nur bei einer noch längeren Lebenserwartung nach Rentenbeginn

Hilfe

1 **Nachhaltige Aktienfonds Schwellenländer**
Seite 174

2 **Nachhaltige Aktienfonds Welt**
Seite 176

3 **Nachhaltige Aktienfonds Europa**
Seite 180

4 **Nachhaltige Banken mit Tagesgeld und Festgeld**
Seite 184

5 **Stichwortverzeichnis**
Seite 188

Nachhaltige Aktienfonds Schwellenländer (Emerging Markets)

Fonds				
Anbieter / Marke	Fondsname bzw. nachgebildeter Index (bei ETF)		Isin	Risikoklasse (1–12)
Nachhaltig aktiv gemanagte Fonds				
Swisscanto	Equity Sustainable EM	T[2)3)]	LU 033 854 803 4	8
Nordea	Emerging Stars Equity	T[3)5) 6)7)]	LU 060 253 986 7	8
Nachhaltige Indexfonds und ETF				
iShares	MSCI EM SRI Select Reduced Fossil Fuels	T[3)5) 6)7)]	IE 00B YVJ RP7 8	–
Amundi	MSCI EM SRI 5% Issuer Capped	T[2)7)]	LU 186 113 896 1	–
Xtrackers	MSCI EM Low Carbon SRI Leaders	T	IE 00B G37 0F4 3	–
Amundi	MSCI EM ESG Leaders 5% Issuer Capped	T	LU 210 978 755 1	–
Crédit Suisse	MSCI EM ESG Leaders	T[8)]	LU 159 918 645 6	–

Reihenfolge nach Finanztest-Nachhaltigkeits-bewertung (Prozent) und Alphabet.
T = Thesaurierender Fonds.

■ = Ja.
□ = Nein.
◨ = Eingeschränkt.
– = Keine Angabe möglich, da der Fonds nicht alt genug ist.

Erläuterung der Finanztest-Bewertung siehe Seite 57.

Auswahlstrategien (Erläuterung siehe unten)
B = Best-in-Class.
O = Best-of-all-Classes.
A = Absolute Selektion.
T = Themenfonds.

Stiftung Warentest | Hilfe

Finanztest BEWERTUNG	Chance-Risiko-Zahl (%)	Finanztest Nachhaltigkeitsbewertung	Prozent	Ausschluss von ... (Auswahl bewerteter Kriterien)							Strenge der Auswahl	Nachhaltigkeitsbeirat	Auswahlstrategien	Engagement[1]	Transparenz[1]
				Fossile Energie	Atomkraft	Umweltzerstörung	Kontroverse Waffen	Konventionelle Waffen	Korruption	Verletzung Arbeits-/Menschenrechte					
●●●○○	85	●●●	75	■	■	◪	■	◪	□	◪	mittel	◪[4]	B, A	mittel	mittel
●●●●●	112	●●●	69	◪	■	◪	■	■	□	◪	hoch	□	A	hoch	hoch
–		●●●	62	◪	◪	◪	■	■	◪	hoch	□	B, A	mittel	mittel
–		●●	54	□	◪	◪	◪	■	◪	hoch	□	B, A	mittel	mittel
–		●	38	◪	◪	◪	■	□	□	mittel	□	B, A	mittel	mittel
–		●	33	□	◪	□	■	□	□	mittel	□	B, A	mittel	mittel
–		●	33	□	◪	□	■	□	□	mittel	□	B, A	mittel	gering

Finanztest-Nachhaltigkeitsbewertung
(Grad der Nachhaltigkeit)
●●●●● = Sehr hoch (90–100 Prozent).
●●●● = Hoch (80–89 Prozent).
●●● = Mittel (60–79 Prozent).
●● = Niedrig (40–59 Prozent).
● = Sehr niedrig (0–39 Prozent).

1) Geht nicht in die Finanztest-Nachhaltigkeitsbewertung ein.
2) Als Sparplan erhältlich bei Consorsbank.
3) Als Sparplan erhältlich bei Ebase.
4) Beirat hat kein Mitspracherecht bei der Titelauswahl.
5) Hat mehrere Anteilsklassen.
6) Als Sparplan erhältlich bei Comdirect.
7) Als Sparplan erhältlich bei ING.
8) Indexfonds, kein ETF.

Quellen: FWW, Refinitiv; Börsen Frankfurt, Berlin, Düsseldorf, Hamburg-Hannover, München, Stuttgart, Tradegate; Comdirect, Consorsbank, Ebase, ING, Lang & Schwarz, Maxblue, S Broker; eigene Erhebungen und Berechnungen.
Bewertungszeitraum: 5 Jahre
Stand Finanzdaten: 31. August 2020
Stand Nachhaltigkeitsdaten: 31. Juli 2020

Nachhaltige Aktienfonds Welt – so rentabel und sauber sind sie

Fonds				Risikoklasse (1–12)	Finanztest BEWERTUNG	Finanztest Nachhaltigkeitsbewertung
Anbieter / Marke	Fondsname bzw. nachgebildeter Index		Isin			
Nachhaltige aktive Fonds						
Universal	GLS Bank Aktienfonds	Ⓐ5)6)	DE 000 A1W 2CK 8	7	●●●○○	●●●●●
Security	Superior 6 Global Challenges	Ⓣ2)4)	AT 000 0A0 AA7 8	8	●●○○○3)	●●●●●
Warburg	Steyler Fair Invest Equities	Ⓐ5)6)7)	DE 000 A1J UVL 8	8	●●○○○	●●●●
Triodos	Global Equities Impact	Ⓐ2)	LU 027 827 241 3	7	●●○○○	●●●●
Ampega	TerrAssisi Aktien I AMI	Ⓐ2)5)6)7)	DE 000 984 734 3	8	●●○○○3)	●●●●
GreenEffects	NAI-Werte Fonds	Ⓣ	IE 000 589 565 5	7	●●●●○	●●●●
IFM Acatis	Fair Value Aktien Global	Ⓐ2)5)6)9)	LI 001 750 238 1	7	●●○○○	●●●●
Erste	Responsible Stock Global	Ⓣ2)5)	AT 000 064 679 9	8	●●●○○	●●●
Security	Superior 4 Ethik Aktien	Ⓣ2)11)	AT 000 0A0 7HU 3	8	●●●○○	●●●
Gutmann	Aktien Nachhaltigkeit	Ⓣ4)	AT 000 0A1 5M7 5	8	●●○○○	●●●
Kepler	Ethik Aktienfonds	Ⓣ2)5)6)	AT 000 067 566 5	8	●●●○○	●●●
Raiffeisen	Nachhaltigkeit-Aktien	Ⓣ2)	AT 000 067 791 9	8	●●●○○	●●●
JSS	Sustainable Equity Global	Ⓐ5)6)7)	LU 009 742 778 4	7	●●○○○	●●●
JSS	Sustainable Equity Global Thematic	Ⓣ2)5)7)12)	LU 048 050 891 9	7	●●●●○	●●●
Swisscanto	Equity Sustainable	Ⓣ2)5)	LU 013 617 155 9	7	●●●○○	●●●
Deka	Nachhaltigkeit Aktien	Ⓐ5)6)7)	LU 070 371 090 4	8	●●●○○	●●●
Deka	Portfolio Nachhaltigkeit Globale Aktien	Ⓐ4)6)	LU 013 381 933 3	8	●●●○○	●●●
FundRock BMO	Responsible Global Equity	Ⓐ5)6)	LU 023 475 952 9	7	●●●○○	●●●
Union	KCD-Union Nachhaltig Aktien MinRisk	Ⓐ14)	DE 000 532 653 2	7	●●○○○	●●●
Union	UniNachhaltig Aktien Global	Ⓐ5)7)	DE 000 A0M 80G 4	7	●●●○○	●●●
Masterinvest	KCM Aktien Global SRI	Ⓣ2)13)	AT 000 0A0 V6K 5	7	●●●●○	●●
3 Banken	Nachhaltigkeitsfonds	Ⓣ6)	AT 000 070 115 6	8	●●○○○	●●
DPAM	Equities World Sustainable	Ⓣ2)	BE 624 606 844 7	6	●●●●●	●●
Invesco	Umwelt und Nachhaltigkeit	Ⓣ4)5)7)12)15)	DE 000 847 047 7	7	●●●○○	●●
Allianz	Global Sustainability	Ⓐ2)5)6)7)15)	LU 015 882 719 5	7	●●●●○	●●

Prozent	Ausschluss von ... (Auswahl bewerteter Kriterien)							Strenge der Auswahl	Nachhaltigkeitsbeirat	Auswahlstrategien	Engagement[1]	Transparenz[1]
	Fossile Energie	Atomkraft	Umweltzerstörung	Kontroverse Waffen	Konventionelle Waffen	Korruption	Verletzung Arbeits-/Menschenrechte					
91	■	■	■	■	■	■	■	hoch	■	T, O	mittel	hoch
90	■	■	■	■	■	■	■	hoch	■	T, B, A	gering	hoch
88	◨	■	■	■	■	■	■	hoch	■	B, A	mittel	mittel
87	■	■	■	■	■	■	■	hoch	□	T, A	hoch	hoch
81	◨	■	■	■	■	■	■	hoch	■	B, A	gering	mittel
81	■	■	◨	■	■	■	■	hoch	□	T	kein	mittel
80	◨	■	◨	■	■	■	■	mittel	■	T, A	gering	hoch
78	◨	■	◨	■	◨	■	■	mittel	◨[10]	B	hoch	hoch
77	◨	◨	■	◨	■	■	■	hoch	■	B, A	gering	hoch
76	◨	■	◨	◨	■	■	■	mittel	◨[17]	B, A	gering	mittel
75	◨	■	■	■	■	■	■	hoch	◨[10]	B	mittel	mittel
74	◨	■	◨	■	■	■	■	mittel	◨[17]	B, A	hoch	mittel
73	□	■	■	■	■	■	■	mittel	■	B, A	hoch	mittel
73	□	■	■	■	■	■	■	mittel	■	B, A	hoch	mittel
69	■	■	◨	■	■	□	□	mittel	◨[10]	T, B, A	gering	mittel
68	□	◨	■	■	■	■	■	gering	◨[10]	B, A	mittel	mittel
68	□	◨	■	■	■	■	■	gering	◨[10]	B, A	mittel	gering
68	◨	■	◨	■	■	■	◨	gering	■	T, A	hoch	mittel
60	□	◨	◨	■	■	■	■	gering	□	B, A	hoch	gering
60	□	◨	■	■	■	■	■	mittel	□	B	hoch	gering
59	□	■	■	◨	■	■	■	hoch	□	B	kein	mittel
56	□	■	◨	◨	■	□	◨	mittel	□	B, A	kein	hoch
48	□	◨	◨	■	■	■	◨	gering	□	B, A	hoch	hoch
45	□	□	□	■	■	□	□	hoch	□	B	mittel	gering
44	□	□	□	◨	■	□	■	gering	□	B, A	hoch	mittel

Fonds					Finanztest BEWERTUNG	Finanztest Nachhaltigkeitsbewertung
Anbieter / Marke	Fondsname bzw. nachgebildeter Index		Isin	Risikoklasse (1–12)		
Meag	Nachhaltigkeit	Ⓐ[5)7)13)]	DE 000 161 999 7	8	●●●○○	●

Nachhaltige Indexfonds und ETF

Warburg	Global Challenges Index[18)]	Ⓐ[2)5)]	DE 000 A1T 756 1	8	●●○○○[3)]	●●●●●
iShares	MSCI World SRI Select Reduced Fossil Fuels	Ⓣ[2)5)12)16)]	IE 00B YX2 JD6 9	–	–	●●●
BNP Easy	MSCI World SRI S-Series 5% Capped[8)]	Ⓣ[2)5)15)]	LU 161 509 221 7	–	–	●●
Amundi	MSCI World SRI 5% Issuer Capped	Ⓣ[5)12)15)16)]	LU 186 113 438 2	–	–	●●
UBS	MSCI World SRI 5% Issuer Capped[8)]	Ⓐ[2)5)6)12)15)16)]	LU 062 945 974 3	7	●●●●○	●●
Franklin	LibertyQ Global Equity SRI	Ⓣ[4)15)16)]	IE 00B F2B 0N8 3	–	–	●●
VanEck	Solactive Sustainable World Equity	Ⓐ[5)15)]	NL 001 040 870 4	7	●●●○○	●●
iShares	DJ Sustainability World Enlarged ex Alcohol, Tobacco, Gambling, Armaments & Firearms and Adult Entertainment	Ⓣ[5)6)12)15)16)]	IE 00B 57X 3V8 4	7	●●●○○	●
iShares	MSCI World Islamic	Ⓐ[5)6)]	IE 00B 27Y CN5 8	7	●●●○○	●
iShares	TR Gl. Large/Mid Diversity & Inclusion ex CW EW	Ⓣ[4)12)15)16)]	IE 00B D0B 9B7 6	–	–	●
Lyxor	MSCI World Select ESG Rating and Trend Leaders	Ⓣ[4)15)16)]	LU 179 211 777 9	–	–	●
iShares	MSCI World ESG Screened	Ⓣ[2)5)16)]	IE 00B FNM 3J7 5	–	–	●
Xtrackers	MSCI World ESG Leaders Low Carbon ex Tobacco 5%	Ⓣ[5)7)12)]	IE 00B Z02 LR4 4	–	–	●
Amundi	MSCI World Low Carbon Leaders	Ⓣ[2)12)15)16)]	LU 160 214 422 9	–	–	●

Reihenfolge nach Finanztest-Nachhaltigkeitsbewertung und Alphabet.
Ⓣ = Thesaurierender Fonds.
Ⓐ = Ausschüttender Fonds.
■ = Ja.
□ = Nein.
◪ = Eingeschränkt.
– = Keine Angabe möglich, da der Fonds nicht alt genug ist.

Erläuterung der Finanztest-Bewertung siehe Seite 57.

Finanztest-Nachhaltigkeitsbewertung
(Grad der Nachhaltigkeit)
●●●●● = Sehr hoch (90–100 Prozent).
●●●● = Hoch (80–89 Prozent).
●●● = Mittel (60–79 Prozent).
●● = Niedrig (40–59 Prozent).
● = Sehr niedrig (0–39 Prozent).

Auswahlstrategien
(Erläuterung siehe Seite 59).
T = Themenfonds.
B = Best-in-Class.
O = Best-of-all-Classes.
A = Absolute Selektion.
C = Auswahlstrategie bezieht nur Kohlenstoffemissionen ein.
K = Nur Ausschlusskriterien angewendet

1) Geht nicht in die Finanztest-Nachhaltigkeitsbewertung ein.
2) Hat mehrere Anteilsklassen.
3) Abwertung wegen zu hohen Risikos.

Ausschluss von ... (Auswahl bewerteter Kriterien)

Prozent	Fossile Energie	Atomkraft	Umweltzerstörung	Kontroverse Waffen	Konventionelle Waffen	Korruption	Verletzung Arbeits-/ Menschenrechte	Strenge der Auswahl	Nachhaltigkeitsbeirat	Auswahlstrategien	Engagement[1]	Transparenz[1]
29	□	□	□	◨	■	□	□	mittel	□	B	gering	gering
90	■	■	■	■	■	■	■	hoch	■	T, B, A	mittel	hoch
61	◨	◨	◨	■	◨	■	◨	hoch	□	B, A	mittel	mittel
57	◨	□	◨	■	◨	■	◨	hoch	□	B, A	mittel	mittel
54	□	◨	◨	■	■	■	◨	hoch	□	B, A	mittel	gering
54	□	◨	◨	■	◨	■	◨	hoch	□	B, A	kein	mittel
50	□	◨	◨	■	■	■	◨	hoch	□	B, A	kein	gering
49	□	□	□	■	□	■	□	hoch	□	K	kein	mittel
36	■	□	□	□	■	□	□	hoch	□	B	mittel	gering
33	□	□	□	■	■	□	□	mittel	□	A	mittel	gering
31	□	□	□	■	◨	□	□	hoch	□	B, O	mittel	gering
30	□	◨	□	■	□	□	□	mittel	□	B	mittel	mittel
29	◨	□	□	■	◨	■	□	gering	□	K	mittel	mittel
29	□	◨	□	■	□	□	□	mittel	□	B	kein	gering
13	□	□	□	■	□	□	□	gering	□	C	mittel	mittel

4) Zum Jahreswechsel lag das Fondsvolumen unter 50 Mio. Euro.
5) Als Sparplan erhältlich bei Ebase.
6) Als Sparplan erhältlich bei S Broker.
7) Anlage von vermögenswirksamen Leistungen möglich laut FWW oder Ebase.
8) Die Fondsgesellschaft hat die Angaben zum Index nicht bestätigt.
9) Erhebt zusätzlich eine erfolgsabhängige Gebühr.
10) Beirat hat kein Mitspracherecht bei der Titelauswahl.
11) Kein Handel über uns bekannte Onlinebroker und Onlinebanken möglich.

12) Als Sparplan erhältlich bei Consorsbank.
13) Institutionelle Tranche – für Privatanleger eventuell schwierig zu kaufen.
14) Exklusiver Vertrieb: Vorwiegend Kirchenbanken.
15) Als Sparplan erhältlich bei Comdirect.
16) Als Sparplan erhältlich bei ING.
17) Beirat hat weder Mitspracherecht bei der Festlegung des Nachhaltigkeitsansatzes, noch bei der Titelauswahl.
18) Indexfonds, kein ETF.

Quellen: FWW, Refinitiv; Börsen Frankfurt, Berlin, Düsseldorf, Hamburg-Hannover, München, Stuttgart, Tradegate; Comdirect, Consorsbank, Ebase, ING, Lang & Schwarz, Maxblue, S Broker; eigene Erhebungen und Berechnungen

Bewertungszeitraum: fünf Jahre
Stand Finanzdaten: 30. April 2020
Stand Nachhaltigkeitsdaten:
31. März 2020

Nachhaltige Aktienfonds Europa – mehr als drei Punkte hat keiner

Fonds					Finanztest BEWERTUNG		Finanztest Nachhaltigkeit bewertung
Anbieter / Marke	Fondsname bzw. nachgebildeter Index		Isin	Risikoklasse (1–12)		Chance-Risiko-Zahl (%)	
Nachhaltig aktiv gemanagte Fonds							
Erste	Responsible Stock Europe	(T)[2]	AT 000 064 597 3	9	●●●○○	91	●●●
LBBW	Nachhaltigkeit Aktien	(A)[4][5][6][7]	DE 000 A0N AUP 7	8	●●●●●	110	●●●
JSS	Sustainable Equity Europe	(T)[2][8]	LU 095 059 236 9	9	●●●○○	86	●●●
Union	Liga-Pax-Aktien-Union	(A)[4][9]	DE 000 975 021 6	8	●●●●○	99	●●●
Generali	SRI European Equity	(T)[2][6]	LU 014 545 620 7	8	●●●○○	91	●●●
NN	European Sustainable Equity	(T)[6]	LU 099 196 432 0	8	●●●●●	115	●●●
Pictet	Quest Europe Sustainable Equities	(T)[2][4][6][11]	LU 014 450 971 7	8	●●●●○	101	●●●
Spängler Iqam	Ecology Stock Europe	(A)[5][8]	AT 000 0A0 9YJ 7	8	●●●●○	101	●●●
Oddo BHF	Algo Sustainable Leaders	(T)[2][8][12]	DE 000 704 543 7	8	●●●●○	97	●●
Amundi	European Equity Sustainable Income	(T)[2][13]	LU 188 331 327 9	9	●●○○○	78	●●
DPAM	Equities Europe Sustainable	(T)[2]	BE 624 607 854 5	7	●●●●●	131	●●
DWS	ESG European Equities	(T)[4][6][12]	LU 013 039 399 3	8	●●●●○[14]	105	●●
Oddo BHF	Generation	(T)[2][5]	FR 001 057 443 4	9	●●●○○	94	●
Nachhaltige Indexfonds und ETF							
BNP Easy	Low Carbon 100 Europe	(T)[6][11][15]	LU 137 738 236 8	–	–	–	●●●
iShares	MSCI Europe SRI Select Reduced Fossil Fuels	(T)[2][4][6][7][11][12]	IE 00B 52V J19 6	8	–[20]	109	●●●
IndexIQ	Solactive Candriam Factors Sustainable Europe Equity	(T)[16]	LU 160 379 545 8	–	–	–	●●●
Amundi	MSCI Europe SRI 5% Issuer Capped	(T)[6][11][12][15]	LU 186 113 748 4	–	–	–	●●
BNP Easy	MSCI Europe SRI S-Series 5% Capped	(A)[15]	LU 175 304 541 5	–	–	–	●●
Xtrackers	MSCI Europe Low Carbon SRI Leaders	(T)[4][6][8][15]	IE 00B FMN HK0 8	–	–	–	●●

Prozent	Ausschluss von ...							Strenge der Auswahl	Nachhaltigkeitsbeirat	Auswahlstrategien	Engagement[1]	Transparenz[1]
	Fossile Energie	Atomkraft	Umweltzerstörung	Kontroverse Waffen	Konventionelle Waffen	Korruption	Verletzung Arbeits-/Menschenrechte					
79	◧	■	◧	■	◧	■	■	mittel	◧[3]	B, A	hoch	hoch
77	◧	■	■	■	■	■	■	hoch	□	B, A	mittel	mittel
75	□	■	■	■	■	■	■	mittel	■	B, A	hoch	mittel
72	□	■	■	■	◧	■	■	gering	□[10]	T, B, A	hoch	mittel
67	□	■	■	◧	■	■	■	gering	□	A, O	hoch	mittel
67	□	■	◧	■	■	■	■	hoch	□	B, A, O	hoch	mittel
60	□	■	■	■	■	■	◧	gering	□	O	mittel	hoch
60	◧	◧	◧	◧	◧	□	□	gering	□	T, A	gering	gering
59	□	◧	◧	■	■	■	□	mittel	□	A, O	hoch	mittel
54	□	□	◧	■	□	■	◧	mittel	□	B, A, O	mittel	gering
50	□	◧	◧	■	■	■	◧	mittel	□	B, A	hoch	hoch
50	□	■	□	◧	◧	■	■	gering	□	B, A, O	hoch	mittel
37	□	◧	□	◧	□	□	□	gering	□	A, O	hoch	mittel
71	■	□	◧	◧	◧	■	■	mittel	□	T, B	mittel	mittel
62	◧	◧	◧	■	◧	■	◧	hoch	□	B, A	mittel	mittel
60	□	□	◧	■	■	■	■	mittel	□	B	hoch	mittel
59	◧	◧	◧	■	■	■	◧	hoch	□	B, A	mittel	mittel
58	◧	□	◧	■	◧	■	◧	hoch	□	B, A	mittel	mittel
43	◧	◧	◧	■	◧	□	□	mittel	□	B, A	hoch	mittel

Fonds

Anbieter / Marke	Fondsname bzw. nachgebildeter Index		Isin	Risikoklasse (1–12)	Finanztest BEWERTUNG	Chance-Risiko-Zahl (%)	Finanztest Nachhaltigkeitbewertung
Amundi	MSCI Europe ESG Leaders Select 5% Issuer Capped	Ⓣ[15)17)]	LU 210 978 747 8	–	–	–	●●
CS	MSCI Europe ESG Leaders	Ⓣ[13)21)]	LU 202 337 279 5	–	–	–	●●
Lyxor	MSCI Europe ESG Leaders	Ⓣ	LU 194 019 971 1	–	–	–	●
Deka	MSCI Europe Climate Change ESG Select	Ⓐ[7)17)]	DE 000 ETF L56 5	–	–	–	●
L&G	Foxberry Sustainability Consensus Europe	Ⓣ[15)]	IE 00B KLT RN7 6	–	–	–	●
iShares	MSCI Europe Minimum Volatility ESG Reduced Carbon Target	Ⓣ[6)17)]	IE 00B KVL 7D3 1	–	–	–	●
SPDR	Stoxx Europe 600 ESG-X	Ⓣ[8)15)]	IE 00B K5H 801 5	–	–	–	●
iShares	MSCI Europe ESG Enhanced Focus	Ⓣ[2)12)15)]	IE 00B HZP J78 3	–	–	–	●
Amundi	MSCI Europe Climate Change Paris-Aligned Select	Ⓣ[19)]	LU 218 238 831 9	–	–	–	●
Lyxor	S&P Europe LargeMidCap Paris-Aligned Climate	Ⓣ[17)]	LU 219 888 449 1	–	–	–	●
Amundi	MSCI Europe ESG Universal Select	Ⓣ[15)17)]	LU 210 978 674 4	–	–	–	●
Lyxor	MSCI Europe Climate Change	Ⓣ[17)]	LU 205 673 849 0	–	–	–	●

Bei gleicher Finanztest-Nachhaltigkeitsbewertung Reihenfolge nach Alphabet.
Ⓣ = Thesaurierender Fonds.
Ⓐ = Ausschüttender Fonds.
Ⓢ = Bildet Index synthetisch nach (Swaps).
– = Keine Angabe möglich, meist weil der Fonds nicht alt genug ist.

Erläuterung der Finanztest-Bewertung siehe Seite 57.

Finanztest-Nachhaltigkeitsbewertung
(Grad der Nachhaltigkeit)
●●●●● = Sehr hoch (90–100 Prozent).
●●●● = Hoch (80–89 Prozent).
●●● = Mittel (60–79 Prozent).
●● = Niedrig (40–59 Prozent).
● = Sehr niedrig (0–39 Prozent).
■ = Ja.
☑ = Eingeschränkt.
☐ = Nein.

A = Absolute Selektion.
B = Best-in-Class.
T = Themenauswahl.
O = Best-of-all-Classes.
K = nur Ausschlusskriterien.

Folgende bewertete Fonds sind nicht in der Tabelle abgedruckt (aktiv gemanagte Fonds, weil sie keine Finanztest-Bewertung haben, ETF, weil sie nicht an deutschen Börsen handelbar sind):

Nachhaltigkeitsbewertung 4 Punkte:
Fondita Sustainable Europe
(FI 400 002 449 2)

Nachhaltigkeitsbewertung 3 Punkte:
DWS Croci Europe SDG (LU 176 993 863 7)
Fundrock BMO Sustainable Opportunities European Equity (LU 015 335 866 7)
Hamburger Nachhaltigkeitsfonds Best in Progress
(DE 000 DK0 EF6 4)

Hansainvest Perspektive Ovid Equity
(DE 000 A2A TBG 9)
Invesco Pan European Structured Responsible Equity
(LU 019 477 9913)
Nordea European Stars Equity
(LU 170 610 644 7)
Raiffeisen Nachhaltigkeit Momentum
(AT 000 0A1 U7L 1)
SEB Sustainability Europe
(LU 003 016 650 7)
Universal HMT Euro Aktien Protect ESG
(DE 000 A2P S3H 3)

Ausschluss von ...

Prozent	Fossile Energie	Atomkraft	Umweltzerstörung	Kontroverse Waffen	Konventionelle Waffen	Korruption	Verletzung Arbeits-/Menschenrechte	Strenge der Auswahl	Nachhaltigkeitsbeirat	Auswahlstrategien	Engagement[1]	Transparenz[1]
40	◪	◪	☐	◼	◪	☐	☐	mittel	☐	B, A	mittel	mittel
40	◪	◪	☐	◼	◪	☐	☐	mittel	☐	B, A	mittel	gering
36	◪	◪	☐	◼	☐	☐	☐	mittel	☐	B, A	mittel	mittel
35	◪	◪	☐	◼	☐	☐	☐	gering	☐	A	mittel	mittel
29	☐	☐	◪	◼	☐	◼	◪	gering	☐	K	hoch	mittel
28	◪	☐	☐	◼	◪	☐	☐	gering	☐	18)	mittel	mittel
28	☐	☐	◪	◼	☐	◼	◪	gering	☐	K	hoch	mittel
27	◪	◪	☐	◼	◪	☐	☐	gering	☐	18)	mittel	mittel
24	◪	☐	☐	◪	☐	☐	☐	gering	☐	A	mittel	mittel
24	☐	☐	☐	◼	☐	☐	☐	gering	☐	18)	mittel	mittel
21	☐	☐	☐	◼	☐	☐	☐	gering	☐	18)	mittel	mittel
17	☐	☐	☐	◪	☐	☐	☐	gering	☐	18)	mittel	mittel

Nachhaltigkeitsbewertung 2 Punkte:
JPM Europe Sustainable Equity
(LU 152 980 833 6)
Schroder ISF European Sustainable Equity
(LU 191 016 319 2)

Nachhaltigkeitsbewertung 1 Punkt:
Amundi MSCI Europe Climate Change ETF
(LU 213 076 884 4)
Fidelity Sustainable Research Enhanced
Europe Equity (IE 00B KSB GT5 0)
JPM Europe Research Enhanced Index Equity
ESG (IE 00B F4G 718 3)
1) Geht nicht in die Finanztest-Nachhaltig-keits-bewertung ein.
2) Hat mehrere Anteilsklassen.
3) Beirat hat kein Mitspracherecht bei der Titelauswahl.
4) Anlage von vermögenswirksamen Leistungen möglich laut FWW oder Ebase.
5) Erhebt zusätzlich eine erfolgsabhängige Gebühr.

6) Als Sparplan erhältlich bei Ebase.
7) Als Sparplan erhältlich bei S Broker.
8) Zum Jahreswechsel lag das Fondsvolumen unter 50 Millionen Euro.
9) Exklusiver Vertrieb: LIGA Bank eG, Regensburg und Pax-Bank eG, Köln.
10) Beirat hat weder Mitspracherecht bei der Festlegung des Nachhaltigkeitsansatzes noch bei der Titelauswahl.
11) Als Sparplan erhältlich bei Comdirect.
12) Als Sparplan erhältlich bei ING.
13) Institutionelle Tranche – für Privatanleger eventuell schwierig zu kaufen.
14) Abwertung wegen zu hohen Risikos.
15) Als Sparplan erhältlich bei Consorsbank.
16) Bildet hauseigenen Index ab.
17) Laut den letzten verfügbaren Angaben lag das Fondsvolumen unter 50 Millionen Euro.
18) Ausgewählte Nachhaltigkeitskriterien führen zu einer geringeren Gewichtung schlecht bewerteter Unternehmen gegenüber dem nicht nachhaltigen Index.

19) Es liegen keine Angaben zum Fondsvolumen vor.
20) Keine Finanztest-Bewertung, da Indexwechsel im November 2019.
21) Indexfonds, aber kein ETF

Quellen: FWW, Refinitiv; Börsen Frankfurt, Berlin, Düsseldorf, Hamburg-Hannover, München, Stuttgart, Tradegate; Comdirect, Consorsbank, Ebase, ING, Lang & Schwarz, Maxblue, S Broker; eigene Erhebungen und Berechnungen

**Bewertungszeitraum: Fünf Jahre
Stand 30. November 2020**

Nachhaltige Banken mit Tagesgeld und Festgeld: 9 von 11 mit Girokonto

Anbieter	Bank im Bistum Essen[3]	Bank für Kirche und Diakonie	Ethikbank @	Evangelische Bank	GLS Bank
Sparanlagen und Girokonto – Konditionen					
Tagesgeld[1]	0	–	0[11] [22]	0	0[13]
Festgeld 1 Jahr[1]	–	0	0[11]	–	–
Festgeld 3 Jahre[1]	–	0,10	0[11]	–	0[13]
Festgeld 5 Jahre[1]	0,05	0,20	0[11]	–	0,10[13]
Girokonto – Produktname	Giro Online	PrivatGiro Online / PrivatGiro Komfort	Girokonto (Girokonto Klima im ersten Jahr)[12]	Girokonto Online / Komfort / Smart / Premium	Privatkonto
Jahrespreis für Modellkunden (Euro pro Jahr) [2]	0[4]	40 / 64	121	68 / 92 / 96 / 143	121
Ausschlusskriterien für Kreditvergabe an / Eigenanlagen in Unternehmen					
Agrar-Gentechnik	☐	■	■	■	■
Arbeitsrechts- und Menschenrechtsverletzungen, Kinderarbeit	■	■	■	■	■
Atomkraft	■	■	■	■	■
Erdöl	☐	☐ [9]	■	☐	■
Glücksspiel	■	■	■	■	■
Industrielle Tierhaltung	☐	☐	■	■	■
Kohle	☐ [9]	■	■	☐ [9]	■
Pornografie	■	■	■	■	■
Spekulation mit Nahrungsmitteln	■	■	■	■	■
Waffen und Rüstung aller Art	■	■	■	■	■

Stiftung Warentest | Hilfe

KT Bank [14)	Pax-Bank	ProCredit Bank @	Steyler Bank	Triodos Bank	Umweltbank
–	–	0,01	0 [17)	–	0,25 [21)
0,60	–	0,10	–	0,05	0,01
0,74 [15)	0,03	0,15	–	0,15 [20)	0,05
0,93 [15)	0,05	0,30	–	0,25 [20)	0,10
GiroKonto	PaxGiro / PaxGiro Komfort	–	Fair4-Girokonto	Girokonto	–
0	60 / 108	–	96 [17)	105	–
☐	■	☐ / – [16)	– [18) / ■	■	■
☐	■	■ / – [16)	– [18) / ■	■	■
☐	■	■ / – [16)	– [18) / ■	■	■
☐	☐	■ / – [16)	– [18) / ■	■	■
■	■	■ / – [16)	– [18) / ■	■	■
☐	■	☐ / – [16)	– [18) / ■	■	■
☐	■	■ / – [16)	– [18) / ■	■	■
■	■	■ / – [16)	– [18) / ■	■	■
■	■	☐ / – [16)	– [18) / ■	■	■
■	■	■ / – [16)	– [18) / ■	■	■

Anbieter	Bank im Bistum Essen[3]	Bank für Kirche und Diakonie	Ethikbank @	Evangelische Bank	GLS Bank
Ausschlusskriterien beim Kauf von Staatsanleihen					
Atomkraft	■	□	□	□	■
Kinderarbeit	□[5]	■	■	■	■
Korruption	■	■	■	■	■
Mangelhafter Klimaschutz	□[6]	■	□[6]	■	■
Streumunition	□[7)8]	□[7]	■	□[7]	■
Auswahlkriterien für Kredite und gezielte Investitionen					
Wichtige ökologische und soziale Bereiche, vor allem für die Kreditvergabe	Kredite für kirchlich-gemeinnützige Einrichtungen, Altenpflegeheime, Krankenhäuser, Wohnungsbaugenossenschaften und erneuerbare Energien.	Kredite nur an Kirche, Diakonie und Sozialwirtschaft. Finanziert werden hauptsächlich soziale Einrichtungen, etwa in den Bereichen Bildung, Gesundheit, Kultur oder Wohnen.	Kredite für Energiesparmaßnahmen, erneuerbare Energien, Ökobau. Eigenanlagen unter anderem in Wertpapiere von Unternehmen des Global-Challenge-Indexes und Natur-Aktien-Indexes.	Sozial- und Gesundheitsbranche sowie nachhaltige Wohnwirtschaft und erneuerbare Energien.	Soziales, Wohnen, erneuerbare Energien, Bildung, Ernährung und nachhaltige Wirtschaft wie Pflegeheime, freie Schulen, ökologische Supermärkte, fairer Handel, ökologische Landwirtschaft.
Transparenz: Sind Informationen öffentlich einsehbar?					
Nachhaltigkeits-Richtlinien für Kreditvergabe und Eigenanlagen	■	■	■	■	■
Getätigte Eigenanlagen	□	□	■	□	■
Berichte über Kreditvergabe	■	■	■	■	■
Branchenaufteilung der Kredite	■	■	□	■	■
Namen von kreditnehmenden Unternehmen	□	□[10]	□	□	■

■ = Ja.
□ = Nein.
– = Entfällt (kein Angebot von Tagesgeld, Festgeld oder Girokonto).
@ = Kontoeröffnung und Kontoführung nur über Internet.
▽ = Einlagensicherung ist auf 100 000 Euro pro Person begrenzt.

1) Rendite in Prozent pro Jahr bei einem Anlagebetrag von 5 000 Euro.
2) Euro-Beträge wurden kaufmännisch gerundet.
3) Die Bank richtet sich an christlich-nachhaltig orientierte Menschen, die die Geschäftsphilosophie mittragen.
4) Ein regelmäßiger Eingang von Geld, Gehalt oder Rente ist notwendig.
5) Ausschluss von Staaten, die Menschenrechtsabkommen der Uno nicht ratifiziert haben.
6) Ausschluss von Staaten, die internationale klimarelevante Abkommen nicht unterzeichnet haben.
7) Ausschluss von Staaten, deren Friedensstatus nach dem „Global Peace Index" (GPI) des „Institute for Economics and Peace" als sehr niedrig eingestuft wird.
8) Ausschluss von Staaten, deren Anteil an Militärausgaben am Bruttoinlandsprodukt (BIP) größer als 4 Prozent ist.
9) Diese Branche wird ausgeschlossen, es wird aber ein erheblicher Umsatzanteil toleriert (mehr als 10 Prozent).
10) Bei Zustimmung der Kreditnehmer.
11) Zusätzlich muss ein kostenpflichtiges Girokonto eröffnet werden.

KT Bank ▽14)	Pax-Bank	ProCredit Bank @	Steyler Bank	Triodos Bank ▽	Umweltbank ▽
☐	☐	☐	■	☐	☐
☐	☐5)	■	■	■	■
☐	■	■	■	■	■
☐	☐6)	■	■	☐6)	■
■	☐8)	■	■	■	■

KT Bank	Pax-Bank	ProCredit Bank	Steyler Bank	Triodos Bank	Umweltbank
Einlagen werden zur Finanzierung von realen Gütern nach den ethischen Islamic-Banking-Prinzipien verwendet.	Private Baufinanzierung und Kredite für Soziales im kirchlichen Umfeld.	Über ProCredit Banken vor Ort Kredite an kleine und mittlere Unternehmen in Ost- und Südosteuropa, unter anderem für erneuerbare Energien und Ressourceneffizienz.	Keine Firmenkredite. Lässt für Eigenanlagen Unternehmen nach Sozial- und Umweltkriterien wie Unternehmensethik und Umweltverträglichkeit bewerten (Rating).	Kredite für Umwelt, Soziales und Kultur, etwa Energie und Infrastruktur, ökologische Landwirtschaft und Lebensmittel, Bildung und nachhaltiges Bauen.	Fokus auf ökologische und soziale Projekte wie erneuerbare Energien, Energiesparmaßnahmen, Schadstoffverringerung, bezahlbarer Wohnraum und Betreuungsplätze.

KT Bank	Pax-Bank	ProCredit Bank	Steyler Bank	Triodos Bank	Umweltbank
☐	■	■	■	■	■
☐	☐	_16)	☐19)	■	☐
☐	■	■	_18)	■	■
☐	■	☐	_18)	■	■
☐	☐10)	☐	_18)	■	■

12) Girokonto Klima für Neukunden: Ein Jahr mit 2 Euro monatlichem Grundpreis, mit kostenloser Girocard und Kreditkarte. Danach Umstellung auf das Girokonto.

13) Kunden ohne Girokonto zahlen einen Beitrag von 5 Euro pro Monat.

14) Die Bank richtet sich an muslimisch-nachhaltig und konfessionsunabhängig nachhaltig orientierte Menschen, die die Geschäftsphilosophie mittragen.

15) Die Zinsen werden am Ende der Laufzeit ohne Zinseszins gutgeschrieben und sind dann erst steuerpflichtig.
Die jährliche Rendite fällt niedriger aus als vom Anbieter angegeben.

16) Die Bank tätigt keine Eigenanlagen in Unternehmen.

17) Auf Gesamteinlagen ab 50 000 Euro wird ein Entgelt von 0,5 Prozent pro Jahr erhoben.

18) Die Bank vergibt keine Kredite an Unternehmen.

19) Nur Investitionen in Fonds.

20) Zinsansammlung möglich, Zinsen werden dem Festgeldkonto jährlich gutgeschrieben, mitverzinst und steuerlich berücksichtigt.

21) Über 5 000 Euro beträgt die Verzinsung auf das gesamte Guthaben 0 Prozent.

22) Die Kontoführungsgebühr beträgt 3,50 Euro monatlich.

Stand Tages- und Festgeld: 3. Februar 2021
Stand Girokonto: 1. Januar 2021
Stand Nachhaltigkeitsdaten: 1. Januar 2021

Stichwortverzeichnis

A

Abgeltungssteuer 121
Absolute Selektion 60, 67, 68
Adidas 37
Aktien 49, 135
Aktienfonds 36, 61, 135, 138
- aktiv gemanagte 63
Auswahlstrategien 59
- Bandbreite 52
- Europa 62, 140
- Funktionsweise 52
- Kosten 56
- Schwellenländer 62, 140
- Welt 61
Allianz Global Investors 62
Alternative Investmentfonds (AIF) 120
Altersvorsorge 134, 143, 159
Ampere TerrAssisi Aktien I AMI 66
Amundi MSCI Global Climate Change 157
Anlageberater 92
Anlagehorizont 131
Anlagestrategie 130
Anleihen 83
- grüne 39
Arbeitnehmersparzulage 132
Arktik 125
Atmosfair 125
Ausgleichszahlungen Rente 168
Ausschlusskriterien 22, 27, 57, 64, 67, 68, 69, 72, 74
Ausschlusskriterien von Finanztest 58
Auswahlkriterien für Aktien 27
Axa Euro Sustainable Credit F thes. EUR 88

B

Bank für Kirche und Diakonie 100
Bank im Bistum Essen (BIB) 101
Banken, konventionelle 92, 98
Best-in-Class-Strategie 22, 27, 40, 44, 59, 64, 66, 69, 73
Best-of-all-Classes-Strategie 60, 68
Bettervest (Crowdfunding-Plattform) 116
Blackrock 36, 45
Blindpools 121
Bundesanleihen 84
Busch, Timo 40

C

Chance-Risiko-Verhältnis 55
Climate Bond Initiative 85
CO_2-Kompensation 125
Commerzbank 92
Corporate Social Responsibility (CSR) 18
Cost-Average-Effekt" 139
Crowdfunding 39, 114
- Plattformen 116
Crowdinvestment 39, 114, 157
- Steuern 121
- Insolvenz 122

D

Dax 50 ESG 73
Deka 37, 52, 60
Dekabank 94
Deutscher Aktienindex (Dax) 49, 53
Deutsche Bahn 43
Deutsche Bank 44
Deutsche Edelfisch 113
Deutsche Kreditbank (DKB) 94
Deutsche Post 60
Direktinvestments 123
Dispokredit 97
Dividende 48
Dow Jones 54
Dow Jones Sustainability Index 21, 40, 71
DPAM Equities World Sustainable B 157
DWS 52

E

Econeers (Crowdfunding-Plattform) 118
Edeka Bank 92, 9
Edelfisch DEG GmbH & Co. KG 113
Einlagensicherung, gesetzliche 53
Einmalanlage 138
Elektromobilität, ETF 75
Empfohlene nachhaltige Fonds
- Europa 67
- Schwellenländer 68
- Welt 64
Engagement 22, 37, 61, 65, 66, 67, 68
Ertrag 128
ESG-Kriterien 16, 25, 38, 40, 71, 98, 99
ESG-Rating 69, 73
Este Asset Management 38
ETF 36, 53, 63, 135, 138
- Europa 62
- nachhaltige 69

Stiftung Warentest | Hilfe

- saubere Energien 74
- Wasserversorgung 75
- Welt 61
EthikBank 101
Ethisch-ökologische Banken 39
Europa-Pantoffel-Portfolio 140
EU-Taxonomie 19
Evangelische Bank 102, 147
Exchange Traded Funds siehe ETF

F

Facing Finance 95
Fair Finance Guide (FFG) 93, 95
Festgeld 80, 86
Festzins 82
Fidelity 52
Finanztest-Fondsbewertung 54
Finanztest-Nachhaltigkeitsbewertung 27, 57
FNG-Siegel siehe Forum Nachhaltige Geldanlagen
Fonds und ETF, Rendite 30
Forest Finance 123
Forest Stewardship Council Siegel (FSC-Siegel) 123
Forum Nachhaltige Geldanlagen (FNG) 24
Franklin European Total Return A (acc) EUR 89
Franziskanerorden 66
Freistellungsauftrag 82

G

Gemeinschaftsbank für Leihen und Schenken siehe GLS-Bank
Genussscheine 113, 118
Geschlossene Fonds 120
Gesetzliche Einlagensicherung 79

Girokonto wechseln 101
Global Challenges Index (Warburg) 61, 64, 73, 145
Global Compact 25
Global Reporting Initiative (GRI) 23
GLS Bank 37, 66, 94, 99, 102, 109, 116, 145, 149, 151, 166
- Aktienfonds 60, 64, 145
GLS Crowd (Crowdfunding-Plattform) 118
Glücksrenditen 55
Grauer Kapitalmarkt 114
Green Bonds 41, 43, 83, 86
Green Bond Principles 84
Green Deal 19
Greeneffects NAI-Werte 72, 147, 149
Greenrocket (Crowdfunding-Plattform) 118
Greenvesting (Crowdfunding-Plattform) 118
Greenwashing 24, 41, 42
GRI-Standard 23
Grüne Anleihen 39, 43, 83

H

Hausbank wechseln 99
Helaba 94
Holzinvestments 123
HypoVereinsbank 92

I

IFM Acatis Fair Value Aktien Global CHF P 66
Immobilienkredite 97
Impact 34, 36
Impact-Rating 21
Index IQ Factors Sustainable Sovereign Euro Bond 88
ING 92
Inrate AG 21
Institut für Markt-Umwelt-Gesellschaft (Imug) 21

International Capital Market Association (ICMA) 84
iShares Global Clean Energy 74, 151
iShares Global Water 75
iShares MSCI Emerging Markets SRI 151
iShares MSCI World SRI 147, 151, 157
Islamische Banken 104
ISS ESG (Ratingagentur) 64, 73, 102

J

JSS Sustainable Bond EUR C EUR acc 89

K

KD-Bank siehe Bank für Kirche und Diakonie
Kirchliche Banken 96, 98, 100, 102, 105, 106
Klima-Kollekte 125
Klimamanufaktur 125
Klimasparbriefe 81
Konsumentenkredit 97, 100, 102
Konventionelle Banken 92, 98
Kosten von Fonds 56
Kriterien für Nachhaltigkeit 22
Kuveyt Türk Beteiligungsbank (KT-Bank) 104

L

Landesbank Baden-Württemberg 92, 94
Landesbanken 93
LBBW Nachhaltigkeit Aktien 62, 67, 157
LO Euro Responsible Corp Fundamental SA 88
Lyxor MSCI Future Mobility ESG Filerted 75, 151

Lyxor MSCI Smart Cities ESG Filtered 75
Lyxor New Energy 74
Lyxor World Water 75

M

Magisches Dreieck der Geldanlage 128
Microsoft 60
Mikrofinanzfonds 101
Miller Forest 123
Mischfonds 53
Morgan Stanley Capital International (MSCI) 22, 44, 45, 63, 69, 75
MSCI Emerging Markets ESG Leaders 71
MSCI Emerging Markets ESG Leaders 5 % Issuer Capped 71
MSCI Emerging Markets Low Carbon SRI Leaders. 71
MSCI Emerging Markets SRI 5 % Issuer Capped 71
MSCI Emerging Markets SRI Select Reduced Fossil Fuels 70
MSCI Smart Cities ESG Filtered (Index) 75
MSCI SRI Select Reduced Fossil Fuels 70
MSCI World 54, 136, 165
MSCI World SRI Low Carbon 5% Issuer Capped (Index) 153
MSCI World Sustainability Index (SRI) 69
MSCI-Familie 69
Myclimate 125

N

Nachhaltige Banken 96
Nachhaltige Rentenfonds 87
Nachhaltigkeitsindizes 19, 20
Nachrangdarlehen 119

Naturaktienindex (NAI) 72
Negativzinsen 30, 79
Nike 44
NN European Sustainable Equity 62, 68
Nordea Emerging Stars Equity 63, 68, 149, 157
Notgroschen 134

O

Oekom Research AG (Ratingagentur) 20, 102
Ökobank 99
Ökoworld Ökovision Classic 67, 149, 155
Ökoworld 63, 67

P

Pantoffel-Entnahmeplan 164
Pantoffel-Portfolio 31, 135
-, Tiger 141
-, Welt 138
Pantoffel-Rente 164
Pax-Bank 105, 116
Pechrenditen 55
Positivkriterien 72, 74
Primaklima 125
Principles for Responsible Investment (PRI) 26
ProCredit Bank 80, 105
Prokon 113

Q

Qualitätssicherungsgesellschaft Nachhaltiger Geldanlagen (QNG) 26

R

Raiffeisen 38
Ratingagenturen 19, 20
Ratings 40
Rendite 28, 30, 48, 51
Rentabilität 28
Rente versteuern 169
Renten-ETF 87

Rentenfonds 137
- nachhaltige 39, 86
Rentenlücke 160
RepRisk AG 21
Riester-Fondspolicen 86, 162
Riester-Fondssparpläne 162
Riester-Rente 161
Risiko 49
Robeco RobecoSam EURO SDG Credit IH EUR 88

S

S&P 75
S&P Global Clean Energy 74
SAM Group Holding 21, 71
Saubere Energien, ETF 74
Schwellenländer 140
SGI World Alternative Energy 74
SGI World Water (Index) 75
Shell 45
Sicherheit 128
Smart Cities, ETF 75
Social Responsible Investment (SRI) 18, 70, 88
Société Générale 74
Sofortrente 166
Sondervermögen 53
Sparkassen 93, 98
Sparplan 138, 142, 147
- nachhaltige Rentenfonds 87
Staatsanleihen 97
- Euro, nachhaltige Fonds 87, 89
- grüne, Rendite 30
Standards für Nachhaltigkeit 42
Starbucks 44
Steuerlicher Freibetrag 82
Steyler Ethik Bank 44, 65, 106
Steyler Fair Invest 65
Superior 6 Global Challenges 61, 64
Sustainability Bonds 85

Sustainalytics 21
Swisscanto Equity
   Sustainable Emerging
   Markets 63, 68

T

Tagesgeld 79, 134
- nachhaltiges 80
Termingeld 81
Tesla 75
Themenauswahl 60
Themenfonds 40, 53, 74
Tiger-Pantoffel-Portfolio 141
Tomorrow 108, 157
Transformation 36, 41
Transparenz 61
Transparenz, Banken 98
Triodos-Bank 37, 65, 92, 106,
   116, 149, 157
Triodos Global Equities Im-
   pact 65, 155

U

UBS 63
UBS MSCI World Socially Re-
   sponsible 153
Umschichten (Portfolio) 141
UmweltBank 80, 96, 98, 99,
   108, 153, 155
UmweltFlexkonto (Tages-
   geld) 80
Union Investment 38, 52,
   102
United Nations Global
   Compact (UNGC) 22
Unternehmensanlei-
   hen 82, 84
- Euro, Fonds 88

V

Verfügbarkeit 129
Verkaufsprospekt 116
Vermögensanlageninfor-
   mationsblatt 115

Vermögenswirksame Leistun-
   gen 132
Vigeo Eiris 21
Volks- und Raiffeisenban-
   ken 94
Vontobel 63

W

Waldinvestments 123
Warburg (nvestmentgesell-
   schaft) 61, 65, 145
Warburg Global Challenges
   Index 61, 64, 73, 145
Warnliste grauer Kapital-
   markt 114
Wasserversorgung, ETF 75
Weltaktienfonds 30
Welt-Pantoffel-Portfolio 138

Z

Zielsparen 134
Zinsanlagen 135
-, nachhaltige 97
-, Rendite 29
Zinseszinseffekt 128, 131
Zinsportale 81

Bildnachweis: Gettyimages OJO Images (Titel);
Gettyimages: 10 Sasi Ponchaisang/EyeEm, 17 Andriy Onufriyenko,
20 zhongguo, 32 Yiu Yu Hoi, 37 Surasak Suwanmake, 43 Bogdan
Kopania, 46 oxygen, 48 VICUSCHKA, 60 Eoneren, 67 Andriy Onufriyenko, 75 yangna, 76 Joern Siegroth Fotografie, 83 West-
end61/Roman Marzinger, 86 Ivan Bajic, 90 Emely, 96 www.peoplei
mages.com, 106 Digital Vision, 110 Luca Sgualdini, 126 Nancy Ro-
se, 130 Miha Pavlin, 139 ThamKC, 144 David Lees, 146 West-
end61/Rainer Berg, 148 Tom Werner, 150 Abel Mitjà Varela, 152
Brand New Images Ltd, 154 Westend61, 156 Johner Bildbyra AB,
158 swissmediavision, 163 Franziska Werner

Die Stiftung Warentest wurde 1964 auf Beschluss des Deutschen Bundestages gegründet, um dem Verbraucher durch vergleichende Tests von Waren und Dienstleistungen eine unabhängige und objektive Unterstützung zu bieten.

Wir kaufen – anonym im Handel, nehmen Dienstleistungen verdeckt in Anspruch.

Wir testen – mit wissenschaftlichen Methoden in unabhängigen Instituten nach unseren Vorgaben.

Wir bewerten – von sehr gut bis mangelhaft, ausschließlich auf Basis der objektivierten Untersuchungsergebnisse.

Wir veröffentlichen – anzeigenfrei in unseren Büchern, den Zeitschriften test und Finanztest und im Internet unter www.test.de

Dieses Buch erfüllt die Anforderungen des „Blauen Engels" für Druckerzeugnisse. Das bedeutet unter anderem: Es wurde auf 100 % Recyclingpapier mit mineralölfreien, schadstoffarmen Farben gedruckt, und im Vergleich zu gängigen Druckprozessen entstanden beim Druck dieses Buches besonders wenige Emissionen und Papierabfälle. Gedruckt wurde es in Deutschland, um den CO_2-Ausstoß gering zu halten.

Der Autor Wolfgang Mulke arbeitet als freier Autor und Wirtschaftsjournalist in Berlin. Für verschiedene Tageszeitungen und Magazine verfasst der Diplom-Politologe Beiträge zu verbraucherrelevanten Themen. Zu seinen Spezialgebieten gehören die private wie gesetzliche Altersvorsorge, das private Finanzmanagement sowie umwelt- und klimapolitische Entwicklungen.

---

1. Nachdruck
© 2022 Stiftung Warentest, Berlin

Stiftung Warentest
Lützowplatz 11–13
10785 Berlin
Telefon 0 30/26 31–0
Fax 0 30/26 31–25 25
www.test.de
email@stiftung-warentest.de

USt-IdNr.: DE136725570

Vorstand: Hubertus Primus
Weitere Mitglieder der Geschäftsleitung:
Dr. Holger Brackemann, Julia Bönisch, Daniel Gläser

Alle veröffentlichten Beiträge sind urheberrechtlich geschützt. Die Reproduktion – ganz oder in Teilen – bedarf ungeachtet des Mediums der vorherigen schriftlichen Zustimmung des Verlags. Alle übrigen Rechte bleiben vorbehalten.

Programmleitung: Niclas Dewitz

Autor: Wolfgang Mulke
Projektleitung/Lektorat: Philipp Sperrle
Korrektorat: Jonas-Philipp Dallmann, Berlin
Fachliche Unterstützung: Karin Baur, Renate Daum, Anne Hausdörfer, Boštjan Krisper, Theodor Pischke, Max Schmutzer

Titelentwurf: Josephine Rank, Berlin
Layout: Büro Brendel, Berlin
Grafik, Satz: Anne-Katrin Körbi
Bildredaktion: Anne-Katrin Körbi
Infografiken/Diagramme: René Reichelt

Produktion: Vera Göring
Verlagsherstellung: Rita Brosius (Ltg.), Romy Alig, Susanne Beeh
Litho: tiff.any, Berlin
Druck: Westermann Druck Zwickau GmbH

ISBN: 978-3-7471-0340-1